KB079407

만주어 삼국지 문헌 연구

송강호

지식과교양

서문

삼국지를 좋아하는 독자의 한 사람으로 만주어로 된 삼국지도 읽었으면 하는 오랜 소망이 있었다. 그 같은 소망의 첫 결과가 「만문삼국지 판본과 번역 연구-국립중앙도서관 소장본을 중심으로」(2009)이다. 나중에 이 발표문을 토대로 영인 자료를 수록하여 출판한 것이 『만한합벽삼국지』(2010)이다. 이 책은 비록 권2의 일부로 만주어 삼국지 전체에 비하면 극히 적은 분량의 잔본이지만 국내에서 소장하고 있는 만주어 삼국지 판본의 하나로 소중한 자료이다.

만주어 삼국지 제1회(제천지도원결의)의 번역은 프랑스 국립도서관 소장본을 저본으로 2011년 한 차례 선보인 바 있다. 이번에 『청문삼국지(淸文三國志)』(권1 제1회 일부)를 저본으로 역주하였다. 콜레주 드 프랑스 소장본 『청문삼국지』는 고(故) 이수민 선생님께서 직접 촬영해주신 것이다. 고대 시리아어와 중국 당나라 때의 그리스도교인 경교(景教) 등을 지도해주시면서 한국과 프랑스를 오가시던 시절, 필자의 요청에 응해 자료를 촬영해주셨다. 지금 책장을 둘러보니 선생님께서 그 시절 프랑스에서 구입해주신 프랑스어로 번역된 삼국지연의(L'Epopée des Trois Royaumes)도 한 권 보여서 고마움과 그리움이 교차한다.

조선시대 청학서 『삼역총해(三譯總解)』는 병자호란 이후 청나라와의 통역을 담당하는 역관을 양성하기 위해 사역원에서 편찬한 청어(淸語), 즉 만주어 학습서의 하나이다. 이와 관련된 글을 규장각(2012)에 처음 발표하고 『청대 만주어 문헌 연구』(2015)에 수록하였다. 그런데 이 글은 『삼역총해』 제2 「관운장천리독행」에 보이는 문맥상의 모순을 규명하는 차원에서 이루어진 것으로 삼국지연의 계통 분류에 얼마간 참고가 되리라 본다. 이번에 만주어 삼국지라는 제목 하에 다시 묶었는데 삼국지 독자들에게 이런 분야도 있다는 것을 알리고 또 다양한 판본 이미지를 보충하여 시각적인 즐거움도 주고자 배려하였다.

사역원 책판 〈삼역총해〉는 우연한 기회에 지인의 소개로 확인한 자료인데 이에 대해서는 문헌과 해석 모임에서 2017년 한 차례 발표한 바 있다. 사역원 책판의 하나를 되찾은 셈으로 기존 연구에 보완적인 측면이 있을 것으로 생각한다.

청 태종과 삼국지연의는 삼국지 마니아로서의 청 태종에 대한 관심에서 시작되었다. 처음 접한 관련 글로는 중국 삼국연의 학술토론회(1990)에서 발표된 성서유(盛瑞裕)의 「애신각라씨와 삼국연의(愛新覺羅氏與三國演義)」로 기억하는데, 『삼국연의와 중국문화(《三國演義》與中國文化)』('90 《三國演義》 研究, 巴蜀書社, 1992)에 수록되었다. 청 태종 홍타이지는 병자호란 때 조선 국왕 인조로부터 삼전도 수항단에서

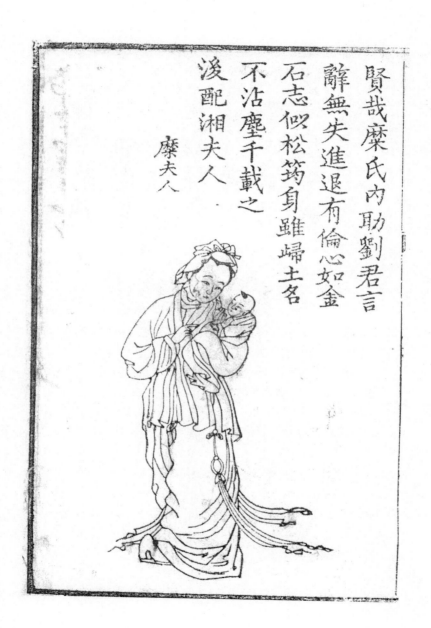

賢哉糜氏內助劉君言
辭無失進退有倫心如金
石志似松筠身雖嶹土名
不沾塵千載之
後配湘夫人·

糜夫人

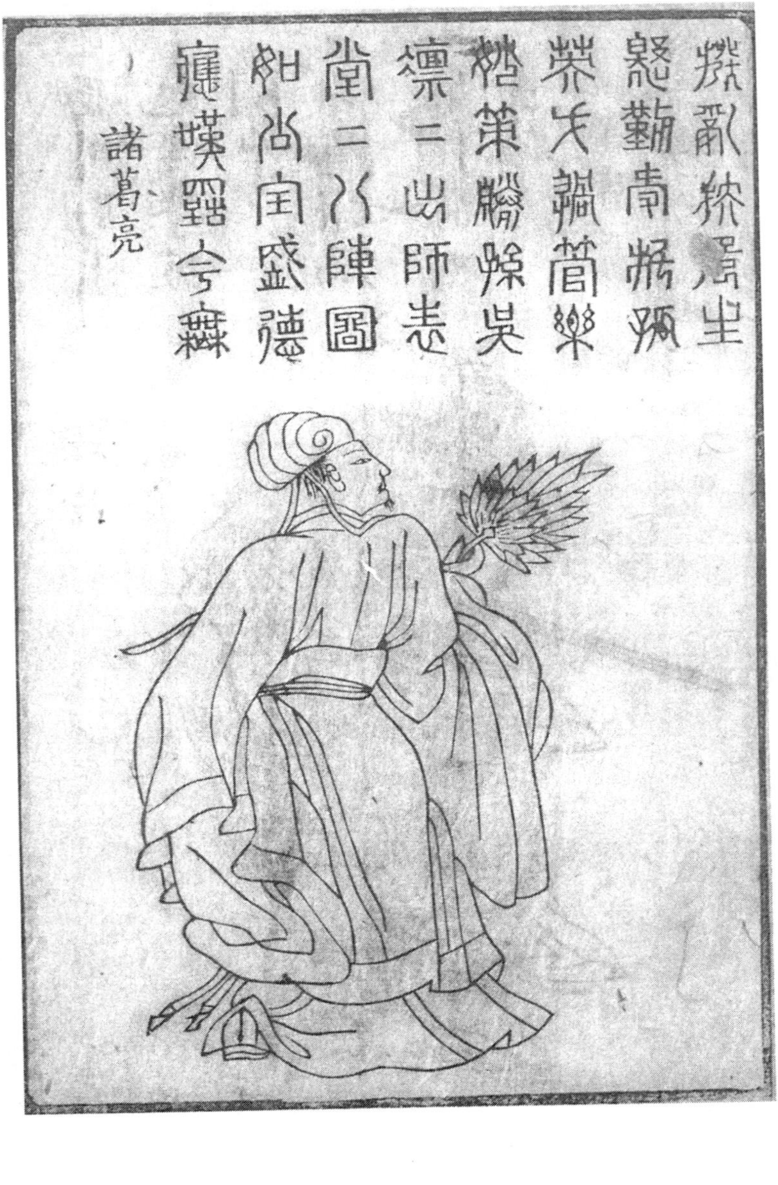
諸葛亮

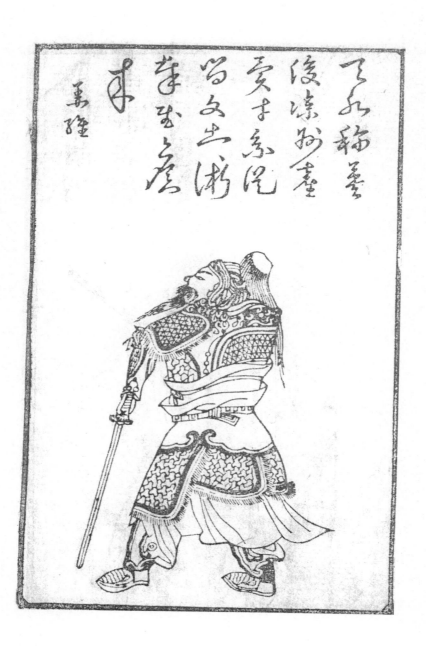

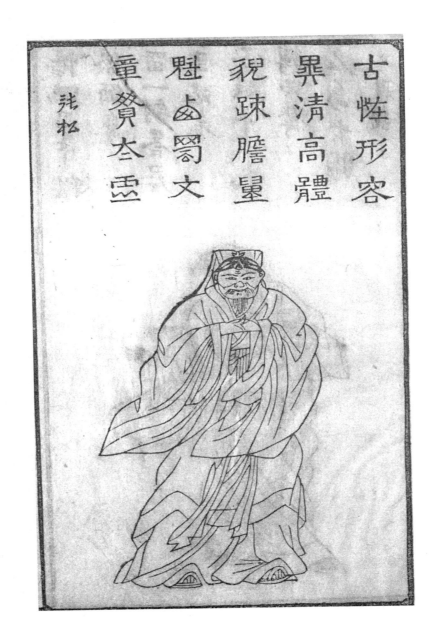

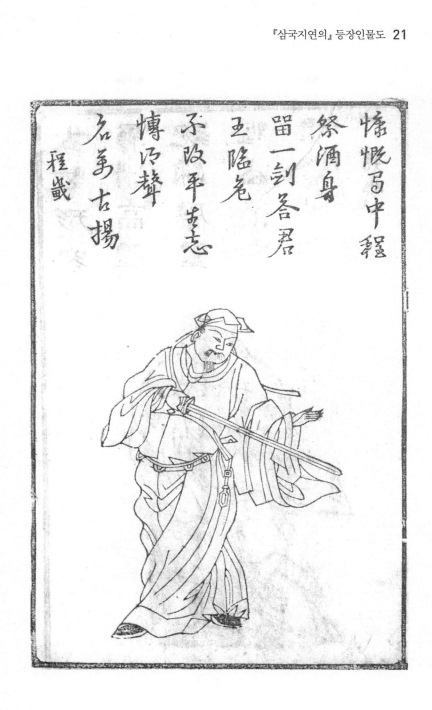

慷慨蜀中程祭酒
身留一劍答君
王臨危
不改平生志
博得聲
名萬古揚
程畿

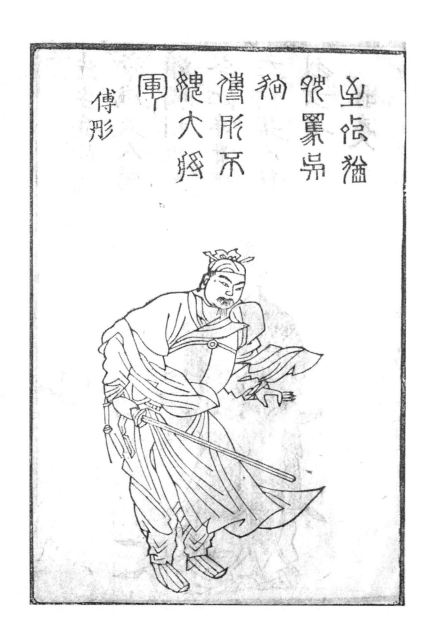

先主兵帰白
帝城夫人聞
難獨捐生至
今江畔遺碑
在猶著千秋
烈女名
　孫夫人

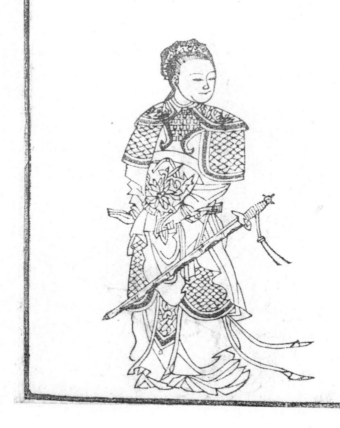

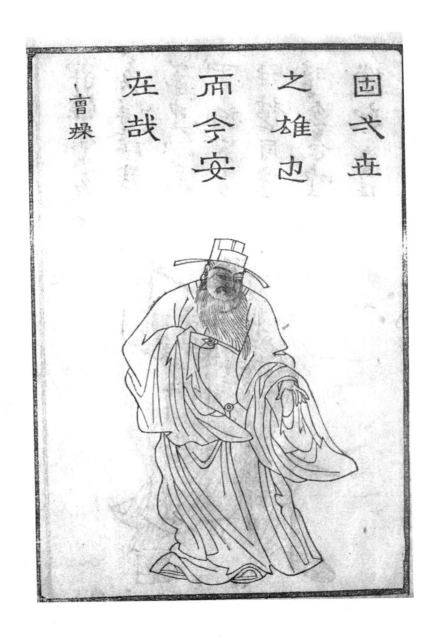

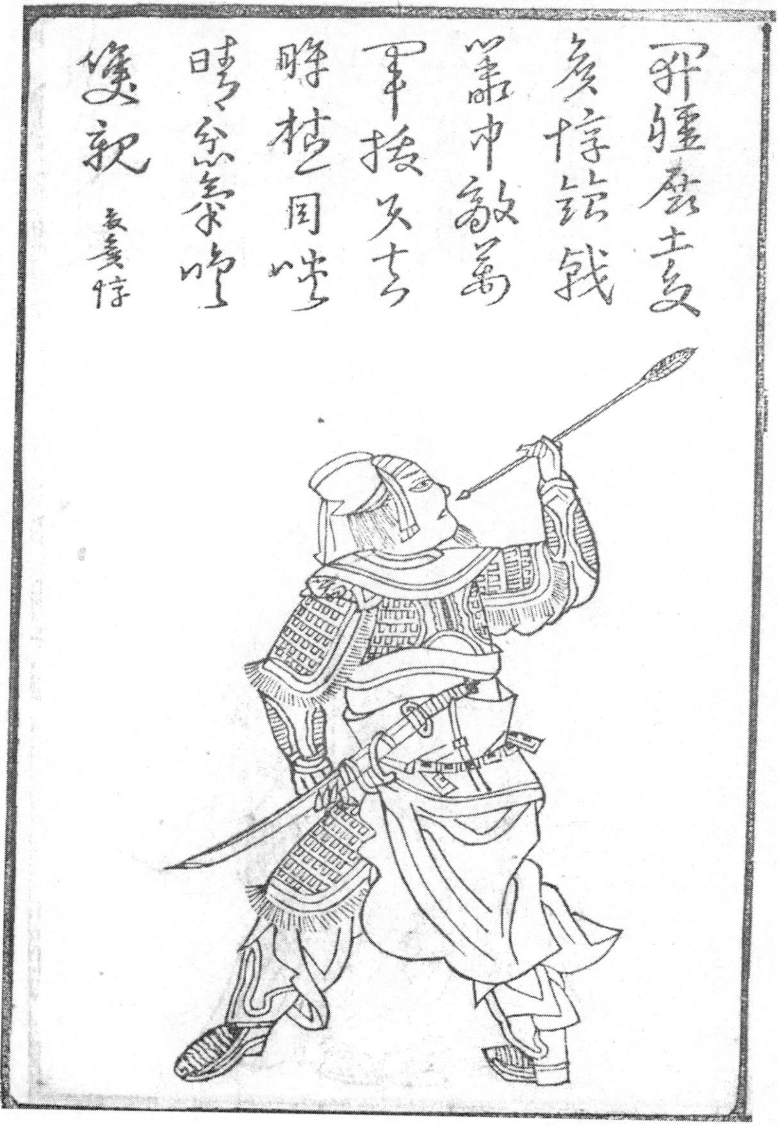

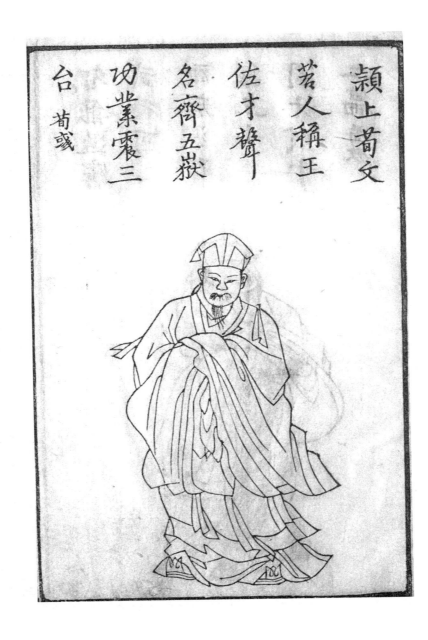

潁上荀文

若人稱王

佐才聲

名齊五嶽

功業震三

台　荀彧

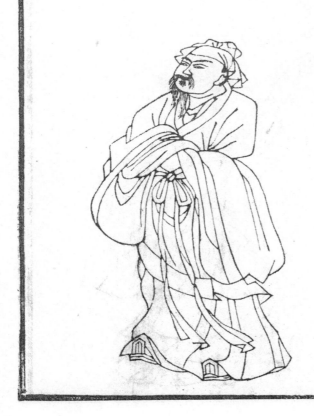

二篇 著攻
國才成十
振三介
配頏淵功
武德可
智能過審

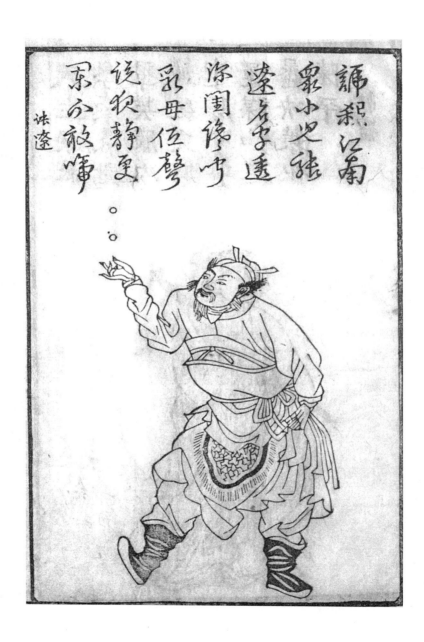

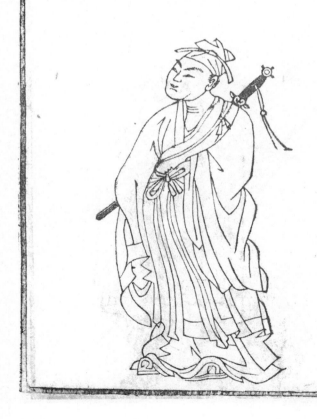

天生韻奉
季豪氣尉
羣英膜內
藏經史胸
申隱甲冊
運謀如屯
蠢決策砥
陳平

郭嘉

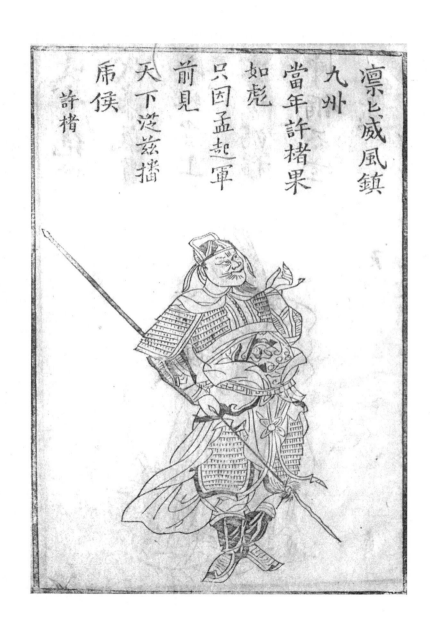

凛凛威風鎮
九州
當年許楮果
如彪
只因孟起軍
前見
天下泛兹播
庶侯
詩楷

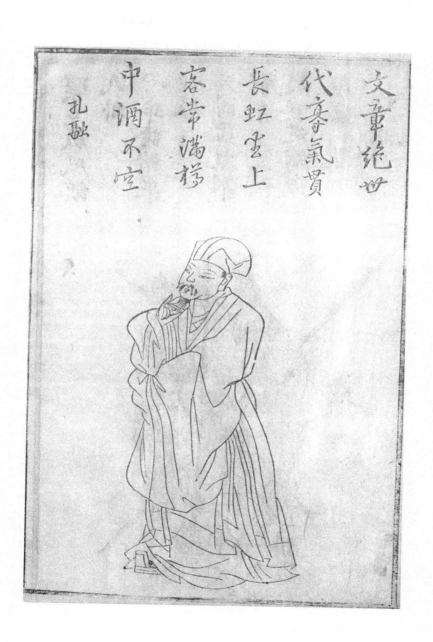

文章絕世
代奪氣貫
長虹雲上
客常滿樽
中酒不空
孔融

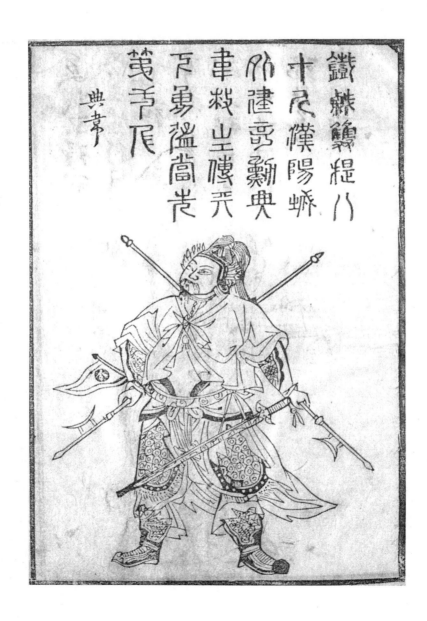

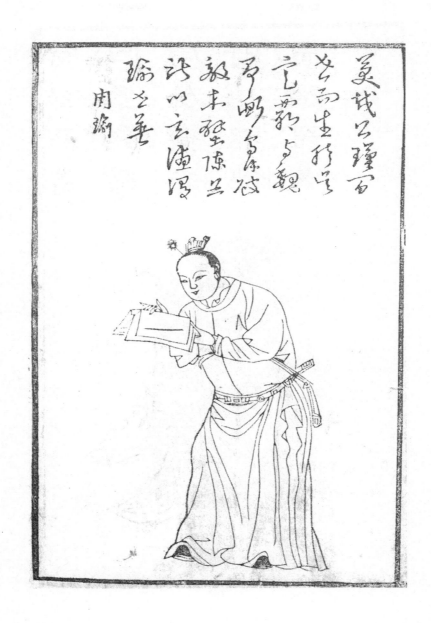

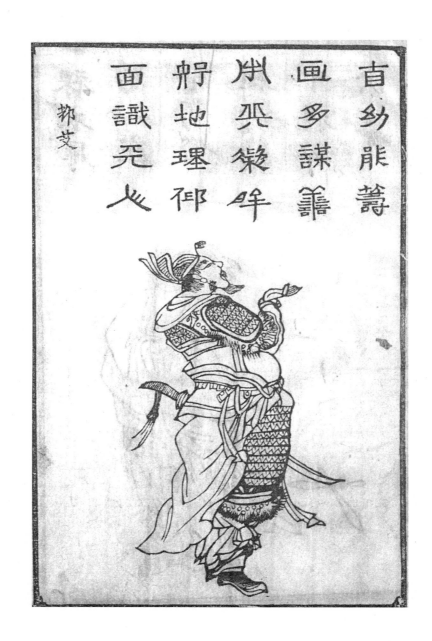

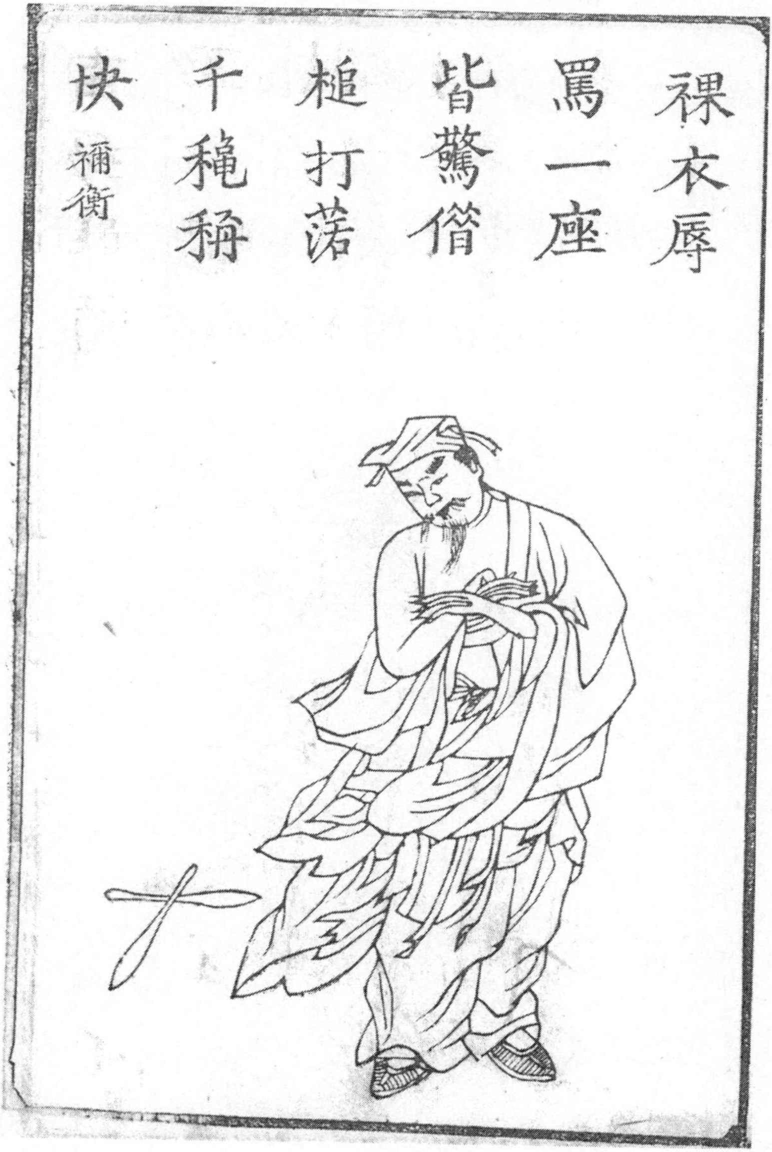
裸衣辱
罵一座
皆驚俏
槌打落
千穐稱
快
禰衡

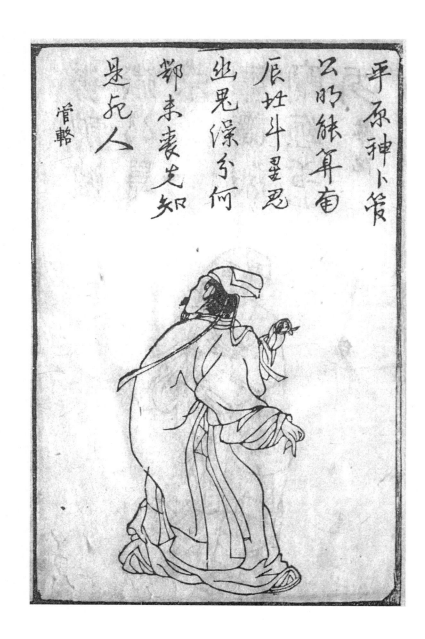

平原神卜筮
公明能算甬
辰坤斗星忍
出鬼操兮何
郭来裵先知
是㐀人

管輅

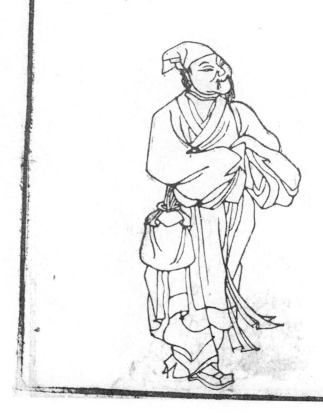

華陀

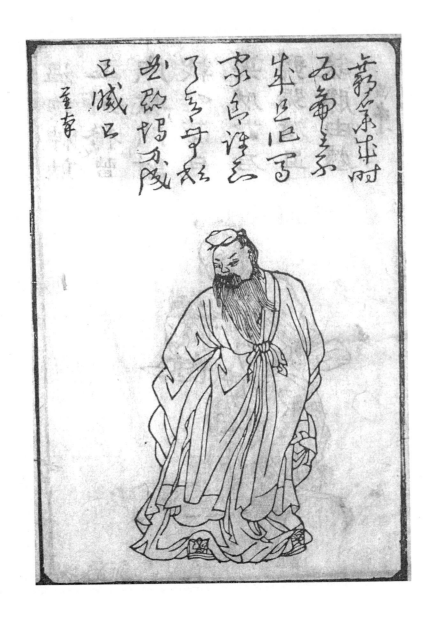

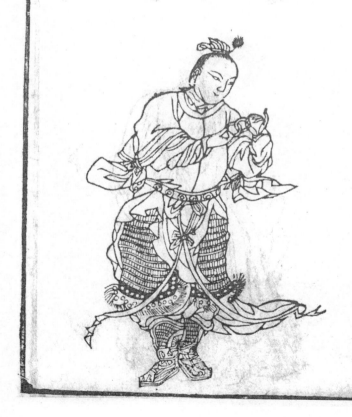

溫侯神骁

立間稀曾

向轅門射

戟時落日

果肰欶石

舜骗樏直

欲勝由塋

呂布

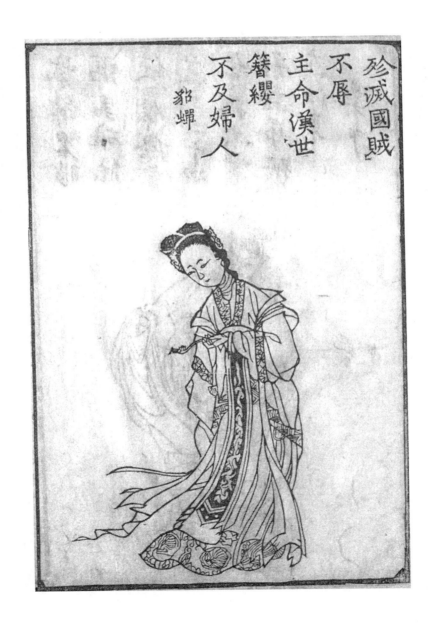

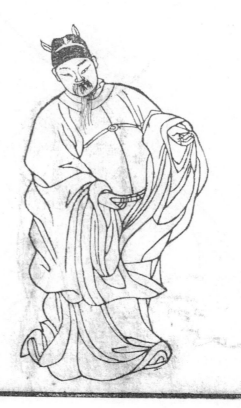

紫髯碧眼
彌英雄能
使厈儔肯
盡忠二十四
年興大業
龍盤虎踞
左江東
吳主

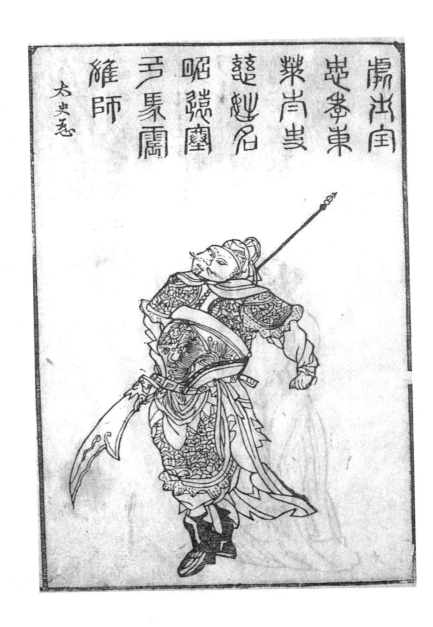

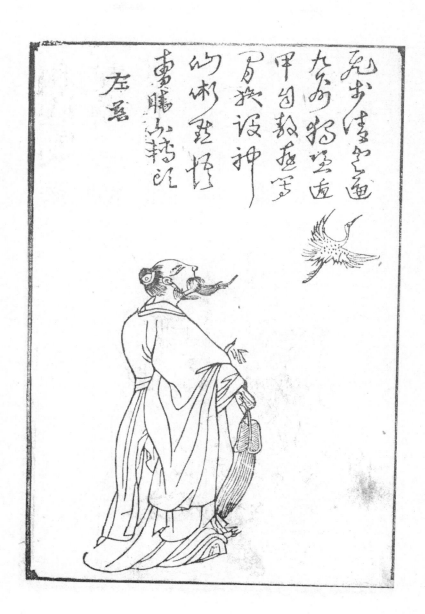

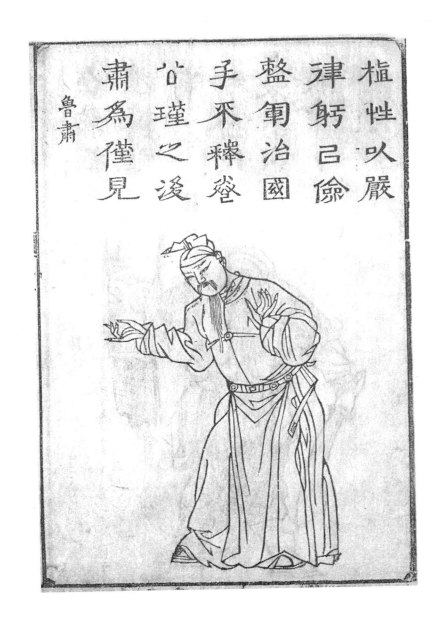

植性以嚴

律躬己儉

鑿軍治國

手不釋登

㒖謹之後

肅為僅見

魯肅

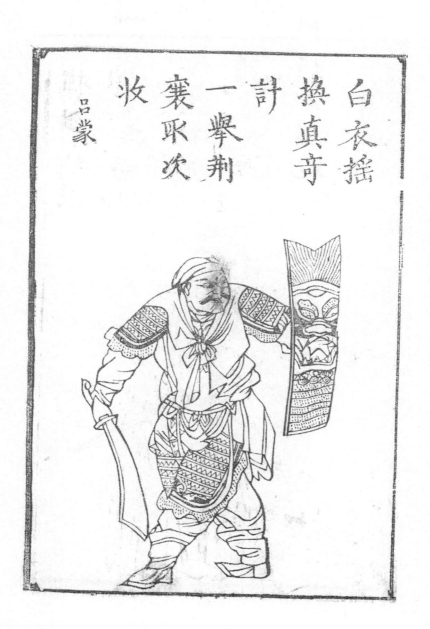

白衣搖
換真奇
計
一舉荊
襄取次
妝

呂蒙

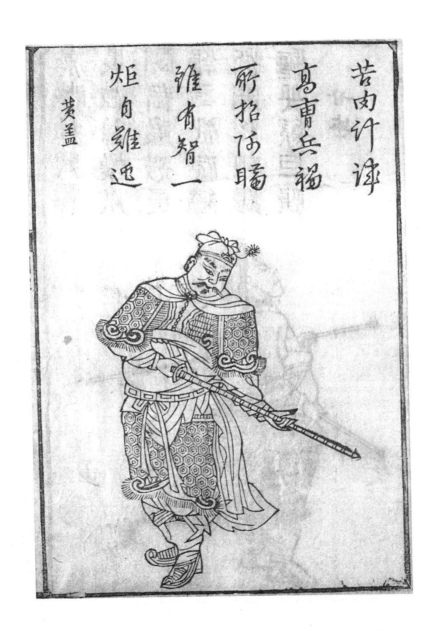

苦肉計詐
高曹兵福
所招陌瞞
雖有智一
炬自雜逃

黄盖

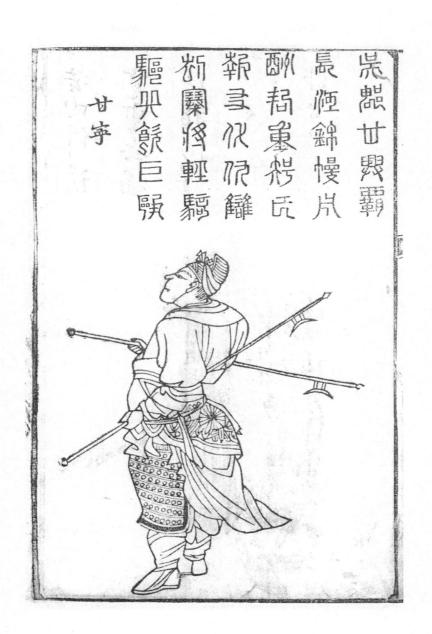

是齃甘興霸

長涎錦幔片

酣起東帛氏

靳奪汝侭雜

斷奪將輕驍

驅失飯巨驍

甘宇

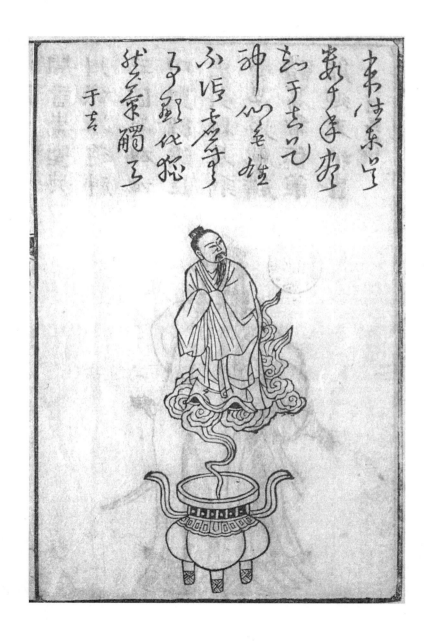

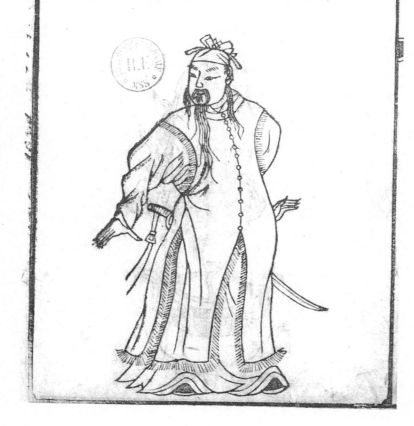

開言崇聖典
用武暗通神
三國英雄士
四期経済臣
史兲驅尾豹
養學得麒麟
諸葛常稱亂
能廻天块岩

司馬懿

1

만주어
『삼국지연의』

만주어 『삼국지연의』

청대 만주족(滿洲族)은 다수의 한적(漢籍)을 만주어로 번역하였는데, 『삼국지연의(三國志演義)』도 이 같은 작업의 주요 성과 가운데 하나였다. 청조(淸朝)는 1644년 입관(入關)하면서 만주어를 문화어(文化語)로 발전시키려는 계획을 세웠는데, 그중 중국의 고전(古典)을 만주어로 번역하는 작업을 통해서, 만주어를 한어(漢語)와 대등한 문화어로 격상시키려는 언어정책을 펼쳤다. 그 결과 1650년대에는 이미 방대한 양의 고전 번역이 이루어졌다.[1]

청대 문헌에 나타난 『삼국지(연의)』번역 관련 기록으로는 『청태종실록(淸太宗實錄)』과 『만문노당(滿文老檔)』 천총(天聰) 6년(1632) 7월 14일조 달해(達海, dahai) 박시(baksi)의 번역 기사를 비롯해서 다음과 같은 기록들이 있다.

---

1) 성백인, 「청조의 청문감 편찬」, 『새국어생활』제9권 제1호, 1999, 145면.

『청태종실록(淸太宗實錄)』

그가 평소에 번역한 한문 서적은『형부회전(刑部會典)』, 『소서(素書)』, 『삼략(三略)』, 『만보전서(萬寶全書)』가 있는데 모두 완질을 갖추었고, 당시 막 번역한『통감(通鑑)』, 『육도(六韜)』, 『맹자(孟子)』, 『삼국지(三國志)』 및 『대승경(大乘經)』은 완성을 보지 못하고 죽었다.(其平日所譯漢書。有刑部會典、素書、三略、萬寶全書俱成帙。時方譯通鑑、六韜、孟子、三國志、及大乘經。未竣而卒。)

『만문노당(滿文老檔)』san guwe jy

한서(漢書)를 만주어로 번역하여 전부 완성한 것은『만보전서(萬寶全書)』, 형부(刑部)의 [原檔殘缺], 『소서(素書)』, 『삼략(三略)』이고, 또 완성을 보지 못한 것으로『통감(通鑑)』, 『육도(六韜)』, 『맹자(孟子)』, 『삼국지(三國志)』, 『대승경(大乘經)』 번역을 작업하기 시작했었다.[2](nikan bithe be manju gisun i ubaliyambume yooni arahangge, wan boo ciowan šu, beidere jurgan i [原檔殘缺] su šu, san lio, jai eden arahangge, tung giyan, lu too, mengdz, san guwe jy, dai ceng ging be arame deribuhe bihe)

『청세조실록(淸世祖實錄)』(順治七年 四月 十八日, 1650)

신축일, '삼국지'를 번역하여 완성하였다. 대학사 范文程、剛林、祁充格、甯完我、洪承疇、馮銓、宋權, 학사 査布海、蘇納海、王文奎、伊圖、胡理、劉淸泰、來袞、馬爾篤、蔣赫德 등에게 등급을 헤아려 말안장, 말, 은을 상내렸다.

šahūn ihan inenggi . ilan gurun i bithe be ubaliyambume šangnaha .

---

2) 滿文老檔硏究會 譯註,『滿文老檔』V(太宗2), 東洋文庫, 1961.

aliha bithei da fan wen ceng . garin . kicungge . ning wan o . hūng ceng
ceo . fung cio wan . sung kiowan . ashan i bithei da cabuhai . sunahai .
wang wen kui . itu . hūri . lio cingtai . laigun . maldu . jiyang hede sede
jergi bodome enggemu . morin . menggun šangnaha ..

辛丑。以繙譯三國志告成。賞大學士范文程、剛林、祁充格、甯完
我、洪承疇、馮銓、宋權、學士查布海、蘇納海、王文奎、伊圖、胡
理、劉清泰、來袞、馬爾篤、蔣赫德等、鞍馬、銀兩有差。

만문 한문『순치실록』(臺北 國立故宮博物院)

『삼국지』를 뜻하는 만주어 번역 명칭에는 "san guwe jy"와 "ilan
gurun i bithe" 등이 있다. "san guwe jy"라는 명칭의 번역은 진수의『삼
국지』로 판단되고 "ilan gurun i bithe"로 번역된 것은 나관중의『삼국지
연의』로 보인다. 이외에도 청대에 만주어『금병매』의 서문(gin ping mei
bithei sioi)을 보면 당시에 "san guwe yan i" 즉『삼국연의(三國演義)』라

는 명칭도 후대에 사용한 것을 알 수 있다.

청 태종이 달해에게 명하여 번역에 착수했으나 완성하지 못한 『삼국지』에 대해서는 과거 의견이 분분했지만 나관중의 『삼국지연의』가 아니라 진수의 역사서 『삼국지』로 보아야 한다는 새로운 견해가 제기되었다.[3]

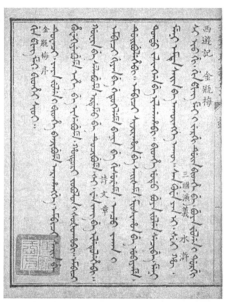

만주어 『금병매』序 san guwe yan i 三國演義 (일본 京都大學校)

진수의 정사(正史) 『삼국지』는 이덕계(李德啓)의 『만문서적연합목록(滿文書籍聯合目錄 Manju bithe cagan i fiyelen i ton)』(1933)에 의하면 북경(北京)의 고궁박물원(故宮博物院)에 일부가 전한다. 다음은 목록에 기재되어 있는 내용이다.

---

3) 巴雅尔图, 宝乐日, 『满文《三国志通俗演义》版本研究』, 社会科学文献出版社, 2022.

922.3
三國志 ; 滿文[故, 殘]
ilan gurun i bitxe
晉陳壽撰 存十四冊 鈔本
存 魏志 卷八之 10, 卷九之 7,8, 卷十之 1, 卷十一之 1,5,6,9, 卷十二之 7, 蜀志 卷二之 2,10, 卷三之 5-7.

북경(北京)의 고궁박물원(故宮博物院)에 전하는 진수의 만주어 번
역 『삼국지』(魏志 卷21)의 또 다른 판본을 보면 다음과 같다.[4]

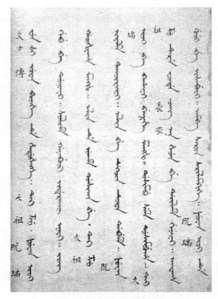

『삼국지』(北京 故宮博物院)

---

4) 본고에서 소개하는 자료는 陈翔华, 『三国志演义史话』(国家图书馆出版社, 2019)
에서 재인용한 것이다.

wen ši juwan bithe de henduhengge .. tai dzu . žuwan ioi
文士 傳　　　　　　　太祖　阮瑀
gebu be donjifi . solime ganabuci jiderakv ofi .. jing

hacihiyaha manggi .. alin de ukame dosika be . tai dzu
　　　　　　　　　　　　　　　太祖
niyalma takvrafi .. alin be dejin tuwa dabume .. žuwan
　　　　　　　　　　　　　　　　阮
ioi be bahafi benjihe manggi .. dosime seme dosimbuha .. tai
瑀　　　　　　　　　　　　　　　太
dzu tere fonde cang an hecen be dailame genefi .. antaha
祖　　　長安
gucu be isabufi .. amba sarin sarilambihe .. žuwan ioi de
　　　　　　　　　　　　　　　　阮瑀

『삼국지연의』는 만주어로만 간행된 만문본(滿文本)과 만문과 한문 (漢文)이 병기(倂記)되어 간행된 만한합벽본(滿漢合璧本) 두 종류가 있다.

1) 만문본 『삼국지연의』

만문본은 순치 7년(1650)의 각본(刻本)이며, 키충거(祁充格, Kicungge) 등의 봉칙역(奉勅譯)으로 24권 24책으로 완성되었다. 다음 은 만문본의 순치 7년 서문이다.

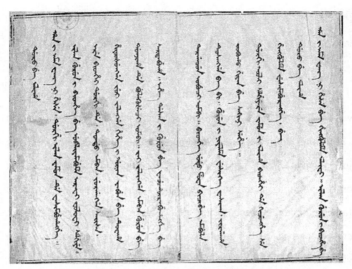

만문본 『삼국지연의』 서문 (프랑스국립도서관, Mandchou 120)

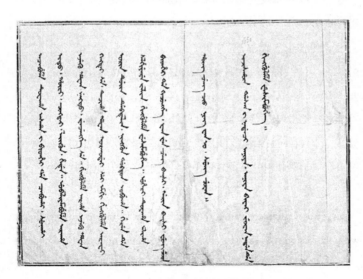

만문본 『삼국지연의』 서문 (프랑스국립도서관, Mandchou 120)

만문『삼국지연의』
ilan gurun i bithe 서문(序文)

doro be aliha han i ama wang ni hese . dorgi ilan yamun de wasimbuhengge . ilan gurun i bithe be ubaliyambume arafi folofi selgiye . ere bithei dorgi de . tondo amban . jurgangga saisa . hiyooŝungga jui . jalangga hehe i gūnin yabun be tuwaha donjiha de bulekušeci ombi . jai jalingga amban gurun be sartabuha . ehe dasan i gurun be facuhūrabuhangge be targacun obuci ombi . bithe udu muwa bicibe ambula tusangga ba bi . gurun i niyalma wesike wasika . jirgaha joboho giyan be sakini sehe ..

섭정왕 황부(攝政王皇父)[5]의 칙지(勅旨), 내삼원(內三院)에 내리신 것입니다.

『삼국지연의(三國志演義)』(ilan gurun i bithe)를 번역하여 간행하라. 이 책의 내용 가운데 충신(忠臣)·의사(義士)·효자(孝子)·열녀(烈女)의 뜻과 행실을 보고 들었을 때에 교훈 삼을 수 있고, 또 간사한 신하가 나라를 그르치고 나쁜 정치가 나라를 어지럽게 한 것을 경계 삼을 수 있다. 글은 비록 조야(粗野)하지만 대단히 유익한 바가 있다. 나라 백성이 흥하고 쇠하고 편안하고 고생한 이치를 알게 하라 하셨습니다.

dorgi kooli selgiyere yamun i aliha bithei da kicungge se gingguleme wesimburengge . be . doro be aliha han i ama wang ni hese be gingguleme

<hr/>

5) 도르곤(dorgon, 多爾袞, 1612~1650). 누르하치의 열네 번 째 아들(14子) 和碩睿親王. 叔父攝政王(1644), 皇父攝政王(1648) 봉호. 1644년부터 순치7년(1650)까지 섭정하였다.

alifi . ilan gurun i bithe be acabume tuwaha ashan i bithei da cabuhai .
sunahai . itu . hūri . cingtai . laigun . hede .. ubaliyambume araha ejeku
hafan nengtu . yecengge se . gingguleme araha ejeku hafan kengtei se
. taciha hafan korkodai sei emgi gingguleme arafi orin duin debtelin .
ninggun dobton obuha .. geren de selgiyere jalin gingguleme wesimbuhe ..

내홍문원(內弘文院)의 대학사(大學士) 키충거(kicungge) 등이 삼
가 상주하는 것입니다. 저희들은 섭정왕 황부의 칙지를 삼가 받들어, 『삼
국지연의』를 교열(校閱)한 학사(學士) 차부하이(cabuhai) · 수나하이
(sunahai) · 이투(itu) · 후리(hūri) · 칭타이(cingtai) · 라이군(laigun) ·
허더(hede). 번역하여 쓴 주사(主事) 넝투(nengtu) · 여청거(yecengge)
등. 삼가 쓴 주사 컹터이(kengtei) 등. 박사(博士) 코르코다이(korkodai)
등과 함께 삼가 써서, 24권(卷) 6함(函)으로 하였습니다. 여러 사람들에
게 반포하기 위하여 삼가 상주하였습니다.

uheri tuwaha aliha bithei da kicungge fan wen ceng baksi . garin baksi
fung cuwan . hūng ceng cio . ning wan o . sung cuwan ..

ijishūn dasan i nadaci aniya . aniya biyai juwan nadan de gingguleme
wesimbuhe ..

총괄하여 감수한 대학사 키충거(kicungge) · 범문정(范文程, fan wen
ceng) 박시(baksi) · 가린(garin) 박시 · 풍전(馮銓, fung cuwan) · 홍승주
(洪承疇, hūng ceng cio) · 영완아(寧完我, ning wan o) · 송권(宋權, sung
cuwan)

순치 7년(1650) 정월 17일에 삼가 상주하였습니다.[6]

---

6) "皇父攝政王旨, 諭內三院 : 着譯《三國演義》, 刊刻頒行. 此書可以忠臣、義賢、
孝子、節婦之懿行爲鑒, 又可以奸臣誤國、惡政亂朝爲戒. 文雖粗糙 , 然甚有

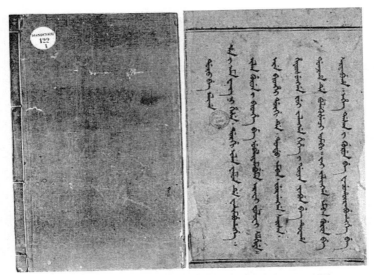

만문 『삼국지연의』(표지와 서문) (프랑스국립도서관, Mandchou 122)

『삼국지연의』판본 연구가인 영국의 웨스트(魏安, A. West)와 일본의 기시다(岸田文隆)에 의하면 이 판본은 중국, 프랑스, 몽골 등에 소장되어 있는 것으로 보고되어 있는데,[7] 만문본의 저본은 명대 가정임오본 계열의 초기 판본을 저본으로 번역했을 가능성이 있으나 가정임오본을 주요 저본으로 하여 일부 다른 초기 판본들을 참고하여 번역한 것으로

益處, 應使國人知此興衰安亂之理也. 欽此. 內弘文院大學士祁充格等謹奏: 我等恭承皇父攝政王諭旨, 校勘 『三國演義』, 學士查布海索索那海 · 伊圖霍力 · 慶泰 · 來袞 · 何德. 飜譯, 主事能圖 · 葉成額等. 恭承繕寫, 主事更泰等與博士科爾科泰等恭抄, 成二十四冊, 分爲六函, 頒行於衆, 爲此謹奏. 總校: 大學士祁充格 · 范文程巴克什 · 剛林巴克什 · 馮銓 · 洪承疇 · 寧完我 · 宋權. 順治七年正月十七日謹奏." 만주어 서문의 漢譯 부분은 黃潤華 · 王小虹 譯輯,「滿文譯本《唐人小說》《聊齋志異》等序言及譯印《三國演義》諭旨」,『文獻』第16輯, 北京, 1983.

7) 魏安,『三國演義版本考』, 上海古籍出版社, 1996, 17면.

보인다.[8]

2) 만한본 『삼국지연의』

만한합벽본은 청대 옹정(雍正) 연간(1723-1735)의 것으로 추정되고
있는데, 24권 48책으로 완성되었다. 웨스트와 기시다 등에 의하면 만한
합벽본은 다음과 같은 판본들이 보고되어 있다.

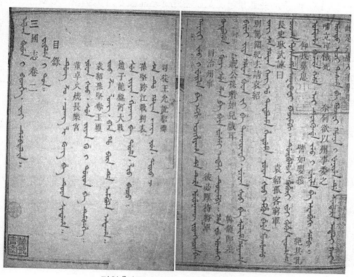

만한 『삼국지연의』 (국립중앙도서관)

- 한국-국립중앙도서관(國立中央圖書館) 소장본
  - 중국-북경(北京) ; 대련(大連) ; 심양(瀋陽) ; 여순(旅順) ; 중앙민

---

8) 岸田文隆, 「三譯總解 底本考」, 『알타이학보』제2호, 한국알타이학회, 1990, 92면 ; 岸
田文隆, 『『三譯總解』の滿文にあらわれた 特殊語形の來源(《삼역총해》 만문에 나
타난 특수어형의 내원)』, 東京外國語大學 國立亞非語言文化研究所, 1997 ; 巴雅尔
图、宝乐日, 『满文《三国志通俗演义》版本研究』, 社会科学文献出版社, 2022.

족학원(中央民族學院) ; 민족문화궁(民族文化宮) ; 중국사회과학
원(中國社會科學院) 소장본

- 일본-동경대(東京大) ; 경도대(京都大) ; 오사카외대(大阪外大) ;
  동양문고(東洋文庫) 소장본
- 프랑스-파리국립도서관 소장본
- 영국-케임브리지대학 웨이드 문고[Wade collection] 소장본
- 그리고 독일, 러시아, 미국의 소장본 등이 있는데, 영인본(影印本)
  가운데 중문자료센터(CMC, San Francisco, 1979)의 "A Manchu
  Edition of Ilan-gurun-i bithe 滿文本三國誌"도 있다.

3) 만주어 음사『삼국지연의』

만주어 음사(音寫)『삼국지연의』는 한문본『삼국지연의』의 독음(讀
音)을 만주어로 표기한 대단히 특이한 판본이다. 현재 프랑스국립도서
관(BNF, Bibliothèque nationale de France, Département des manuscrits,
Mandchou 124)에 소장되어 전해오고 있는데, 모두 3책 잔본이다. 이들
을 검토한 결과 1책은 120회 이탁오본 계열이고, 나머지 2책은 120회
모종강본 계열이다. 각각의 구성과 목차를 보면 다음과 같다.

Mandchou 124(9)	이탁오본	제42회 張益德據水斷橋, 劉玄德敗走夏口 제43회 (목차 없음) 제44회 諸葛亮智說周瑜, 周瑜定計破曹操 제45회 周瑜三江戰曹操, 群英會瑜智蔣幹 제46회 諸葛亮計伏周瑜, 黃蓋獻計破曹操
Mandchou 124(11)	모종강본	제52회 諸葛亮智辭魯肅, 趙子龍計取桂陽 제53회 關雲長義釋黃漢升, 孫仲謀大戰張文遠 제54회 吳國太佛寺看新郞, 劉皇叔洞房續佳偶

Mandchou 124(18)	모종강본	제71회 占對山黃忠逸待勞, 據漢水趙雲寡勝眾 제72회 諸葛亮智取漢中, 曹阿瞞兵退斜谷 제73회 玄德進位漢中王, 雲長攻拔襄陽郡

이들 문헌의 특성을 살펴보기 위해서 만주어 음사『삼국지연의』제46회 "諸葛亮計伏周瑜, 黃蓋獻計破曹操"라는 회목과 만주어 번역본 권10 제91회 "諸葛亮計伏周瑜", 제92회 "黃蓋獻計破曹操" 회목을 비교해보자.

만문『삼국지연의』	
독음(음사)	내용(번역)
di sy ši lio hui	(juwanci debtelin i fiyelen i ton) 卷十目錄
제46회 第四十六回 諸葛亮計伏周瑜, 黃蓋獻計破曹操 ju ge liyang gi fu jeo yu huwang gai hiyan gi pe ts'ao ts'ao	(제91회) 諸葛亮計伏周瑜 Jug'oliyang arga i jeo ioi be gidaha (제92회) 黃蓋獻計破曹操 huwang g'ai arga deribufi ts'oots'oo be efulehe ..

Mandchou 124(9)

Mandchou 124(9)
이탁오본
제42회 張益德據水斷橋, 劉玄德敗走夏口 제43회 (목차 없음) 제44회 諸葛亮智說周瑜, 周瑜定計破曹操 제45회 周瑜三江戰曹操, 群英會瑜智蔣幹 제46회 諸葛亮計伏周瑜, 黃蓋獻計破曹操

만주어 음사 이탁오본 제42회

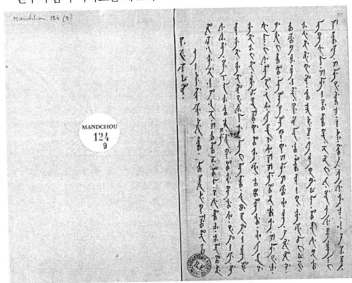

제42회 張益德據水斷橋, 劉玄德敗走夏口
Mandchou 124(9)

만주어 음사 이탁오본 제42회

di sy xi er hui 제42회 張益德據水斷橋, 劉玄德敗走夏口

jang i dei gioi xui duwan kiyoo . lio siowan de bai dzeo hiya keo .

만주어 음사 이탁오본 제44회

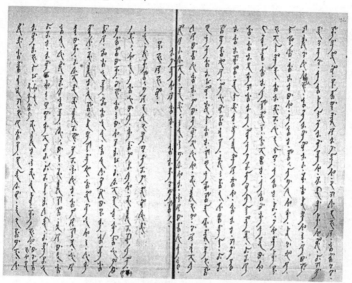

제44회 諸葛亮智說周瑜, 周瑜定計破曹操
Mandchou 124(9)

만주어 음사 이탁오본 제44회

di sy xi sy hui 제44회 諸葛亮智說周瑜, 周瑜定計破曹操

ju ge liyang jy xo jeo yu . jeo yu ding gi pe ts'ao ts'ao .

만주어 음사 이탁오본 제46회

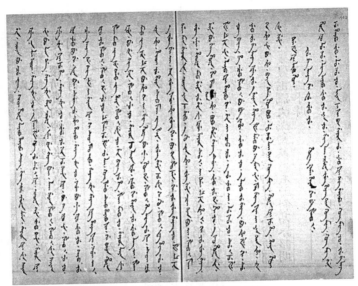

제46회 諸葛亮計伏周瑜, 黃蓋獻計破曹操
Mandchou 124(9)

만주어 음사 이탁오본 제46회

di sy ši lio hui 제46회 諸葛亮計伏周瑜, 黃蓋獻計破曹操

ju ge liyang gi fu jeo yu . huwang gai hiyan gi pe tsʾao tsʾao .

Mandchou 124(11)

Mandchou 124(11)
모종강본
제52회 諸葛亮智辭魯肅, 趙子龍計取桂陽
제53회 關雲長義釋黃漢升, 孫仲謀大戰張文遠
제54회 吳國太佛寺看新郎, 劉皇叔洞房續佳偶

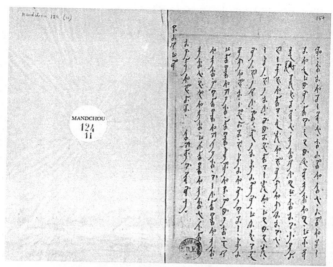

제52회 di u sǐ er hui 諸葛亮智辭魯肅, 趙子龍計取桂陽

Mandchou 124(11)

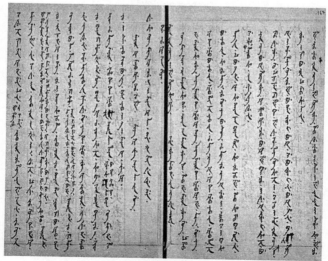

제53회 di u sǐ san hui 關雲長義釋黃漢升, 孫仲謀大戰張文遠

Mandchou 124(11)

제54회 di u sǐ sy hui 吳國太佛寺看新郎, 劉皇叔洞房續佳偶
Mandchou 124(11)

Mandchou 124(18)

Mandchou 124(18)
모종강본
제71회 占對山黃忠逸待勞, 擋漢水趙雲寡勝眾
제72회 諸葛亮智取漢中, 曹阿瞞兵退斜穀
제73회 玄德進位漢中王, 雲長攻拔襄陽郡

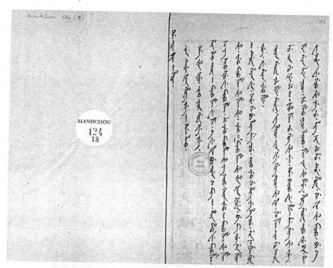

제71회 di ci sǐ i hui 占對山黃忠逸待勞, 擋漢水趙雲寡勝衆

Mandchou 124(18)

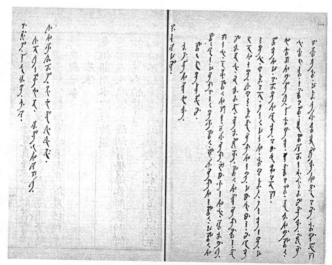

제72회 di ci sǐ er hui 諸葛亮智取漢中, 曹阿瞞兵退斜谷

Mandchou 124(18)

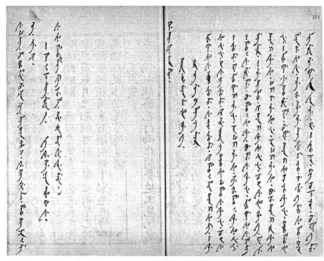

제73회 di ci sǐ san hui 玄德進位漢中王, 雲長攻拔襄陽郡
Mandchou 124(18)

4) 『삼국지연의도』

『삼국지연의도(三國志演義圖)』는 프랑스 국립도서관에 소장되어 있
는 도서로 『삼국지연의』의 주요 등장인물이 그려져 있고 이들에 대한
인물평으로 구성되어 있다. 저작 연대는 건륭(乾隆) 34년(己丑, 1769)
여름 5월이며 납림(拉林) 융태점(隆泰店)에서 쓰고 그렸다고 나온다.[9]
『삼국지연의』의 등장인물 총 40명이 나오는데 촉나라의 인물로 유비 관
우 장비 삼형제를 비롯해서 제갈량, 조운 등이 등장한다. 참고로 이들 등
장인물 그림은 원래 한문본 『삼국지연의』 가운데 청대 모종강본 계열의

---

9) abkai wehiyehe i gūsin duici aniya sohon ihan juwari sunja biya de 乾隆三十四年
己丑 夏五月 在拉林隆泰店寫畫

관화당 제일재자서(貫華堂第一才子書)에 나오는 인물들과 가장 유사
하다.

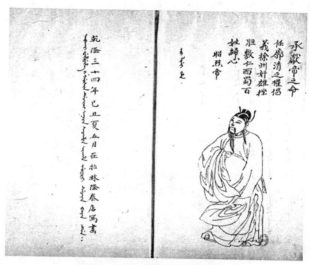

joo liyei han 昭烈帝 (프랑스 국립도서관)

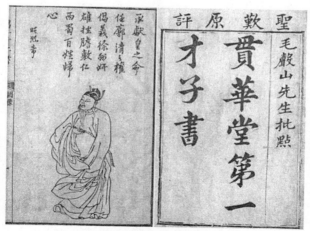

한문 『삼국지연의』(프랑스 국립도서관)

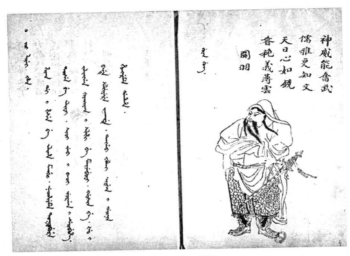

神威能奮武
儒雅更知文
天日心如鏡
春秋義薄雲
關羽

guwan gung 關羽

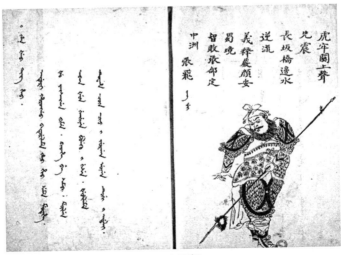

虎牢闢一聲
先震
長坂橋邊水
逆流
義釋嚴顏安
蜀境
智敗張郃定
中洲
張飛

jang fei 張飛

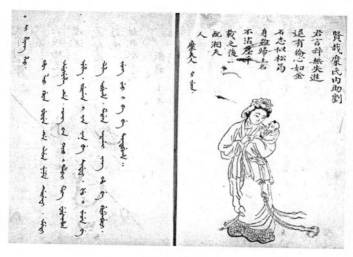

mi fujin 麋夫人

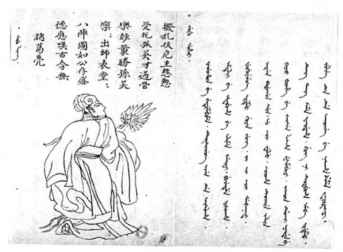

jug'o liyang 諸葛亮

jug'o liyang 諸葛亮[10]

撥亂扶危主
慇懃受托孤
英才過管樂
妙策勝孫吳
凜〃出師表
堂〃八陣圖
如公存盛德
應嘆古今無

○ jug'o uheo .

facuhūn be geterembume . tuksicuke ejen de aisilaha .

emteli be afabuha be alime gaifi . bucetele faššaha .

ferguwecuke erdemu guwan jung . yo i ci dabanafi .

arga bodogon sun . u ci fulu .

cooha tucire jalin biyoo bithe be kangse lasha wesimbufi .

jakūn dukai faitan be teng tang seme faidaha .

gung ni tutabuha amba erdemu .

julge te de akūngge be nasaha seme wajirakū .

---

10) 가정임오본 207회, 모종강본 104회에 나온다. 원래는 당나라 元稹(779~831)의
작품.

제갈무후(諸葛武侯)

어지러움을 제거하고 위태로운 주인을 보좌했으며
탁고(托孤)한 것을 받아 가지고 죽도록 진력하였네.
기이한 재능은 관중(管仲)과 악의(樂毅)를 넘어서고
꾀와 계책은 손자(孫子)와 오자(吳子)보다 뛰어났네.
군사를 내기 위해 표문(表文)을 과단성 있게 올리고
여덟 개 문의 팔진도(八陣圖)를 당당하게 펼쳤네.
공이 남긴 큰 재능 고금에 없음을 탄식해마지 않네.

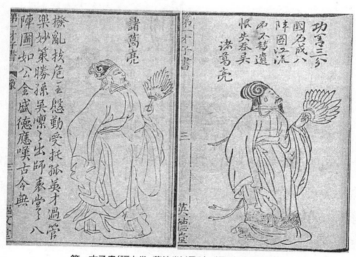

第一才子書(福文堂, 英德堂) (독일 베를린주립도서관)

5) 『삼역총해』

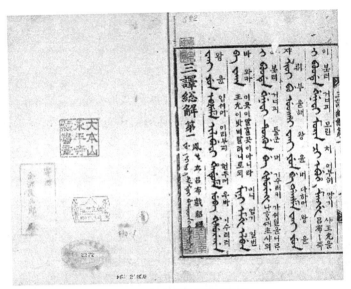

『삼역총해』제1 鳳儀停呂布戲貂蟬
(일본 駒澤大學 濯足文庫)

　조선시대 청학서(淸學書)의 하나로 간행된 『삼역총해(三譯總解)』
(중간본, 1774)[11]도 국내외에 전하고 있는데, 『삼역총해』는 청대 만문
『삼국지연의』의 240회 가운데 10회분에 해당하는 만문을 선별하여 한
글로 전사하고 번역한 것이다.[12]

　참고로 『삼역총해』의 제1회부터 제10회에 해당하는 만문 『삼국지연

---

11) 『三譯總解』에 대해서는 성백인, 「現存 司譯院 淸學書와 그 硏究」, 『알타이학보』,
　　한국알타이학회, 1994 ; 「조선조 청학서 해제」, 『만주어와 알타이어학 연구』, 태학
　　사, 1999.
12) 묄렌도르프의 표기법에 따라 전사하고 색인을 갖춘 것은 최동권 · 강성춘 · T.
　　otgontuul, 『만문삼국지(三譯總解)』, 한국학술정보[주], 2008.

의』와 만한 『삼국지연의』의 출처를 표로 살펴보면 다음과 같다.[13]

『삼역총해』: 奎章閣 소장본(No. 奎 1529)
- 만문 『삼국지연의』: Bibliothèque Nationale 소장본(No. MANDCHOU 120)
- 만한 『삼국지연의』: 京都大學文學部言語學敎室 소장본

『삼역총해』	만문 『삼국지연의』	만한 『삼국지연의』
제1 1a~22b 鳳儀停呂布戲貂蟬	권2 51b~58a	권2 73b~82a
제2 1a~26b 關雲長千里獨行	권6 18a~25a	권6 28a~41b
제3 1a~26b 諸葛亮智激孫權	권9 53b~62b	권9 70b~82a
제4 1a~25a 諸葛亮計伏周瑜	권10 2a~9b	권10 2a~12b
제5 1a~25a 黃蓋獻計破曹操	권10 9b~18b	권10 13a~23b
제6 1a~25b 闞澤密獻詐降書	권10 18b~27b	권10 24a~34b
제7 1a~23b 龐統進獻連環計	권10 27b~35b	권10 34b~44a
제8 1a~22b 曹孟德橫槊賦詩	권10 35b~42b	권10 44a~53a

---

13) 岸田文隆, 「『三譯總解』の滿文にあらわれた 特殊語形の來源(《삼역총해》만문에 나타난 특수어형의 내원)」, 東京外國語大學 國立亞非語言文化硏究所, 1997, 70~71면 ; 성백인, 「現存 司譯院 淸學書와 그 硏究」, 『알타이학보』제4호, 한국알타이학회, 1994, 13~14면.

제9 1a~22a 關雲長義釋曹操	권10 75b~82a	권10 98a~107b
제10 1a~26b 錦囊計趙雲救主	권11 76a~84a	권11 102a~114a

『삼역총해』 만문 부분의 저본은 민영규, 성백인 등에 의해 순치 7년
만문 『삼국지연의』일 것으로 언급되어 왔는데, 기시다(1990)에 의해 검
토된 바 있다.[14] 『삼역총해』는 과거 민영규 해제본(1955)을 비롯해서 홍
윤표 해제(홍문각, 1995) 등이 간행된 적이 있다. 이외에도 고려대학교
박물관에는 『삼역총해』 사역원 책판(冊版)이 36판 72엽으로 전하고 있
다.[15]

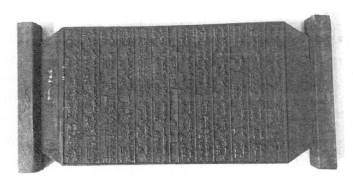

『삼역총해』사역원 책판(冊版) (고려대 박물관)

---

14) 岸田文隆, 「三譯總解 底本考」, 『알타이학보』 제2호, 한국알타이학회, 1990, 99면.
15) 정광 · 윤세영, 『司譯院 譯學書 冊版研究』, 고려대학 출판부, 1998.

三國志宗僚(蜀)

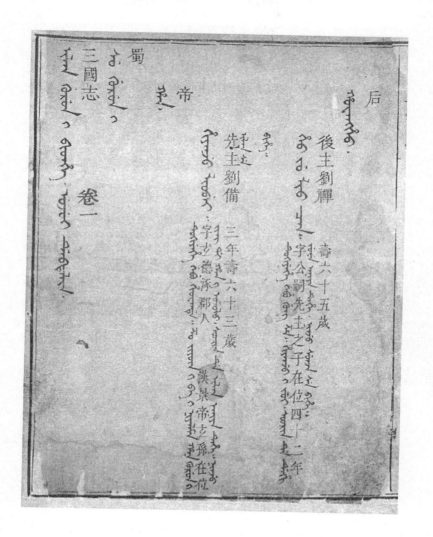

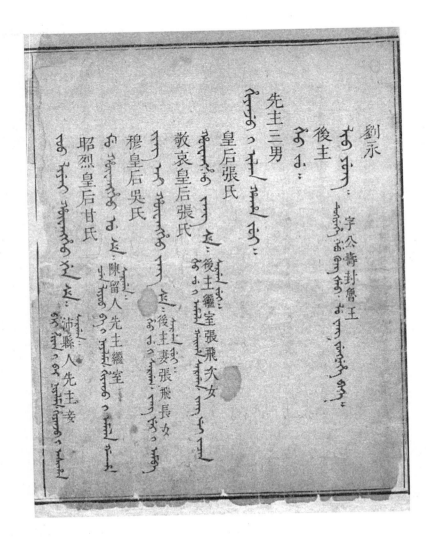

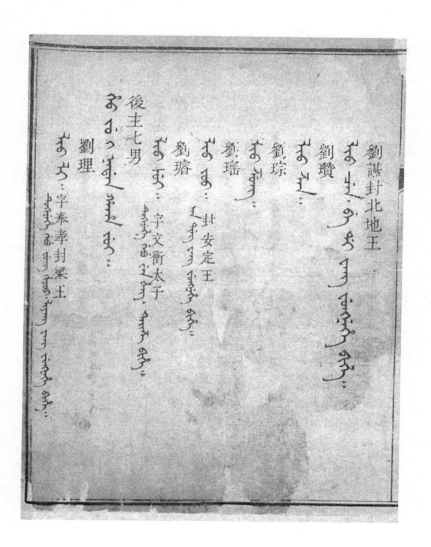

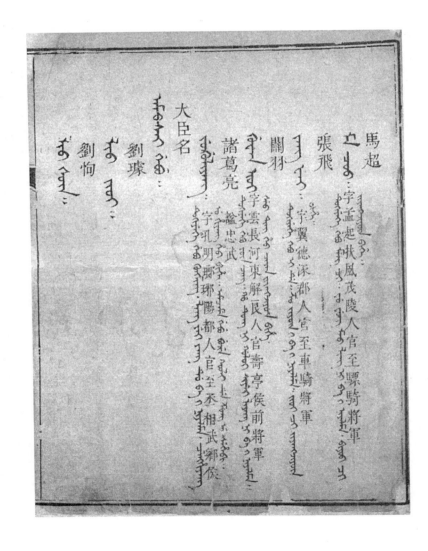

馬超　字孟起扶風茂陵人官至驃騎將軍

張飛　字翼德涿郡人官至車騎將軍

關羽　字雲長河東解良人官至壽亭侯前將軍

諸葛亮　謚忠武　字孔明瑯瑯陽都人官至丞相武鄉侯

大臣名

劉璩

劉恂

孫乾 字公祐北海人官至秉忠將軍

糜竺 字子仲東海朐人官至安漢將軍

許靖 字文休汝南平輿人歷官至太傅

法正 字孝直扶風郿人官至尙書令護軍將軍

龐統 字士元襄陽人官至軍師中郎將

趙雲 字子龍常山眞定人官至鎭東將軍

黃忠 字漢升南陽人官至關內侯

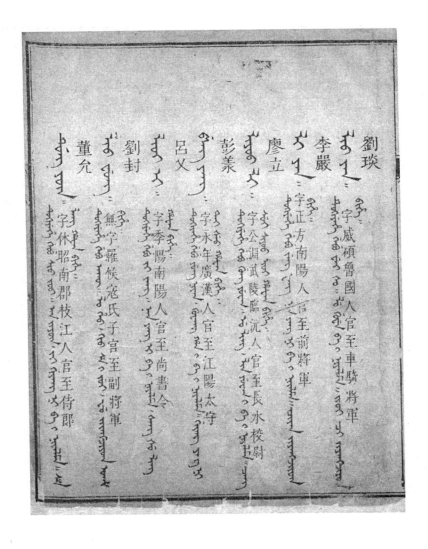

劉琰 字威碩魯國人官至車騎將軍

李嚴 字正方南陽人官至前將軍

廖立 字公淵武陵臨沅人官至長水校尉

彭羕 字永年廣漢人官至江陽太守

呂乂 字季陽南陽人官至尚書令

劉封 無字羅侯寇氏子官至副將軍

董允 字休昭南郡枝江人官至侍郞

陳震 ᠴᡝᠨ ᠵᡝᠨ᠈ 字孝起南陽人官至尚書令

馬良 ᠮᠠ ᠯᡳᠶᠠᠩ᠈ 字季常襄陽宜城人官至侍中

劉巴 ᠯᡳᠣ ᠪᠠ᠈ 字子初零陵烝陽人官至尚書令

董和 ᡩᡠᠩ ᡥᠣ᠈ 字幼宰南郡枝江人歷官中郎將

秦宓 ᠴᡳᠨ ᠮᡳ᠈ 字子勑廣漢緜竹人官至大司農

伊籍 ᡳ ᡤᡳ᠈ 字機伯山陽人官至昭文將軍

簡雍 ᡤᡳᠶᠠᠨ ᠶᡠᠩ᠈ 字憲和涿郡人官至昭德將軍

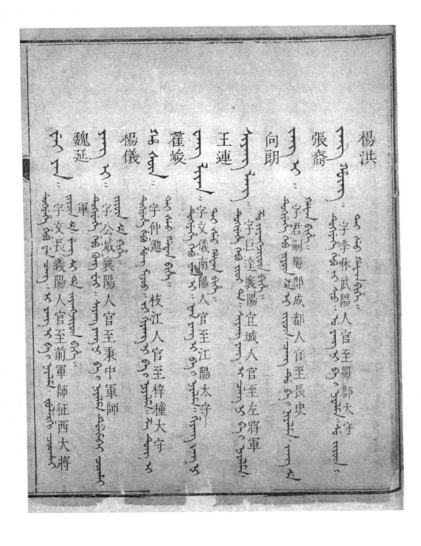

楊洪 字季休武陽人官至蜀郡太守

張裔 字君嗣蜀郡成都人官至長史

向朗 字巨達襄陽宜城人官至左將軍

王連 字文儀南陽人官至江陽太守

霍峻 字仲邈枝江人官至梓橦大守

楊儀 字威公襄陽人官至秉中軍師軍

魏延 字文長義陽人官至前軍師征西大將

秉馘 ᠂᠂᠂ 字敬達義陽新野人官至光祿大夫

孟光 ᠂᠂᠂ 字孝裕洛陽人官至大司農

許慈 ᠂᠂᠂ 字仁篤南陽人官至大常

杜瓊 ᠂᠂᠂ 字伯瑜都人官至大常

周羣 ᠂᠂᠂ 字仲直巴西閬中人官至儒林校尉

杜微 ᠂᠂᠂ 字國輔梓橦涪人官至諫議大夫

費詩 ᠂᠂᠂ 字公舉南安人官至諫議大夫

呂凱 ᠊᠊᠊ ᠊᠊᠊ ᠊᠊᠊：字季平永昌不韋人官至雲南太守

李恢 ᠊᠊᠊ ᠊᠊᠊：字德昂建寧俞元人官至安漢將軍

董權 ᠊᠊᠊：字德昂建寧俞元人官至安漢將軍

郤正 ᠊᠊᠊：字公衡 ᠊᠊᠊：蜀中人官至車騎將軍

譙周 ᠊᠊᠊：字允南巴西充國人官至中散大夫

李譔 ᠊᠊᠊：字欽仲梓潼涪人官至三郡太守

尹默 ᠊᠊᠊：字思潛梓潼涪人官至大中大夫

鄧芝：字伯苗義陽新野人官至車騎將軍

姜維：字伯約天水冀人官至大將軍

費褘：字文偉江夏孟人官至大將軍錄尚書令

蔣琬：字公琰零陵湘鄉人官至大將軍錄尚書事

張嶷：字伯岐南充國人官至盪寇將軍

王平：字子均巴西宕渠人官至鎮北將軍

馬忠：字德信巴西閬中人官至鎮南大將軍

諸葛喬　諸葛瞻　董厥　張松

劉璋　字季玉武陽人官至震威校尉

劉喬　字君朗江夏竟陵人官至大將軍

楊戲　字文然武陽人官至射聲校尉

廖化　字元儉襄陽人官至右車騎將軍

宗預　字德艷南陽安衆人官至征西大將軍

張翼　字伯恭武陽人官至左車騎將軍

何宗　張爽　吳班　王謀

劉豹　向舉　殷純　趙祚

趙戲　吳懿　射受　賴恭　張任

關興　常播　孟達　張任

蔣顯　衛繼　關平　張苞

尚寵　蔣斌　傅僉　劉敏

馬謖　陳祇　周倉　馬岱

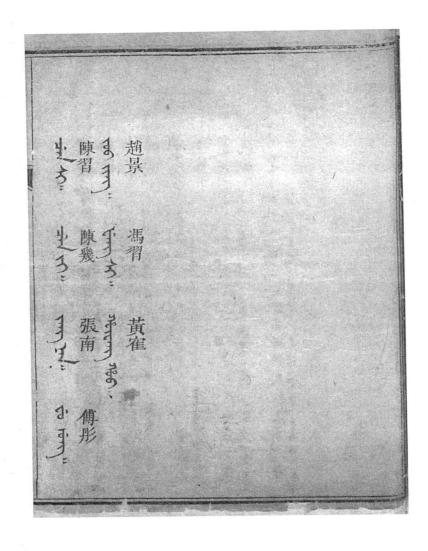

2 | 콜레주 드 프랑스
『청문삼국지』

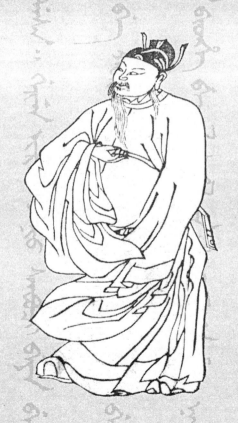

콜레주 드 프랑스 『청문삼국지』

1. 『청문삼국지』

만주어 『삼국지연의』(ilan gurun i bithe)는 한문본 『삼국지연의(三國志演義)』의 만주어 번역본으로 만문본(滿文本)과 만한합벽본(滿漢合璧本) 두 종류가 전하는데, 이들은 각각 순치(順治) 7년(1650)과 옹정(雍正) 연간(1723~1735)의 판본으로 알려져 있다. 순치 7년 만문본은 키충거(kicungge) 등의 봉칙역(奉勅譯)으로 중국과 프랑스 등에 소장되어 있다.[1]

이번에 소개하는 만주어 『삼국지연의』는 콜레주 드 프랑스(Collège de France) 소장 『청문삼국지(淸文三國志)』인데, 기존 만주어 관련 논저와 목록 가운데 간다 노부오(神田信夫, 1965),[2] 하르트무트(Hartmut Walravens, 1976) 등에 의해 언급되었다. 이 판본은 순치 7년 각본의 목

---

[1] 滿文本의 소장 기관 현황에 대해서는 岸田文隆 『1997)과 魏安(1996) 참고.
[2] 神田信夫, 「欧米現存の満洲語文献」, 『東洋学報』48巻 2号, 東洋文庫, 1965.

차와 내용은 같으나 서문과 등장인물인 삼국지종료(三國志宗僚) 부분
이 나오지 않고 훼손되어 누락된 부분을 후대에 배접하고 필사로 보충
한 것이 보인다.

Titre	清文三國志演義 二十四卷 / [明] 羅貫中 撰 Qingwen Sanguo zhi yanyi / Luo Guanzhong
Editeur	北京 : 清內府, 清 順治7年[1650] Beijing : Qingneifu, 1650
Collation	4 étuis (24 fasc.) ; 28x20.5cm
Localisation	Etudes chinoises – Cote : E IV 2-1 (1-4)

서지적인 측면을 살펴보면 전체 4개의 서갑(書匣, book case)으로, 1
개 서갑당 6권[6本 6vol.]으로 전체 24권이며, 내용면에서 1권 10회(10
回, 10 chapter) 분량을 수록하고 있어서 전체 24권 240회로 구성되어
있음을 알 수 있다. 서갑 외부의 제첨(題簽)은 만주어로 'manju hergen
i ilan gurun i bithe'이고, 1권의 표지 제첨은 만주어와 한문이 병기되어
'manju hergen i ilan gurun i bithe 清文三國志'로 되어 있다. 판심은 만
주어로 'ilan gurun i bithe'이며 본문 구성은 9행으로 되어 있다.

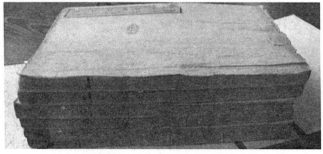

『청문삼국지』 1서갑 6책 (콜레주 드 프랑스)

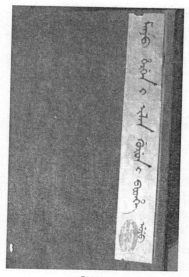
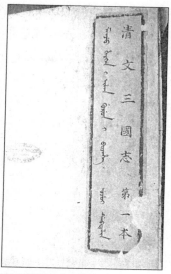

『청문삼국지』 서갑 제첨과 제1본 (콜레주 드 프랑스)

이번에 번역 소개하는 내용은 권1의 제1회 「제천지도원결의(祭天地 桃園結義)」편의 도입부 일부이다. 이 도입부의 특징은 후한 말 환제가 죽고 영제가 등극하던 시절인데, 정치가 점점 어지러워지기 시작하고 이에 따른 각종 천재지변이 보여주는 정치적 의미를 짚어보고 있다. 여 기서 주의할 것은 광록대부(光祿大夫) 양사(楊賜)와 의랑(議郎) 채옹 (蔡邕)의 상주문이 모두 만주어로 번역되었는데, 이는 전반 도입부로만 보면 주로 남경을 중심으로 한 강남지역에서 출판된 강남계열, 즉 연의 계통의 판본을 저본으로 하여 번역했을 가능성이 대단히 높다고 할 수 있다. 이는 복건 지역에서 출판된 소위 복건계, 즉 지전본 계통과는 구분 되는 것이다.

제1회에 나오는 양사와 채옹의 상주문은 명대 가정임오본(1522)『삼 국지연의』 이후 주왈교본이나 이탁오본 등 연의 계열의 판본에 등장하는데, 이들 상주문의 원래 출전은 각각 『후한서』 양사와 채옹 열전이다.
이것을 후대에 나관중이 『후한서』, 『통감』을 비롯해서 각종 사서 및 문
헌들을 참고하여 재구성한 것으로 보여진다. 먼저 『후한서』의 해당 내
용을 보면 다음과 같다.

	『후한서』
양사	案《春秋讖》曰: "天投蜺, 天下怨, 海内亂。" 加四百之期, 亦復垂及。昔虹貫牛山, 管仲諫桓公無近妃宮。易曰: "天垂象, 見吉凶, 聖人則之。" 今妾媵婢人閹尹之徒, 共專國朝, 欺罔日月。又鴻都門下, 招會羣小, 造作賦說, 以蟲篆小技見寵於時, 如騅兜、共工更相薦說, 旬月之間, 並各拔擢, 樂松處常伯, 任芝居納言。郄儉、梁鵠俱以便辟之性, 佞辯之心, 各受豐爵不次之寵, 而令搢紳之徒委伏畎畝, 口誦堯舜之言, 身蹈絕俗之行, 棄捐溝壑, 不見逮及。冠履倒易, 陵谷代處, 從小人之邪意, 順無知之私慾, 不念板、蕩之作, 虺蜴之誡。殆哉之危, 莫過於今。幸賴皇天垂象譴告。《周書》曰: "天子見怪則修德, 諸侯見怪則修政, 卿大夫見怪則修職, 士庶人見怪則修身。" 惟陛下慎經典之誡, 圖變復之道, 斥遠佞巧之臣, 速征鶴鳴之士, 内親張仲, 外任山甫, 斷絕尺一, 抑止盤遊, 留思庶政, 無敢怠遑。冀上天還威, 㸌變可弭。老臣過受師傅之任, 數蒙寵異之恩, 豈敢愛惜垂沒之年, 而不盡其婁婁之心哉!
채옹	邕對曰: 臣伏惟陛下聖德允明, 深悼災眚, 褒臣末學, 特垂訪及, 非臣螻蟻所能堪副。斯誠輸寫肝膽出命之秋, 豈可以顧患避害, 使陛下不聞至戒哉! 臣伏思諸異, 皆亡國之怪也。天於大漢, 殷勤不已, 故屢出祅變, 以當譴責, 欲令人君感悟, 改危即安。今災眚之發, 不於它所, 遠則門垣, 近在寺署, 其為監戒, 可謂至切。蜺墮雞化, 皆婦人干政之所致也。前者乳母趙嬈, 貴重天下, 生則貨藏侔於天府, 死則丘墓踰於園陵, 兩子受封, 兄弟典郡。續以永樂門史霍玉, 依阻城社, 又為姦邪。今者道路紛紛, 復雲有程大人者, 察其風聲, 將為國患。宜高為堤防, 明設禁令, 深惟趙、霍, 以為至戒。今聖意勤勤, 思明邪正。而聞太尉張顥, 為玉所進; 光祿勳姓璋, 有名貪濁; 又長水校尉趙玹、屯騎校尉蓋升, 並叨時幸, 榮富優足。宜念小人在位之咎, 退思引身避賢之福。

伏見廷尉郭禧，純厚老成；光祿大夫橋玄，聰達方直；故太尉劉寵，
忠實守正：並宜為謀主，數見訪問。夫宰相大臣，君之四體，　委任責
成，優劣已分，不宜聽納小吏，雕琢大臣也。　又尚方工技之作，鴻都
篇賦之文，可且消息，以示惟憂。詩云：　"畏天之怒，不敢戲豫。"
天戒誠不可戲也。宰府孝廉，士之高選。近者以辟召不慎，切責三公，
而今並以小文超取選舉，開請託之門，違明王之典，衆心不厭，莫之敢
言。
臣願陛下忍而絕之，思惟萬機，以荅天望。聖朝既自約厲，左右近臣亦
宜從化。人自抑損，以塞咎戒，則天道虧滿，鬼神福謙矣。臣以愚贛，
感激忘身，敢觸忌諱，手書具對。夫君臣不密，上有漏言之戒，下有失
身之禍。願寢臣表，無使盡忠之吏，受怨姦仇。

　　『후한서』의 원문은 『자치통감』을 거치면서 다소 축약되었다. 이러한
『자치통감』을 다시 한문 『삼국지연의』와 비교해보면 양자가 상당히 유
사하지만 역시 일부 축약된 것이 보인다. 다만 이 가운데 내용과 표현
상 중대한 변화가 발생하는데 "조작부설(造作賦說)"이라는 대목이다.
이 부분은 『후한서』와 『자치통감』 모두 "조작부설"인데, 한문 『삼국지연
의』에서 "조작부세(造作賦稅)"라고 바뀌었다. 즉 설이 아니라 세가 된
것이다. 문예 창작의 일종인 사부(辭賦) 등을 짓는다는 부설의 의미에
서 세금을 부과한다는 의미의 부세로 바뀐 것이다.

	『자치통감』	한문『삼국지연의』
양사	賜對曰:《春秋讖》曰:"天投蜺,天下怨,海內亂。" 加四百之期,亦復垂及。今妾媵、閹尹之徒共專國朝,欺罔日月; 又,鴻都門下招會羣小,造作賦說,見寵於時,更相薦說,旬月之間,並各拔擢。樂松處常伯,任芝居納言,郤儉、梁鵠各受豐爵不次之寵,而令搢紳之徒委伏畎畮,口誦堯、舜之言,身蹈絕俗之行,棄捐溝壑,不見逮及。冠履倒易,陵谷代處,幸賴皇天垂象譴告。 《周書》曰:"天子見怪則修德,諸侯見怪則修政,卿大夫見怪則修職,士庶人見怪則修身。"〈此逸《書》也。〉 唯陛下斥遠佞巧之臣,速徵鶴鳴之士,斷絕尺一,抑止槃游,冀上天還威,衆變可弭。	賜對曰:臣聞《春秋》讖曰:"天投蜺,天下怨,海內亂。" 加四百之期,亦復垂及。今妾媵閹尹之徒,共專國朝,欺罔日月,又鴻都門下,招會群小,造作賦稅,見寵於時。更相薦說,旬月之間,並各拔擢:樂松處常伯,任芝居納言,郤儉、梁鵠各受豐爵不次之寵,而今縉紳之徒委伏畎畮古畮字,口誦堯、舜之言,身蹈絕俗之行,棄捐溝壑,不見逮及。冠履倒易,陵谷代處。幸賴皇天垂象譴告。 《周書》曰:"天子見怪則修德,諸侯見怪則修政,卿大夫見怪則修職,士庶人見怪則修身。"〈此《逸書》也。〉 唯陛下斥遠佞巧之臣,速征鶴鳴之士,斷絕尺一,抑止槃遊。冀上天還威,眾變可弭。
채옹	議郎蔡邕對曰: 臣伏思諸異,皆亡國之怪也。天於大漢殷勤不已,故屢出祆變以當譴責,欲令人君感悟,改危卽安。今蜺墮、雞化,皆婦人干政之所致也。前者乳母趙嬈,貴重天下,讒諛驕溢,續以永樂門史霍玉,依阻城社,又爲姦邪。今道路紛紛,復云有程大人者,察其風聲,將爲國患;宜高爲隄防,明設禁令,深惟趙、霍,以爲至戒。今太尉張顥,爲玉所進;光祿勳偉璋,有名貪濁;又長水校尉趙玹,屯騎校尉蓋升,〈蓋,古合翻。〉並叨時幸,	議郎蔡邕亦對,其略曰: 臣伏思諸異,皆亡國之怪也。天於大漢,殷勤不已,故屢出妖變,以當譴責,欲令人君感悟,改危即安。蜺墜雞化,皆婦人干政之所致也。前者乳母趙嬈音饒,貴重天下;永樂門史霍玉,又爲奸邪。察其趙、霍,將爲國患。張顥、偉璋、偉姓,璋名。趙玹、蓋升〈蓋,音合,姓也。〉並叨時幸,宜念小人在位之咎。

채옹	榮富優足；宜念小人在位之咎，退思引身避賢之福。	
	伏見廷尉郭禧，純厚老成；光祿大夫橋玄，聰達方直；故太尉劉寵，忠實守正；並宜爲謀主，數見訪問。夫宰相大臣，君之四體，委任責成，優劣已分，不宜聽納小使，雕琢大臣也。	伏見郭禧、橋玄、劉寵皆忠實老成，宜爲謀主。夫宰相大臣，君之四體，不宜聽納小吏，雕琢大臣也。
	又，尚方工技之作，鴻都篇賦之文，可且消息，以示惟憂。宰府孝廉，士之高選，近者以辟召不愼，切責三公，而今並以小文超取選舉，開請託之門，違明王之典，衆心不厭，莫之敢言；	且選舉請托，衆莫敢言，
	臣願陛下忍而絕之，思惟萬機，以答天望。聖朝既自約屬，左右近臣亦宜從化，人自抑損，以塞咎戒，則天道虧滿，鬼神福謙矣。夫君臣不密，上有漏言之戒，下有失身之禍，願寢臣表，無使盡忠之吏受怨姦仇。	臣願陛下忍而絕之。左右近臣，亦宜從化。人自抑損，以塞咎戒，則天道虧滿，鬼神福謙矣。夫君臣不密，上有漏言之戒，下有失身之禍。願寢臣表，無使盡忠之吏，受怨奸仇。謹奏。

만주어『삼국지연의』는 위의 두 상주문의 경우 모두 번역하였다. 만주어 번역은 한문『삼국지연의』의 충실한 직역에 가깝지만 애초 원문에 변화가 생긴 "조작부세(造作賦稅)" 같은 부분은『후한서』나『자치통감』이 아닌 한문『삼국지연의』의 표현 그대로 만주어 번역하였다. 또 만주어 번역에서는 한문『삼국지연의』상주문에서 일부 문장을 누락하고 번역한 부분도 보인다. 예를 들어 채옹의 상주문 가운데 "且選舉請托，衆莫敢言"이라고 한 부분은 만주어 번역본에서는 보이지 않는다.

한문『삼국지연의』	만문『삼국지연의』
賜對曰：臣聞《春秋》讖曰："天投蜺，天下怨，海內亂。"加四百之期，亦復垂及。今妾媵、閹尹之徒，共專國朝，欺罔日月，又鴻都門下，招會群小，造作賦稅，見寵於時。更相薦說，旬月之間，並各拔擢：樂松處常伯，任芝居納言，郤儉、梁鵠各受豐爵不次之寵，而今縉紳之徒委伏畎畝古畝字，口誦堯、舜之言，身蹈絕俗之行，棄捐溝壑，不見逮及。冠履倒易，陵谷代處。幸賴皇天垂象譴告。《周書》曰："天子見怪則修德，諸侯見怪則修政，卿大夫見怪則修職，士庶人見怪則修身。"〈此《逸書》也。〉唯陛下斥遠佞巧之臣，速征鶴鳴之士，斷絕尺一，抑止槃遊。冀上天還威，眾變可弭。	造作賦稅
議郎蔡邕亦對，其略曰：臣伏思諸異，皆亡國之怪也。天於大漢，殷勤不已，故屢出妖變，以當譴責，欲令人君感悟，改危即安。蜺墜雞化，皆婦人干政之所致也。前者乳母趙嬈音饒，貴重天下；永樂門史霍玉，又爲奸邪。察其趙、霍，將爲國患。張顥、偉璋、偉姓，璋名。趙玹、蓋升〈蓋，音合，姓也。〉並叨時幸，宜念小人在位之咎。伏見郭禧、橋玄、劉寵皆忠實老成，宜爲謀主。夫宰相大臣，君之四體，不宜聽納小吏，雕琢大臣也。且選舉請托，眾莫敢言，臣願陛下忍而絕之。左右近臣，亦宜從化。人自抑損，以塞咎戒，則天道虧滿，鬼神福謙矣。夫君臣不密，上有漏言之戒，下有失身之禍。願寢臣表，無使盡忠之吏，受怨奸仇。謹奏。	[且選舉請托，眾莫敢言] (번역 없음)

2. 제1회 제천지도원결의

---

manju hergen i ilan gurun i bithe (ujui debtelin)

清　文　三　國　志　第一　本

---

ilan gurun i bithe .. uju i debtelin ..

[清文三國志 第一本]

fiyelen i ton ..

[目錄][3]

abka na de weceme tooro yafan de jurgan i hajilaha ..

천지에 제사하고 도원에서 의로 친교 맺었다.

[祭天地桃園結義]

lio hiowande hūlha be wafi gung ilibuha ..

유현덕은 도적을 죽이고 공 세웠다.

[劉玄德斬寇立功]

an si bade . jang fei . du io be tantaha ..

안희 지역에서 장비는 독우를 때렸다.

[安喜張飛鞭督郵]

---

3) 한문 『삼국지연의』(가정임오본, 1522)의 목차를 수록하였다.

ho jin arga deribufi .. juwan taikiyan[4] be waha ..

하진은 꾀 써서 열 태감을 죽였다.

[何進謀殺十常侍]

dung dzo hebešefi . cen lio wang be . han obuha ..

동탁은 의논하고 진류왕을 황제 삼았다.

[董卓議立陳留王]

lioi bu . ding jiyan yang be gidalame waha ..

여포는 정건양을 창으로 찔러 죽였다.

[呂布刺殺丁建陽]

dung dzo .. han han be nakabufi toose be ejelehe ..

동탁은 한나라 황제를 폐위시키고 권력을 장악하였다.

[廢漢君董卓弄權]

ts'oo meng de arga deribufi dung jo[5] be waki sehe .

조맹덕은 꾀 써서 동탁을 죽이고자 하였다.

[曹孟德謀殺董卓]

ts'oo ts'oo cooha ilifi dung jo be dailaha .

---

4) 원문 우측에 점이 보이지 않는다. taigiyan 태감

5) 이 부분은 본문이 훼손되었는데 후대에 보완하면서 jo라고 한 것으로 보인다.

조조는 군사 일으켜 동탁을 토벌하였다.

[曹操起兵伐董卓]

hū lo guwan i furdan de . ilan nofi lioi bu i baru afaha .

호뢰관에서 세 사람은 여포와 싸웠다.

[虎牢關三戰呂布]

3. 제1회 만주어 대역

abka na de weceme tooro yafan de jurgan i hajilaha ..

천지(天地)에 제사하고 도원(桃園)에서 의(義)로 친교 맺었다.

amaga han gurun i hūandi urihe manggi .. jui lingdi soorin de tehe ..
tere fonde juwan juwe se bihe .. gurun de amba jiyangjiyūn deo u . taifu
hafan cen fan .. sytu hafan hū guang bifi ilan nofi uhei han de aisilambi ..

후한(後漢) 나라의 환제(桓帝)가 붕어(崩御)한 뒤, 아들 영제(靈帝)
가 즉위하였다. 그 때에 열두 살이었다. 나라에 대장군 두무(竇武), 태부
진번(陳蕃), 사도 호광(胡廣)이 있어, 세 사람이 다함께 한나라를 보좌
하였다.

amaga han gurun i hūandi urihe manggi ..

後　　漢 나라의 桓帝가 崩한　후

jui   lingdi   soorin de tehe .. tere fonde juwan juwe se bihe ..
아들 靈帝가 寶座 에 앉았다. 그 때에   열   두   살이었다.

gurun de amba jiyangjiyūn deo u . taifu hafan cen fan ..
나라 에   大   將軍   竇 武, 太傅 벼슬 陳 蕃

sytu hafan hū guang bifi ilan nofi uhei han de aisilambi ..
司徒 벼슬 胡 廣이 있어 세 사람 공히 漢 을 보좌한다.

bolori uyun biya de .. ts'oo jiyei . wang fu . gebungge juwe taigiyan
toose be jafafi . mujilen i cihai yabure be .. deo u . cen fan waki seme
hebedefi . hebe be narhūšahakū ofi . juwe taigiyan de wabuha .. tereci
taigiyasa toose be ejelehe ..

가을 9월에, 조절(曹節)과 왕보(王甫)라는 두 태감이 권력을 잡고 임
의로 행하는 것을 두무와 진번이 죽이자고 의논했으나 의논을 비밀리
못하여서 두 태감에게 죽임을 당하였다. 그로부터 태감들이 권력을 장
악하였다.

bolori uyun biya de .. ts'oo jiyei . wang fu . gebungge
  가을   九   月 에, 曹 節,   王 甫 이름의

juwe taigiyan toose be jafafi . mujilen i cihai yabure be ..
  두 太監이 권력 을 잡고, 마음 의 임의로 행하는 것을

deo u . cen fan waki seme hebedefi . hebe be narhūšahakū ofi .
竇 武, 陳 蕃이 죽이자 고 의논하고, 의논 을 비밀리 못하므로

juwe taigiyan de wabuha .. tereci taigiyasa toose be ejelehe ..
두   太監 에게 죽었다. 그로부터 太監들이 권력 을 장악하였다.

jiyan ning ni jai aniya . duin biyai tofohon de . han geren ambasa be
isabufi .. wen de diyan i yamun de teni teki serede .. holkon de yamun i
hošoci amba edun dame .. muluci orin juda [1-1a] funcere emu sahaliyan
meihe deyere gese wasifi nikeku mulan de hayaha ..

건녕(建寧)의 이듬해 4월 보름날에, 황제가 여러 대신들을 모이게 하
고 온덕전(溫德殿)에 막 앉으려 할 적에, 홀연히 전(殿)의 모퉁이로부
터 큰 바람이 불며 대들보에서 길이가 20여 장(丈)되는 한 마리 검은 뱀
이 나는 듯이 내려서 의자에 서렸다.

jiyan ning ni jai aniya . duin biyai tofohon de .
建 寧 의 이듬해,   四 月의 보름날 에

han   geren ambasa be isabufi ..
황제가 여러 大臣들 을 모으고

wen de diyan i yamun de teni teki serede ..
溫 德 殿의 衙門 에 막 앉으려 할 적에

holkon de yamun i hošoci amba edun dame ..

홀연히　衙門 의 구석부터 큰 바람 불고

muluci   orin juda[6] [1-1a] funcere

집마루에서 二十 丈　　　　남짓한

emu sahaliyan meihe deyere gese wasifi

한　검은　뱀이 나는 듯이 내려서

nikeku   mulan[7] de hayaha ..

의지하는 등상 에 서렸다.

lingdi han golofi tuhenehe be ashan de bihe coohai hafasa ebuhu
sabuhū wehiyeme tucibuhe .. bithe coohai ambasa golofi ishunde
karcanume tuhekengge toloci wajirakū .. tere meihe uthai saburakū oho
.. majige andande . amba akjan akjame . bono aga agame dobori dulin
de teni galaka .. tere aga de dergi du hecen i dorgi boo . ududu minggan
giyan funceme efujehe ..

영제 황제가 놀라서 넘어진 것을 옆에 있던 무관(武官)들이 황망히

---

6) 滿文本과 滿漢本 모두 dehi da(40尋)로 나온다. 이 부분 역시 훼손된 부분으로 후
대에 보완해서 적어 넣은 것이다.

7) nikeku mulan: 의자를 말한다. 이 부분은 원문의 훼손된 것을 후대에 보완해서 적
어 넣은 것이다. 이본에는 ise로도 나온다.

부축하여 구해내었다. 문무(文武) 대신들은 놀라서 서로들 부딪쳐 넘어
진 자 이루다 셀 수 없었다. 그 뱀은 즉시 보이지 않게 되었다. 경각(頃
刻)에 큰 벼락 치며 우박과 비 오고 한밤중에야 비로소 갰다. 그 비에 동
도성(東都城) 안의 집이 수천 칸 남짓 무너졌다.

lingdi han golofi tuhenehe be ashan de bihe coohai hafasa
靈帝 황제 놀라서 넘어진 것을 옆 에 있던 武의 관리들

ebuhu sabuhū wehiyeme tucibuhe .. bithe coohai ambasa
  황망히   붙들어 구해내었다. 文   武의 大臣들

golofi ishunde karcanume tuhekengge toloci wajirakū ..
놀라서 서로   부딪쳐   넘어진 자 세어도 끝없다.

tere meihe uthai saburakū   oho .. majige andande . amba
그 뱀   즉시 보이지 않게 되었다. 잠깐 순간에,   큰

akjan akjame . bono aga agame dobori dulin de teni galaka ..
벼락 치며   우박 비 오고 夜 半 에 비로소 갰다.

tere aga de dergi du hecen i dorgi boo .
그 비 에 동쪽 都 城 의 안 집

ududu minggan giyan funceme efujehe ..

몇   천   칸   남짓 무너졌다.

jiyan ning ni duici aniya . juwe biya de . lo yang ni ba . na aššafi . fu fajiran gemu tuheke .. mederi muke debefi .. deng jeo . lai jeo . i jeo . ni jeo . ere duin hecen i irgen . mukei boljon de derhi uhuhe . erku erihe gese gemu mederi de dosika manggi .. uthai jiyan ning sehe aniya be [1-1b] halafi . si ping sehe .. tereci jase jecen i niyalma ubašame deribuhe ..

건녕의 넷째 해 2월에, 낙양 땅에 지진이 나고 담장과 외벽이 모두 넘어졌다. 바닷물이 넘치고 등주(登州), 내주(萊州), 기주(沂州), 밀주(密州) 이 네 성의 백성이 물결에 자리를 말고 빗자루로 쓴 것 같이 모두 바다에 쓸려 들어간 뒤, 즉시 건녕이라고 했던 해를 바꾸어 희평(熹平)이라고 하였다. 그로부터 변경 사람이 반란하기 시작하였다.

jiyan ning ni duici aniya . juwe biya de .

建 寧 의 넷째 해,   二 月 에

lo yang ni ba . na aššafi .   fu fajiran gemu tuheke ..

洛 陽 의 지역, 땅 진동하고, 담 벽   모두 넘어졌다.

mederi muke debefi .. deng jeo . lai jeo .

바닷물이 넘치고,   登 州, 萊 州,

i jeo . ni jeo . ere duin hecen i irgen .

沂 州, 密 州, 이 네 城 의 백성

mukei boljon de derhi uhuhe . erku erihe gese

물의 波浪 에 자리 말고 빗질한 것 같이

gemu mederi de dosika manggi .. uthai jiyan ning

모두 바다 에 들어간 후,   즉시 建 寧

sehe aniya be [1-1b] halafi . si ping sehe ..

했던 해 를   바꾸어 熹 平 하였다.

tereci   jase jecen i niyalma ubašame deribuhe ..

그로부터 邊境 의 사람이 반란하기 시작하였다.

si ping ni sunjaci aniya be halafi guwang ho sehe .. tere aniya emile
coko amila coko ubaliyaka . ninggun biyai ice inenggi orin da funcere
sahaliyan sukdun wen de diyan de dosika .. bolori nadan biya de . han
i tehe boo de niolmon gocika .. u yuwan i ba i alin hada gemu urime
efujehe ..

희평의 다섯째 해를 바꾸어 광화(光和)라고 하였다. 그 해 암탉이 수
탉으로 변하였다. 6월의 초하루에, 길이가 10여 장(丈)되는 검은 기운이
온덕전에 진입하였다. 가을 7월에, 황제가 거하던 궁에 무지개가 떴다.

오원(五原) 지역의 산봉우리가 모두 붕괴하였다.

si ping ni sunjaci aniya be halafi guwang ho sehe ..
熹 平 의 다섯째 해 를 바꾸어 光 和 하였다.

tere aniya emile coko amila coko ubaliyaha .
그 해 암 닭이 수 닭으로 변하였다.

ninggun biyai ice inenggi orin da[8] funcere
六 月의 초 하루, 二十尋 남짓한

sahaliyan sukdun wen de diyan de dosika .. bolori
검은 기운이 溫 德 殿 에 들었다. 가을

nadan biya de . han i tehe boo de niolmon gocika ..
七 月 에, 황제 의 살던 집 에 무지개 떴다.

u yuwan i ba i alin hada gemu urime efujehe ..
五 原 의 땅의 산 봉우리 모두 붕괴하였다.

tuttu hacin hacin i ehe ganio jorirede .. lingdi han jobome uthai hese
wasimbufi guwang lu daifu hafan yang sy i jergi amabsa be jin šang men

---

8) orin da: 20尋, 10丈.

duke de gajifi .. ganio sabi turgun nakabure arga be fonjire jakade ..

그렇게 각종 나쁜 재이(災異) 가리킬 적에, 영제 황제는 근심하여 즉
시 칙지 내리고, 광록대부(光祿大夫) 양사(楊賜) 등 대신들을 금상문
(金商門)에 데려와 재이 징조 연유(緣由)를 그치게 하는 계책을 물으
니,

tuttu hacin hacin i ehe ganio jorirede ..
그렇게 각종의 나쁜 災異 가리킬 적에,

lingdi han jobome uthai hese wasimbufi
靈帝 황제 근심하여 즉시 勅旨 내려서,

guwang lu daifu hafan yang sy i jergi
光 祿大夫 벼슬 楊 賜의 등

amabsa be jin šang men duke de gajifi ..
大臣들을 金 商 門 문에 데려와

ganio sabi turgun nakabure   arga be fonjire jakade ..
災異 징조 緣故 그치게 하는 계책을 묻는 故로

yang sy jabume bithe araha gisun .. amban donjici cūn cio bithe
de henduhengge .. abka niolmon gocici [1-2a] abkai fejergi niyalma

gasambi .. mederi dorgi facuhūlambi sehebi .. duin tanggū aniya inu
oome hamika .. te hehesi .. taigiyasa acafi gurun be ejelefi .. šun . biya
i genggiyen be dalime eiterembi .. geli hūng du men duka i fejile . buya
niyalma be isabufi . alban šeolegen be nonggifi saišabumbi .

양사(楊賜)가 대답하여 글 쓴 말, 신이 들으니 춘추(春秋) 글에 말한
것, '하늘에 무지개가 뜨면 천하(天下) 사람이 원망하고 해내(海內)가
어지러워진다.' 하였습니다. 4백년 또한 거의 되었습니다. 지금 여인네
들과 태감들이 만나서 나라를 장악하고 해와 달의 밝음을 가리고 속입
니다. 또 홍도문(鴻都門) 아래에서 소인배들을 모으고 부세를 늘리고
칭찬 받습니다.

yang sy jabume bithe araha gisun ..
楊 賜 대답하여 글 쓴 말

amban donjici cūn cio bithe de henduhengge ..
臣이 들으니, 春 秋 글 에 말한 것,

abka niolmon gocici [1-2a] abkai fejergi niyalma
하늘 무지개 뜨면   天의 下 사람이

gasambi .. mederi dorgi facuhūlambi sehebi ..
원망하고, 바다의 안 어지러워진다 하였습니다.

duin tanggū aniya inu oome hamika ..
四 百 年 또한 거의 되었습니다.

te hehesi .. taigiyasa acafi gurun be ejelefi ..
지금 女人들, 太監들이 만나서 나라 를 장악하고

šun . biya i genggiyen be dalime eiterembi ..
해 달의 밝음 을 가리며 속입니다.

geli hūng du men duka i fejile .
또 鴻 都 門 문 의 아래,

buya niyalma be isabufi .
小 人 을 모으고

alban šeolegen be nonggifi saišabumbi .
賦 稅 를 늘리고 칭찬받습니다.

ishunde tukiyenume gisureme . emu udu biya i onggolo gemu
baitalabufi .. yo sung be cang be hafan .. žin dz be na yan hafan obuhabi ..
ciyo jiyan . liyang gu gemu wesihun hafan bahafi jergi akū doshon ohobi ..

서로 천거하여 말하고 수개월이 못 되어 모두 발탁되었고, 악송(樂
松)을 상백(常伯) 벼슬 임지(任芝)를 납언(納言) 벼슬 삼았습니다. 극

검(郤儉)과 양곡(梁鵠)은 모두 높은 벼슬을 얻고 차례 없는 총애 누렸
습니다.

ishunde tukiyenume gisureme .
서로   천거하여   말하고

emu udu biya i onggolo gemu baitalabufi ..
한   몇   달의 이전에 모두 등용시켰고,

yo sung be cang be hafan .. žin dz be na yan hafan obuhabi ..
樂 松 을 常 伯 벼슬,   任芝를 納 言 벼슬 삼았습니다.

ciyo jiyan . liyang gu gemu wesihun hafan bahafi
郤   儉,   梁 鵠 모두 높은 벼슬 얻고

jergi akū doshon ohobi[9] ..
차례 없는 寵臣 되었습니다.

sain hafasa usin i bade waliyabuci be angga de yoo . šun i gisun
gisureme .. beye jergici lakcaha yabun be yabumbi . nuhaliyan sangga de
waliyabufi baitalaburakūci uthai [1-2b] mahala sabu forgošoho .. nuhu

---

9) jergi akū doshon ohobi: 불차지총(不次之寵), 파격적인 우대로 각별한 총애를 누리
는 것을 말함.

nuhaliyan oho gese kai . te abka gosifi ganio jorime serebumbi ..

    좋은 관리들은 전답에 버려지더라도 입으로 요순(堯舜)의 말을 하며 몸은 세속(世俗)으로부터 단절된 행위를 행합니다. 우묵한 땅 웅덩이에 버려지고 쓰임 받지 않은즉, 곧 관모(冠帽)가 신발로 뒤바뀌고 높은 고지가 우묵한 땅 웅덩이로 된 것 같습니다. 지금 하늘이 인애하여 재이를 가리켜 깨닫게 합니다.

sain   hafasa   usin i bade waliyabuci be
좋은 관리들 전답 의 곳에 버려지더라도

angga de yoo . šun i gisun gisureme ..
 입 에 堯 舜 의 말   하며

beye jergici lakcaha yabun be yabumbi .
몸 凡俗에서 단절된 행위 를 행합니다.

nuhaliyan sangga de waliyabufi baitalaburakūci
우묵한 땅 웅덩이 에 버려지고 쓰이지 않으면

uthai [1-2b] mahala sabu forgošoho ..
 곧   모자 신발 轉用하고

nuhu nuhaliyan oho gese kai .
高地 우묵한 땅 된 것 같습니다.

te   abka   gosifi   ganio jorime serebumbi ..
지금 하늘이 인애하여 災異 가리켜 깨닫게 합니다.

jeo šu bithe de henduhengge .. abka i jui ganio sabuci erdemu be dasa .
goloi beise ganio sabuci dasan be dasa . cing daifu ganio sabuci tušan be
dasa . geren irgen ganio sabuci beye be dasa sehebi ..

《주서(周書)》글에 말한 것, '천자(天子)가 재이(災異)를 보면 덕(德)
을 닦으라. 제후(諸侯)가 재이를 보면 정사(政事)를 닦으라. 경대부(卿
大夫)가 재이를 보면 직임(職任)을 닦으라. 여러 백성이 재이를 보면 몸
을 닦으라' 하였습니다.

jeo šu bithe de henduhengge ..
周 書 글 에   말한 것

abka i jui ganio sabuci[10] erdemu be dasa .
天 의子 災異 보면   德 을 닦으라.

---

10) 원문이 명확하지 않으나 sabuci로 보았다.

goloi beise ganio sabuci dasan be dasa .

諸侯　災異　보면　政事 를 닦으라.

cing daifu ganio sabuci tušan be dasa .

卿 大夫 災異　보면 職任 을 닦으라.

geren irgen ganio sabuci beye be dasa　　sehebi ..

여러 백성 災異　보면　몸 을 닦으라 하였습니다.

han jalingga faksi urse be goro bošofi .. tondo sain urse be hūdun solire
.. dorgideri yabure bithe be lashalara . sebjelere be nakara ohode . dergi
abkai horon be badarabume . geren kūbulin be nakabuci ombikai ..

황제께서 간교한 무리를 멀리 내쫓고, 충성되고 선량한 이들을 속히
청하고, 암암리에 행하는 조서를 단절하고, 즐기는 것을 그치시면, 상천
(上天)이 위엄을 확대시켜서 여러 변동(變動)을 그치게 할 수 있나이
다.

han jalingga faksi urse be goro bošofi ..

황제　奸　巧 무리 를 멀리 내쫓고

tondo sain urse be hūdun   solire ..

忠　善 무리 를 속히 청하시고

dorgideri yabure bithe be lashalara .
속으로 행하는 문서 를 단절하시고

sebjelere be nakara ohode .
즐기는 것 을 그치시게 되면

dergi abkai horon be badarabume .
上　天의 위엄 을　확대하여

geren kūbulin be nakabuci ombikai ..
여러　變動 을　그치게 되나이다.

i lang hafan ts'ai yung ni jabume wesimbuhe gisun .. amban cukūfi
gūnici . geren ganio serengge . gemu gurun gukure todolo .. amba
han gurun be . abka [1-3a] gosime ofi dahūn dahūn i ganio kūbulin be
tuwabume wakalarangge .. han niyalma be mujilen bahafi efujere be elhe
obukini serengge kai ..

의랑(議郞) 채옹(蔡邕)이 답하여 상주한 말, 신이 엎드려 생각한즉
여러 재이라는 것은 모두 나라가 망하는 징조입니다. 대한(大漢) 나라
를 하늘이 인애하므로 거듭 거듭 재이와 변동을 보여서 잘못을 질책하
는 것입니다. 인군(人君)으로 하여금 깨달아서 쇠망해가는 것을 평안케
하라고 하는 것입니다.

i lang hafan ts'ai yung ni jabume wesimbuhe gisun ..
議郎 벼슬 蔡 邕 의 대답하여 상주한 말

amban cukūfi gūnici . geren ganio serengge .
臣 엎드려 생각하면, 여러 災異 라는 것

gemu gurun gukure todolo ..
모두 나라 망하는 징조입니다.

amba han gurun be . abka [1-3a] gosime ofi
大 漢 나라 를 하늘이 사랑하므로

dahūn dahūn i ganio kūbulin be tuwabume wakalarangge ..
거듭 거듭 災異 變動 을 보게 하여 질책하는 것,

han niyalma be mujilen bahafi efujere be
황제 사람 을 마음 잡고서 쇠망하는 것을

elhe obukini serengge kai ..
평안케 하라 하는 것입니다.

niolmon gocika . cooko ubaliyakangge .. gemu hehe niyalma i dasan
de daha turgun .. huhun i eme joo žoo be abka i fejergi de wesihun
obuhabi .. yung lo men dukai sy hafan . ho ioi geli jalingga miosihon

be yabumbi .. ere be kimcime gūnici . gurun de urunakū jobolon ombi
.. jang hoo . yei jang . joo hiowan . gʻo šeng gemu doshon ohobi .. buya
niyalma i soorin de bisire jobolon be saikan gūnici acambi ..

무지개가 뜨고 닭이 변한 것은 모두 여인네가 정사(政事)에 관여한
까닭입니다. 유모(乳母)인 조요(趙嬈)를 천하에 존귀하게 여겼습니다.
영락문사(永樂門史) 곽옥(霍玉)이 또 간사함을 행합니다. 이를 상세
히 살펴서 생각하면 나라에 반드시 우환 됩니다. 장호(張顥) · 위장(偉
璋) · 조현(趙玹) · 개승(盖升)은 모두 총애를 누렸습니다. 소인배가 벼
슬자리에 있는 우환을 잘 생각하셔야 마땅합니다.

niolmon gocika . cooko ubaliyakangge ..
무지개 뜨고, 닭 변화한 것,

gemu hehe niyalma i dasan de daha turgun ..
모두 女 人 이 政事 에 관여한 까닭입니다.

huhun i eme joo žoo be abka i fejergi de
乳 의 母 趙 嬈 를 天 의 下 에

wesihun obuhabi .. yung lo men dukai sy hafan .
존귀하게 삼았습니다. 永 樂 門 문의 史 벼슬

ho ioi geli jalingga miosihon be yabumbi .. ere be
霍玉 또 奸 邪 를 행합니다. 이를

kimcime gūnici . gurun de urunakū jobolon ombi ..
詳察하여 생각하면, 나라 에 반드시 우환 됩니다.

jang hoo . wei[11) jang . joo hiowan . g'o šeng
張 顥, 偉 璋, 趙 玹, 盖 升

gemu doshon ohobi .. buya niyalma i soorin de
모두 寵臣 되었습니다. 小 人 이 자리 에

bisire jobolon be saikan gūnici acambi ..
있는 우환 을 잘 생각해야 마땅합니다.

bi tuwaci . g'o si . ciyoo hioyan . lio dzung gemu tondo sijirgūn
nomohon urse . tese be hebei da obuci [1-3b] acambi .. dzaihiyang .
ujulaha amban serengge . han niyalma i gala bethe . buya niyalmai gisun
be gaifi . ujulaha ambasa be adunggiyaci acarakū ..

　　제가 보니, 곽희(郭禧) · 교현(橋玄) · 유총(劉寵)은 모두 충직하고
성실한 이들, 그들을 모의(謀議)의 장(長) 삼아야 마땅합니다. 재상과

---

11) 원문에는 jei 형태로 보인다. wei로 풀었다.

수보대신(首輔大臣)이라는 이는 황제의 손과 발입니다. 소인배의 말을
가지고 수보대신들을 학대해서는 안됩니다.

bi tuwaci . gʻo si . ciyoo hioyan . lio dzung
제가 보니, 郭禧, 橋 玄, 劉 寵

gemu tondo sijirgūn nomohon[12] urse .
모두 바르고 곧고 성실한 무리,

tese be hebei da obuci [1-3b] acambi ..
그들 을 會議의 長 삼아야 마땅합니다.

dzaihiyang . ujulaha amban serengge .
 宰相, 首輔 大臣 하는 이,

han niyalma i gala bethe . buya niyalmai gisun be
황제 사람 의 손 발입니다. 小 人의 말 을

gaifi . ujulaha ambasa be adunggiyaci acarakū ..
가지고 首輔 大臣들 을 학대하면 마땅치 않습니다.

amban i buyerengge han mangga mujilen jafafi lashalara ohode ..

---

12) 원문에 n 좌측의 점이 보이지 않는다. nomohon(nomhon)의 의미로 보았다.

hashū ici ergi hanciki amban inu weme dahambi .. niyalma ini cisui
halame eberembi .. ganio sabi inu nakambi kai .. abkai doro jalu be
ekiyembure .. hutu enduri gocishūn de hūturi isibure be ai hendure ..

신이 원하는 바, 황제께서 강한 의지를 지니고 단절하시면, 좌우 가까
운 대신도 감화하여 따르고, 사람은 저절로 바뀌어 감쇠(減衰)하고, 재
이 징조도 그치나이다. 천도(天道)는 가득한 것을 줄게 하고, 귀신은 겸
손함에 복 베푸는 것을 말해서 무엇 하겠습니까?

amban i buyerengge
  臣 의 원하는 것,

han mangga mujilen jafafi lashalara ohode ..
황제, 강한   마음 지니고 단절하게 되면

hashū ici ergi hanciki amban inu weme dahambi ..
  左 右 측 가까운 곳 大臣 또한 化하여 따릅니다.

niyalma ini cisui halame eberembi ..
  사람 저절로 바뀌어 감쇠하고,

ganio sabi inu nakambi kai ..
  災異 징조 또한 그치나이다.

abkai   doro   jalu be ekiyembure ..
하늘의 道는 가득함 을 줄어들게 하고,

hutu enduri gocishūn de hūturi isibure be
鬼　神은 겸손함 에 福 베푸는 것을

ai   hendure ..
어찌 말하겠습니까?

han . amban narhūšahakū . dergi targara gisun be firgembuci . fejergi
de beye ufarara jobolon ombi .. damu buyerengge . amban i biyoo bithe
be narhūsǎme somi .. tondo be akūmbure hafan be jalingga batangga
urse de ume afabure gingguleme wesimbuhe .. [1-4a]

　황제와 신하가 비밀리 못하여, 위에서 경계하는 말을 누설하면 아래
에서 몸을 잃는 우환 됩니다. 다만 원하기는 신의 표문(表文)을 비밀리
감추십시오. 충성을 극진히 하는 관리를 간사하고 원수인 이들에게 맡
기지 마십시오. 삼가 상주하였습니다.

han . amban narhūšahakū .
君　臣이 비밀리 못하여

dergi targara gisun be firgembuci .
上 경계하는 말 을 누설하면

fejergi de beye ufarara[13] jobolon ombi ..
아래 에 몸 잃는   우환 됩니다.

damu buyerengge .
다만 원하는 것,

amban i biyoo bithe be narhūsăme somi ..
 臣 의 表 文 을 비밀리 감추십시오.

tondo be akūmbure hafan be
 忠 을 극진히 하는 관리 를

jalingga batangga urse de ume afabure
간사하고 적대되는 무리 에게 맡기지 마십시오.

gingguleme wesimbuhe .. [1-4a]
 삼가 상주하였습니다.

---

13) beye ufarambi: 사망하다, 죽다, 身亡.

『청문삼국지』 원문

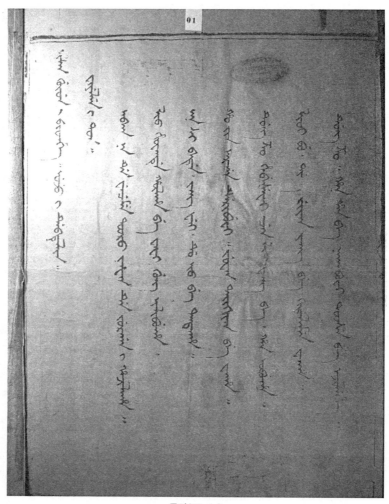

목차(01-1a)

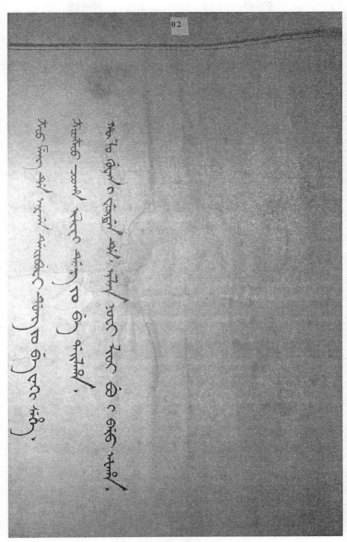

목차(02-1b)

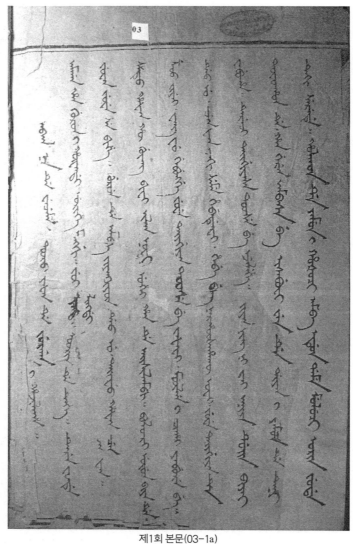

제1회 본문(03-1a)

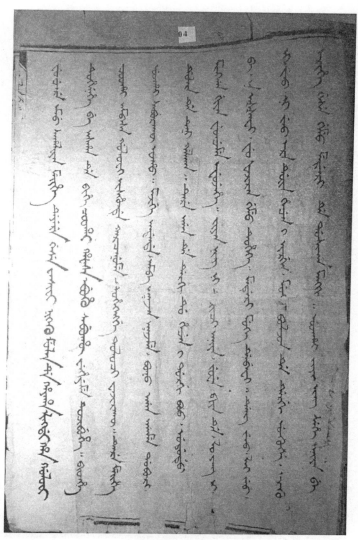

제1회 본문(04-1b)

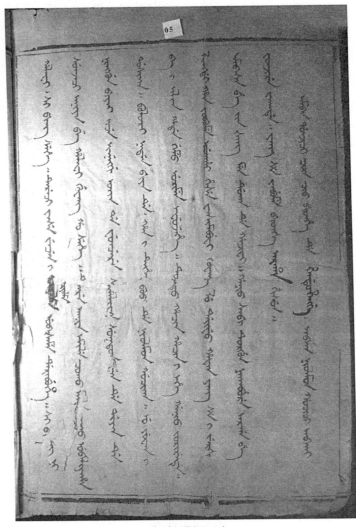

제1회 본문(05-2a)

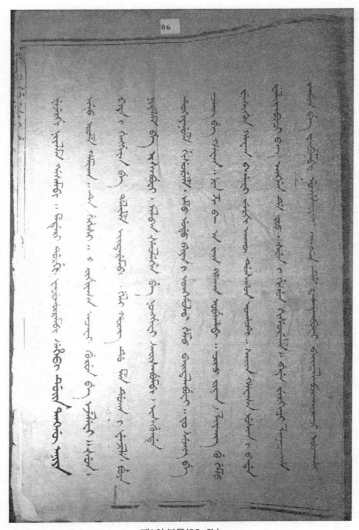

제1회 본문(06-2b)

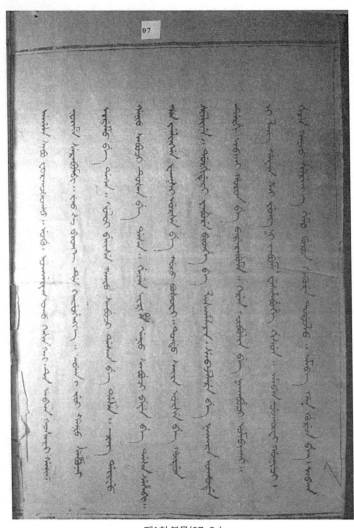

제1회 본문(07-3a)

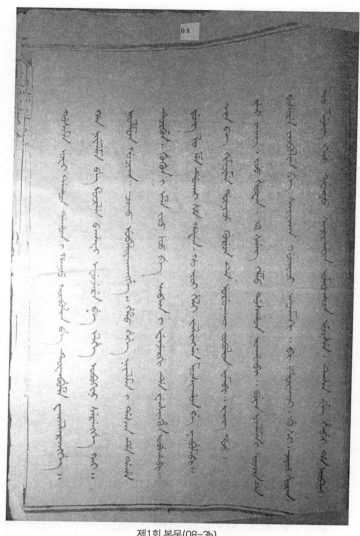

제1회 본문(08-3b)

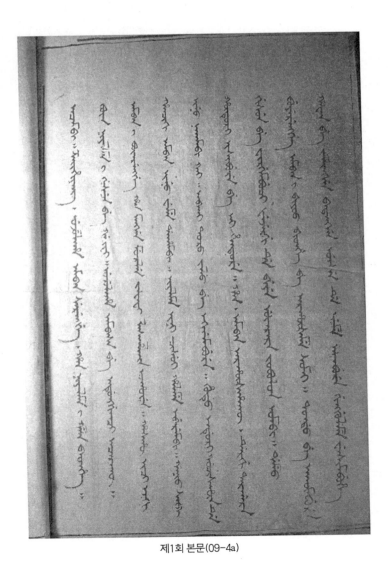

제1회 본문(09-4a)

三國志宗僚(魏)

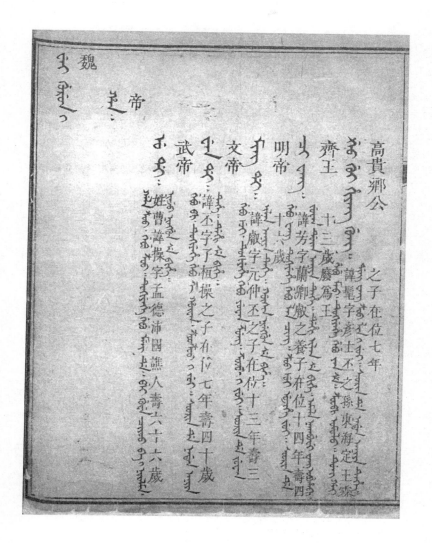

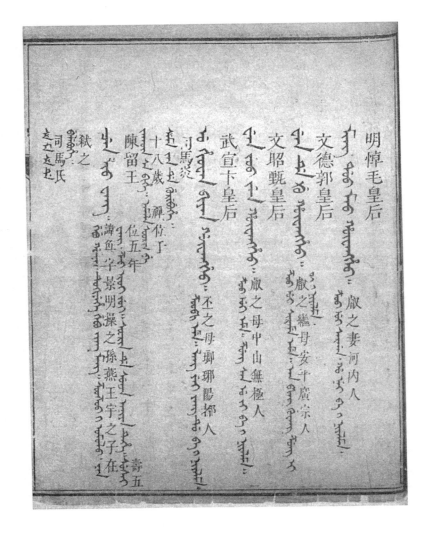

曹洪 ᡄᡠᠣ ᠊ᡥᡠᠩ ᠂᠊ᠮᠠᠨᠳᡠᠯᠠᡥᠠ᠂ 字子廉操從弟

曹仁 ᡄᠣ ᠰᠢᠨ ᠂ ᠂ 字子孝操拜大司馬諡忠侯

夏侯淵 ᡥᡳᠶᠠ ᡥᡝᠣ ᠶᡠᠸᠠᠨ ᠂ 字妙才惇族弟官至征西將軍諡忠
侯

皆封關内侯

七子二孫 侯

夏侯惇 ᡥᡳᠶᠠ ᡥᡝᠣ ᡩᡠᠨ ᠂ 字元讓沛國譙郡人官至大將軍諡忠

大臣名 ᠠᠮᠪᠠᠨ ᠰᠠᡳ ᡤᡝᠪᡠ ᠂᠂

明元郭皇后 ᠮᡳᠩ ᠶᡠᠸᠠᠨ ᡤᠣ ᡥᡠᠸᠠᠩ ᡥᡝᠣ ᠂᠂ 叔之夫妻西平人

荀彧 大夫 字文若潁川潁陰人官至侍中光祿

曹熊 字文…懷王

曹植 字子建 操四子達蕭懷王

曹彰 字子文 操次子封任城威王

夏侯尚

曹真 字子丹 操族子

曹休 字文烈 操族弟

田疇：字子泰右北平無終人官至議郎

國淵：字子尼樂安蓋人官至太僕卿

涼茂：字子山陽昌邑人官至太子太傅

張範：字公儀河內修武人官至諫議大夫

袁渙：字曜卿陳郡扶樂人官至郎中令

賈詡：字文和武威姑臧人官至太尉壽鄉侯

荀攸：字公達彧之姪官至尚書令

何夔：字叔龍陳郡陽夏人官至太僕成陽亭侯

徐奕：字季才東莞人官至中尉

毛玠：字孝先陳留平丘人官至尚書僕射

崔琰：字季珪清河東武城人官至中尉

管寧：字幼安朱虛人官至光祿勳

邴原：字根矩北海朱虛人官至五官將長史

王修：字叔治北海管陵人官至大司農郎中令

程昱 字仲德東郡阿人官至衞尉安鄉侯

王朗 字景興東海郯人官至大司徒蘭陵侯平侯

華歆 字子魚平原高堂人官至太尉博平侯

鍾繇 字元長潁州長社人官至太傅定陵侯

司馬芝 字子華河內溫人官至河南尹

鮑勛 字叔業泰山平陽人官至御史中丞

邢顒 字子昂河間鄭人官至司隷校尉關內侯

司馬朗 ᠰᡳᠮᠠᠯᠠᠩ 字伯達河內溫人官至兗州刺史

劉馥 ᠯᡳᠣᡶᡠ 字元穎沛國相人官至揚州刺史

劉放 ᠯᡳᠣᡶᠠᠩ 字子棄涿郡人官至侍中光祿大夫方城侯

蔣濟 ᠵᠠᠩᡤᡳ 字子通楚國平阿人官至領軍將軍都鄉侯

劉曄 ᠯᡳᠣᠶᡝ 字子揚淮南成德人官至大中大夫

董昭 ᠳᡠᠩᠵᠣᠣ 字公仁濟陰定陶人官至衛尉樂平侯

郭嘉 ᡤᠣᡬᡳᠶᠠ 字奉孝潁州陽翟人官至司空軍祭酒

杜畿 亭侯 字伯侯京兆杜陵人官至尚書僕射豐樂亭侯

蘇則 字文師扶風武功人官至都亭侯

任峻 字伯達河南中牟人官至長桵尉亭侯

賈逵 字梁道東阿襄陵人官至建威將軍陽里亭侯

溫恢 字曼基太原祁人官至涼州刺史

張既 字德容馮翊高陵人官至西鄉侯

梁習 字子虞陳郡柘人官至大司農

徐晃 字公明河東凍陽人官至右將軍陽平侯

張郃 字儁乂河間牟人官至征西車騎將軍

于禁 字文則泰山鉅平人官至安遠將軍

樂進 字文謙陽平衛國人官至右將軍

張遼 字文遠鴈門馬邑人官至前將軍晉陽侯

倉慈 字孝仁淮南人官至燉煌太守

鄭渾 字文公河南開封人官至將作大匠

典韋 無字陳留巳吾人官至都尉

許褚 牟鄉侯 字仲康譙國譙人官至武衛中郎將

呂虔 字子恪伍城人官至萬年亭侯

文聘 字仲業南陽宛人官至後軍將軍新野侯

臧霸 字宣高泰山華州人官至執金吾尨城侯

李通 字文遠江夏平春人官至汝南太守

李典 字曼成山陽鉅野人官至破虜將軍

劉紹 ᠯᡳᠣ ᠱᠣᠣ᠄ 官至散騎長侍

劉廙 ᠯᡳᠣ ᠢ᠄ 字公才 ᠂ 廣平郡鄙人

衞覬 ᠸᡝᡳ ᡤᡳ᠄ 字恭嗣南陽人官至侍中闗內侯

王粲 ᠸᠠᠩ ᡮᠠᠨ᠄ 字伯儒河東安邑人官至尚書罔鄉侯

閻溫 ᠶᠠᠨ ᠣᠨ᠄ 字仲宣山陽高平人官至侍中

龐淯 ᠹᠠᠩ ᡳᠣ᠄ 字伯儉天水西城人官至上郡令

龐德 ᠹᠠᠩ ᡩᡝ᠄ 字令明南安桓道人官至虎義將軍闗

ᠯᡳᠣ ᠵᡳ᠄ 字子實酒泉表氏人官至中散大夫內亭侯

盧毓 字子家涿郡人官至司空容城侯

衞臻 長垣侯

徐宣 字寶堅廣陵海西人官至光祿大夫

陳矯 字季弼廣陵東陽人官至司空

陳羣 字長文潁州許昌人

桓階 字伯緒長沙臨湘人官至侍中尚書安鄉侯

傅嘏 字蘭石北地泥陽人官至尚書侯射陽鄉侯

韓暨　ᡁᠠᠨ
　　ᠪᠠᠨᠵᠢ
　　字公至南陽堵陽人官至司徒

裴潛　ᡦᠠᠢ
　　ᠴᠢᠶᠠᠨ
　　字文行河東聞喜人官至光祿大夫

趙儼　ᠵᠣᠣ
　　ᠶᠠᠨ
　　字伯然潁州陽翟人官至司空

杜襲　ᡩᡠ
　　ᠰᡳ
　　字子緒潁川定陵人官至大中大夫

楊俊　ᠶᠠᠩ
　　ᠵᡠᠨ
　　字季才河內獲加人官至南陽太守

常林　ᠴᠠᠩ
　　ᠯᡳᠨ
　　官至光祿大夫高陽鄉侯

和洽　ᡥᠣ
　　ᠴᠢᠶᠠ
　　字伯槐河南溫人

　　ᠶᠠ
　　字陽士汝南西平人官至太常卿

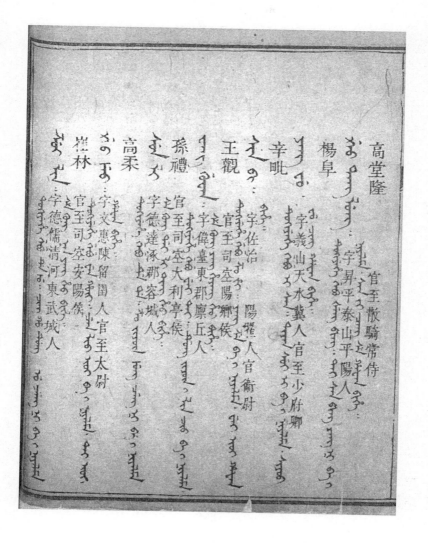

高堂隆

楊阜 ᠶᠠᠩ ᡶ᠊᠊᠊ ᠵ᠊᠊ 字義山天水冀人官至少府卿

辛毗 ᠰᡞᠨ ᡦᡞ᠋ 字佐治 陽翟人官至衞尉

王觀 ᠸᠠᠩ ᡤᡠᠸᠠᠨ 字偉臺東郡廩丘人

孫禮 ᠰᡠᠨ ᠯᡞ 字德達涿郡容城人

高柔 ᡤᠣᠣ ᠵᡝᠣ 字文惠陳留圉人官至太尉

崔林 ᠼᡠᡞ ᠯᡞᠨ 字德儒清河東武城人

高堂隆 ᡤᠣᠣ ᡨᠠᠩ ᠯᡠᠩ 官至散騎常侍 字昇平泰山平陽人

王昶　官至征南將軍車儀同三司京陵侯

胡質　官至征東將軍　字文德楚國壽春人

徐邈　字景山燕國薊人官至司空

郭淮　官至車騎將軍陽曲侯　字伯濟太原陽曲人

牽招　官至鴈門太守　字子經安平觀津人

田預　官至大中大夫　字國讓漁陽雍奴人

滿寵　官至大將　字伯寧山陽昌邑人

王凌 官至太尉。

華陀 字元化沛國譙人。善醫。

鍾會 字士季潁川社人。官至司徒。

鄧艾 字士載義陽棘陽人。官至太尉。

諸葛誕 字公休。官至司空。琅琊陽都人。

毋丘儉 字仲恭河東聞喜人。官至鎮東都督。

王基 字伯興東萊曲城人。官至征南將軍。

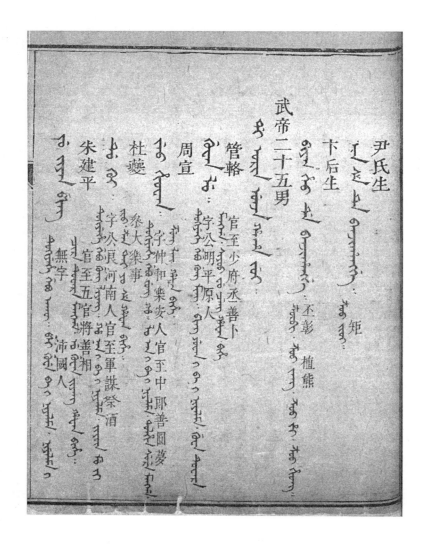

泰氏生 … 曹玹 曹峻

李氏生 … 曹乘 曹整 曹京

杜氏生 … 曹林 曹袞

孫氏生 … 曹上 曹虎 曹勤

環氏生 … 曹冲 曹據 曹宇

王氏生 … 曹幹

劉氏生 … 曹昂 曹鑠

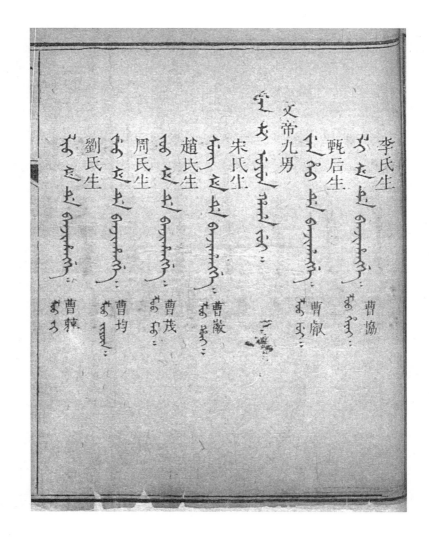

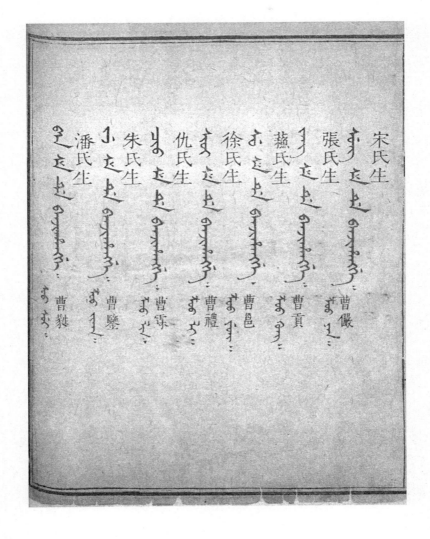

大臣名

張邈　官至陳留太守

呂布　字孟卓陳平壽張人
　　　官至奮威將軍封溫侯

劉表　字景升山陽高平人
　　　官至鎮南將軍荊州牧成武侯

袁術　字公路紹弟官至左將軍

袁紹　字本初汝南汝陽人
　　　官至大將軍

董卓　字仲穎隴西臨洮人
　　　官拜大將軍

張繡　官至　宣威侯

張燕　無字武威祖人屬人：官至平北將軍安國亭侯

公孫度　無字常山眞定人：官至武威將軍鄉侯：

張揚　字昇濟遼東襄平人

公孫瓚　字椎叔雲中人官至大司馬晉陽侯

陶謙　字恭祖丹陽人：官至安東將軍徐州牧溧陽侯：

公孫瓚　官至前將軍易侯：字伯珪遼西定文人

臧洪　字子源廣陵陽人

鍾毓	王肅	董遇	隗禧
張蘇	夔珏	孔融	許攸
李勝	桓範	胡昭	王烈
何晏	鄧颺	丁謐	畢軌
曹爽	曹羲	曹彥	曹訓
韓浩	史渙	曹純	曹肇
張魯	關中侯		

字公棋沛國豐人官至鎮南將軍

桓威	吳質	潘勗	王象
荀緯	應璩	阮籍	稽康
路粹	丁儀	丁廙	楊修
阮瑀	應瑒	劉楨	繁欽
張恭	張敬	徐幹	陳琳
楊沛	杜恕	杜預	臧觀
周生烈	孫曉	劉賞	李浮

辛評　陳溫　蒯良　蒯越

逄紀　沮授　田豐　審配

胡威　袁譚　袁尚　伍孚

鄧泰　王弼　徐庶　棧潛

李催　郭汜　令狐愚　唐谷

夏侯惠　孫該　杜摯　裴秀

繆襲　仲長統　蘇林　韋誕

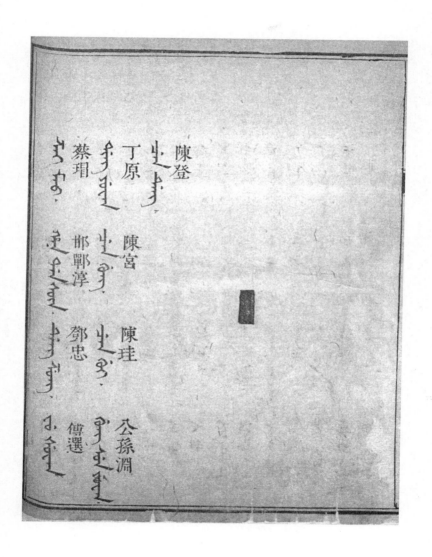

3 조선시대 청학서
『삼역총해』

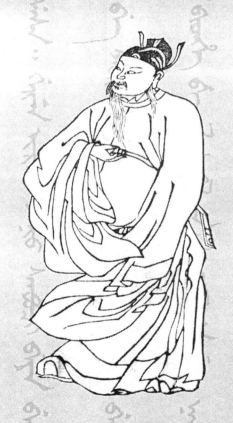

『삼역총해』의 한글 번역과 판본학적 고찰

1. 서론

　『삼역총해(三譯總解)』는 조선시대 청학서(淸學書)의 일종으로 청
어 역관, 즉 만주어를 담당하는 역관을 양성하려는 목적에서 간행된 문
헌이다. 이 책은 『삼국지연의』의 만문 역본인 『만문삼국지(滿文三國
志)』(ilan gurun i bithe)에서 10회분을 선별하여 만문을 한글로 전사하
고 번역한 것이다. 현재 전해오는 것은 김진하(金振夏) 등이 수정 작업
에 참여한 중간본(英祖 50年, 1774)으로, 현재 서울대 규장각을 비롯해
서 일본 고마자와대학(駒澤大學) 다쿠소쿠문고(濯足文庫, Takusoku
bunko), 영국 대영도서관(卷4는 筆寫), 프랑스 국립동양언어문화대학
등에 소장되어 있는 것으로 보고되었다.[1] 또 동경대학 오구라문고의 2
책(2冊 권1, 6 零本)도 소개되었다.[2] 이 가운데 규장각본이 민영규의 해

---

1) 고동호, 『韓國의 滿洲語 研究 現況과 課題』, 『만주학 연구의 과제와 현황』, 고대민
　족문화연구원, 2011, 19면.
2) 補註: 일본 동경대학 오구라문고(청구기호 L175102-3), 2冊(권1, 권6 零本): 四

제와 함께 연희대학교 동방학연구소(1955)에서, 홍윤표의 해제로 홍문각(1995)에서 영인 간행되었고, 또 학자원(2018)에서도 팔세아와 소아론과 함께 영인 간행된바 있다. 이와 동일한 내용으로 보이는 일부 자료가 박상규(역락, 2007)에서도 소개된 바 있다. 또 이를 로마자로 전사하고 만주어와 한글 색인을 수록한 것으로는『만문삼국지(三譯總解)』가 있다.[3] 이 방면의 연구로는 성백인의 현존 사역원 청학서 연구, 기시다(岸田文隆)의『삼역총해』저본 고찰을 비롯해서 사역원 책판 연구, 만주어 문어 어법 및 어휘 분야의 연구 등이 있다. 본고에서는 규장각본『삼역총해』의 한글 번역 가운데 문맥상 모순이 되는 어구를 판본학적 측면에서 규명해보고자 하였다.

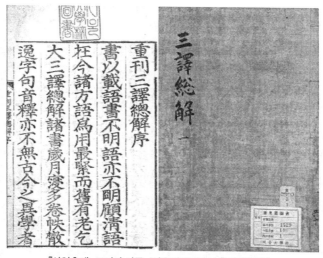

『삼역총해』표지와 서문 (서울대 奎章閣本『三譯總解』)

周單邊 半郭 24.9×18.0cm, 有界, 6行字數不定, 上下內向2葉花紋魚尾 ; 34.0× 21.9cm. 고려대학교 해외한국학자료센터 해제.

3) 최동권 외, 『만문삼국지(三譯總解)』, 한국학술정보[주], 2008.

2. 『삼역총해』의 한글 번역과 만문 분석

2.1 제2「관운장천리독행」의 한글 번역

『삼역총해』제2「관운장천리독행」의 내용은 관우가 조조 진영에 있다가 유비의 소식을 듣고 그를 찾아가는 장면을 묘사한 부분이다. 그런데 제2의 앞부분에 나오는 한글 번역 조조와 정욱의 대화 부분을 살펴보면 문맥상 자연스럽지 못한 현상이 발견된다. 본고의 논의 대상이 되는 대목을 [1], [2], [3]으로 하고, 조조의 발언을 A, 정욱의 발언을 B로 각각 예시하였다.

[1]

A) ts'oo ts'oo hundume tuttu waka . bi neneme angga aljaha dahame tuttu waliyame gamambi amcafi waha sehe de abkai fejergi niyalma gemu mimbe akdun akū sembi tere ini ejen i jalin de kai . ume amcara .

曹操ㅣ 니로되 그러치 아니타. 내 젼에 허흐여심으로 그러모로 브려 드려가게 흐니 쏠아 죽이라 흐면 텬하 사룸이 다 나룰 신 업다 흐리니 졔 제 님금을 위홈이라. 쏠오지 말라.

B) ceng ioi hendume yūn cang ni acanjihakū genehengge eitereci doro akū kai

程昱이 니로되 雲長이 뵈지 아니코 가눈거슨 온가지로 흐여도 녜 업스니라.

[2]

A) ts'oo ts'oo hundume tere juwe jergi jihe bihe bi bederebuhe . mini buhe aisin menggun suje ulin be gemu minde werihengge yūn cang yala mingga yan aisin sehe seme gūnin be halarakū . jurgan be dele ulin be aldangga obuhengge unenggi haha kai . tenteke niyalma be bi ambula saišambi

曹操ㅣ 니로되 제 두 번 왓거늘 내 믈리쳣다. 내 준 금은 비단 쳘량을 다 내게 둔 거슨 雲長이 과연 쳔냥 금으로도 싱각을 밧고지 못훌 거시오. 의룰 웃듬으로 ᄒᆞ여 쳘량을 멀리 ᄒᆞᄂᆞᆫ 거슨 진실로 ᄉᆞ나희라. 져런 사름을 내 크게 착히 너기노라.

B) ceng ioi hendume amala jobolon ohode cenghiyang ume jabcara

程昱이 니로되 후에 근심되거든 승샹은 원치 말라.

[3]

A) ts'oo ts'oo hundume yūn cang jurgan be jurcere gūwaliyandara niyalma waka . tere meni meni ejen i jalin niyalma be dere banici ombio . yūn cang goro genehekū bi . bi umesi amba dere gaime fudeki . jangliyoo si neneme genefi ilibu . bi amala jugūn de baitalara aisin menggun emu fan bolori eture fulgiyan sese noho gecuheri etuku emge gamafi fudembi tere mimbe erindari gūnikini .

曹操ㅣ 니로되 雲長이 의룰 어긔쳐 변훌 사름이 아니라. 제 각각 님금의 위훔이니 사름을 인졍ᄒᆞ미 되ᄂᆞ냐. 雲長이 멀리 가지 아녀시니 내 아조 큰 졍으로 젼송ᄒᆞ쟈. 張遼ㅣ 네 몬져 가셔 머무로라. 내 후에 길희 쓸 금은 흔 반과 ᄀᆞ을에 닙ᄂᆞᆫ 붉은 금ᄉᆞ 망뇽 옷 흔나 가져가 젼송ᄒᆞ여 제 나롤 째째 싱각ᄒ게 ᄒ쟈.

B) ceng ioi hendume yūn cang ainahai seme ilirakū
程툥이 니로되 雲長이 아므리 ᄒ여도 머무지 아니리라.

"사룸을 인정ᄒ미 되ᄂ냐" (서울대 奎章閣本『三譯總解』)

이상의 대화를 살펴보면 1-A)에서 "졔 님금을 위훔이라 쓸오지 말라."라고 하였고, 2-A)에서 "져런 사람을 내 크게 착히 너기노라." 또 3-A에서 "내 아조 큰 졍으로 젼송하쟈."고 하는 등 조조가 인정을 베푸는 표현이 등장하는데, 3-A)의 "사룸을 인정ᄒ미 되ᄂ냐"라고 하는 부분에서만 인정을 용납할 수 없다는 취지의 발언이 나오고 있다.

제2「관운장천리독행」(2-6a/b)

tere meni meni ejen i   jalin niyalma be dere banici ombio

졔   각각 님금의 위흠이니 사룸 을 인졍ᄒᆞ미 되ᄂᆞ냐

이 같은 발언은 인정을 베풀고자 하는 조조의 전후 발언들과 서로 모순되는 것이다.[4] 문제의 원인이 한글 번역에 있는 것인지를 우선 살펴보기 위해서 『삼역총해』제9에 나오는 동일한 만문 "niyalma be dere banici ombio"의 한글 번역과 비교해보자.

제9「관운장의석조조」(9-22a)

gurun i akdahangge fafun kai . niyalma be dere banici ombio

나라히   밋분 거슨 법이라.   사룸 을 인졍ᄒᆞ면 되ᄂᆞ냐

이를 보면 여기에 나오는 만문 "niyalma be dere banici ombio" 역시 "사룸을 인졍ᄒᆞ면 되ᄂᆞ냐"라고 하여 인정을 용납할 수 없다는 의미로 사용한 것을 알 수 있다. 따라서 제2「관운장천리독행」 "niyalma be dere banici ombio"의 한글 번역이 문맥상 모순의 직접적인 원인이 되지 않음을 알 수 있다.

---

4) 원순옥은 「『삼역총해』의 어휘 연구」(2011)에서 "한문을 저본으로 한 만주어 문장이 한문의 섬세한 내용을 반영하지 못한 것인지 아니면 만주어에도 그러한 뜻이 있는지는 알 수 없으나 만주어를 그대로 번역한 『삼역총해』2권 6장의 우리말은 문맥에 맞지 않는 문장이 되고 말았다."라고 하여 문맥상의 모순을 적절히 지적하였다. 補註: 沈伯俊 校注, 『三國志通俗演義』(文匯出版社, 2008)는 이 대목에 누락이 있는 것으로 보고 다른 한문 판본에 의거하여 增改 수록하였는데, 이 역시 본문의 이상으로 판단된다.

[표1]

『삼역총해』제2 관운장천리독행 (2-6a/b)	『삼역총해』제9 관운장의석조조 (9-22a)
niyalma be dere banici ombio	
사룸을 인졍ᄒ미 되ᄂ냐	사룸을 인졍ᄒ면 되ᄂ냐

2.2 제2「관운장천리독행」의 만문 분석

『삼역총해』 제2「관운장천리독행」의 만문 "niyalma be dere banici ombio"의 한글 번역에 문제가 없음에도 불구하고, 문맥상 그 같은 모순이 발생한다면 여기에 나오는 "niyalma be dere banici ombio"라는 만문 자체에 다른 어떤 의미가 있을 가능성이 있는가?

『한청문감』은 dere banjimbi에 대해 "看情面; 안졍보다; dere banjimbi 더러 반짐비; derencume tuwambi"로 풀이하고, 이와 유사한 어휘에 "一云 derencumbi"라고 수록하였다.[5] 여기서 말하는 "안졍"은 "顔情"을 말하며 "낯빛보다"는 의미이다.[6] 또 『한청문감』에서는 derencurakū도 수록되어 있는데, 이는 "不徇情; 수졍 아니타; yaya baita be kafur seme gamame cisu akūngge"로 풀이하였다.[7] 따라서 dere banjimbi는 인정을 두다는 의미에서 크게 벗어나지 않는다.

『신만한대사전』에서도 dere banjimbi는 "徇情, 徇私"라고 풀이하고 있다.[8] 이 역시 사사로운 정을 따른다는 의미이다. 제리 노먼도 dere

5) 『漢淸文鑑』卷三(3-7b) 詞訟類
6) 劉昌惇, 『李朝語辭典』, 연세대학교출판부, 1985.
7) 『漢淸文鑑』卷六(6-22a) 忠淸類
8) 胡增益 主編, 『新滿漢大詞典』, 新疆人民出版社, 1994.

banimbi(=banjimbi)에 대해 "to take 'face' into account; to have a regard for personal relationship, to act from personal motives" 등으로 풀이하였다.[9]

이를 보면 dere banimbi(=banjimbi)는 얼굴(체면)을 봐주다, 사적인 친분으로 처리하다, 인정을 용납하다 등의 의미인 것을 알 수 있다. 이로써 만문 "niyalma be dere banici ombio"의 한글 번역 "사룸을 인정ᄒᆞ미 되ᄂᆞ냐"에는 역시 별다른 문제가 없음을 알 수 있다.

3. 『삼역총해』와 만문삼국지 비교

3.1 만문본과의 비교

『삼역총해』제2의 만문 "niyalma be dere banici ombio"와 한글 번역 "사룸을 인정ᄒᆞ미 되ᄂᆞ냐" 모두 그 자체로 문제가 없다면 이들이 사용된 대목에 보이는 문맥상의 모순은 어디에서 기인한 것일까? 이를 위해 『삼역총해』의 저본이었을 것으로 판단되는 『만문삼국지』를 살펴보기로 한다.

『만문삼국지』는 한문본 삼국지연의의 만역본으로 크게 순치 7년 (1650) 만문본과 옹정 연간의 만한합벽본 두 계통이 있으며,[10] 이외에

---

9) Jerry Norman, A Concise Manchu-English Lexicon, university of wasington press, 1978.
10) 宋康鎬 譯註, 『만한합벽삼국지』, 박문사, 2010, 15-19면.

도 숭덕 연간본 등이 있다는 언급이 보인다.[11] 『삼역총해』의 만문 저본
에 대해서 기시다(岸田文隆)는 순치 7년 만문본을 근거로 하여 만들어
지기는 했지만 그대로 옮긴 것은 아니고 다른 한문 판본인 이탁오본을
참조하면서 부분 수정한 것으로 보았다. 이들 저본에 대한 문헌 계통도
는 기시다의 논고를 참고할 수 있다.[12]

　청대에 간행되었던 이들『만문삼국지』를 보면『삼역총해』와 마찬가
지로 "niyalma be dere banici ombio"라는 문장이 나오며, 또 발언의 주
체도 조조이고 전후 문맥상 모순이 나타난다는 점에서도 같다.

"niyalma be dere banici ombio"(左 8行 부분)
(프랑스 파리국립도서관 Mandchou No.119)

---

11) 岸田文隆, 『「三譯總解」の滿文にあらわれた特殊語形の來源(《삼역총해》만문에
　　나타난 특수 어형의 내원)』(國立亞非語言文化硏究所, 東京外國語大學), 1997,
　　67면.
12) 岸田文隆, 「『三譯總解』底本考」, 『알타이학보』제2호, 한국알타이학회, 1990, 102
　　면.

"ceng ioi hendume .. amala jobolon ohode cenghiyang ume jabcara ..
ts'oo ts'oo hendume yūn cang jurgan be jurcere gūwaliyandara niyama
waka .. tere meni meni ejen i jalin .. niyalma be dere banici ombio .. yūn
cang goro genehekūbi .. bi umesi amba dere gaime fudeki .. jangliyoo si
neneme genefi ilibu .. bi amala jugūn de baitalara aisin menggun emu fan
.. bolori eture fulgiyan sese noho gecuheri etuku emke gamafi fudembi ..
tere mimbe erin dari gūnikini .. ceng ioi hendume .. yūn cang ainaha seme
ilirakū .."[13]

이처럼『삼역총해』제2의 "niyalma be dere banici ombio" 대목이『만
문삼국지』와 마찬가지로 문맥상의 모순을 공유하고 있다면 이러한 모
순은『삼역총해』의 만문이나 한글 번역에 잘못이 있다기보다는 원래 저
본으로 추정되는 만문본에 이미 그 같은 문제가 있었던 것으로 보아야
할 것이다.

3.2 만한합벽본과의 비교

『삼역총해』제2에 나오는 문맥상의 모순은 청학서를 편찬할 때 저본
으로 삼았던『만문삼국지』의 원문 오류를 그대로 답습했을 가능성이 있
음을 확인하였다. 또 다른『만문삼국지』인 옹정 연간의 만한합벽본의
경우도 이와 유사한 현상이 보인다. 만한합벽본은 만문 단어의 철자가
규범적인 것으로 수정되어 있고, 또 더러 누락된 어구들도 있지만 만한

---

13) 滿文本의 표기와『三譯總解』의 滿文 표기는 일부 다른 부분이 있는데, 이에 대해
서는 岸田文隆, 앞의 논문, 1997. 예문에서는 genehekūbi, erin dari 등이 보인다.

합벽본의 만문 역시 기본적으로는 만문본의 전재이므로 동일한 모순이 나타나는 것이다.[14]

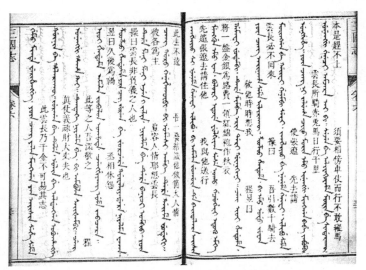

"niyalma be dere banici ombio 豈容人情耶"
(프랑스국립도서관 Mandchou No.123)

제2「관운장천리독행」(2-6a/b)

『만한합벽본』

- 만문 : tere meni meni ejen i jalin . niyalma be dere banici ombio
- 한문 : 彼各爲主, 豈容人情耶.

제9「관운장의석조조」(9-22a)

---

14) 岸田文隆, 앞의 논문, 1990, 92면.

『만한합벽본』
  • 만문 : gurun i akdahangge fafun kai . niyalma be dere banici ombio
  • 한문 : 王法乃國家之典刑, 豈容人情哉[15]

이들 만문 "niyalma be dere banici ombio"에 해당하는 병행 한문을 표로 정리하면 다음과 같다.

[표2]

『삼역총해』 제2 「관운장천리독행」(2-6a/b)	『삼역총해』 제9 「관운장의석조조」(9-22a)
niyalma be dere banici ombio	
豈容人情耶	豈容人情哉

이들 병행 한문의 의미는 각각 "豈容人情耶(어찌 인정을 용납하는가)" "豈容人情哉(어찌 인정을 용납하리오)"로 인정을 용납하지 못하는 것을 말하고 있다. 이처럼 병행 한문 "豈容人情耶"라는 표현을 보더라도 『삼역총해』 제2의 만문 "niyalma be dere banici ombio"와 한글 번역 "사룸을 인졍ᄒᆞ미 되ᄂᆞ냐"에는 문제가 없음을 알 수 있다.

---

15) 서울대 奎章閣本 『삼국지』(한글) 27책 본에서는 이 부분을 "왕법은 국가의 뎐형(典刑)이니 엇지 인졍을 용납ᄒᆞ리오?"라고 한글로 번역한 것이 보인다.

4. 『삼국지연의』 한문본 분석

『삼역총해』제2에 나타나는 문맥상의 모순이 만문삼국지에 나타난다면 이들의 저본이라고 할 수 있는 한문본에 원인이 있는 것인지를 검토해야 할 것이다. 본고에서 한문본을 살펴본 결과 『삼역총해』의 만문 "niyalma be dere banici ombio"에 해당하는 대목에서 독특한 현상을 발견할 수 있었다. 즉 만문 "tere meni meni ejen i jalin .. niyalma be dere banici ombio"에 해당하는 한문 "彼各爲主, 豈容人情耶"가 한문본에 등장하기는 하지만 이 같은 발언을 한 화자가 판본에 따라 다르게 나타난 것이다. 이들을 크게 두 부류로 나눌 수 있는데, 하나는 "彼各爲主, 豈容人情耶"를 조조의 발언으로 전개한 것이고, 다른 하나는 정욱의 발언으로 전개한 것이다.

4.1 조조의 발언으로 전개된 판본

『삼역총해』제2의 만문 "tere meni meni ejen i jalin .. niyalma be dere banici ombio"에 해당하는 "彼各爲主, 豈容人情耶"를 조조의 발언으로 전개한 판본을 살펴보면 가정임오본을 비롯한 일부 판본들이 만한합벽본의 병행 한문과 같은 형태를 보이고 있다.[16]

---

16) 周曰校本(乙本)은 "操曰: 雲長非負義之人也. 彼各爲主, 豈容人情哉. 想雲長此去不遠, 吾一發結識他, 做箇大人情"이라고 하여 耶 대신 哉로 한 것을 확인할 수 있다. 이 부분만 놓고 본다면 『삼역총해』제9의 병행 한문에 해당하는 "豈容人情哉"와 동일한 표현이라고 할 수 있다.

1) 嘉靖壬午本 53회

- 程昱曰: 久後爲禍, 丞相休悔.
- 操曰: 雲長非負義之人也. 彼各爲主, 豈容人情耶.
  想雲長此去不遠, 吾一發結識他, 做箇大人情.

嘉靖壬午本 (中國 國家圖書館藏本)

2) 周曰校本 53회

- 程昱曰: 久後爲禍, 丞相休怨.
- 操曰: 雲長非負義之人也. 彼各爲主, 豈容人情哉.

想雲長此去不遠, 吾一發結識他, 做箇大人情.[17]

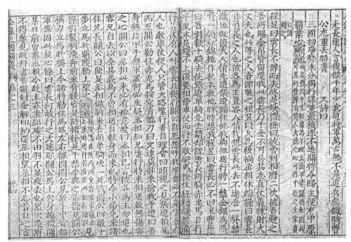

周曰校本 (日本 內閣文庫藏本)

3) 李卓吾本 27회

- 程昱曰: 久後爲禍, 丞相休怨.
- 操曰: 雲長非負義之人也. 彼各爲主, 豈容人情耶.
  想雲長此去不遠, 吾一發結識他, 做箇大人情.

---

17) 周曰校本에 대해서 박재연 외,『新刻校正古本大字音釋三國志傳通俗演義』, 학
고방, 2009

第二十七回
關雲長千里獨行

『李卓吾先生批評三国志』(日本 早稻田大學藏本)

4) 鍾伯敬本 27회

• 程昱曰: 久後爲禍, 丞相休怨.
• 操曰: 雲長非負義之人也. 彼各爲主, 豈容人情耶.
  想雲長此去不遠, 吾一發結識他, 做箇大人情.

5) 李笠翁本 27회

• 程昱曰: 久後爲禍, 丞相休怨.
• 操曰: 雲長非負義人也. 彼各爲主, 豈容人情耶.
  想雲長此去不遠, 吾一發結識他, 做箇大人情.

이처럼 이들 역시 모두 "彼各爲主, 豈容人情耶"를 조조의 발언으로
전개하여 전후 맥락상 모순이 있는 판본들이다.

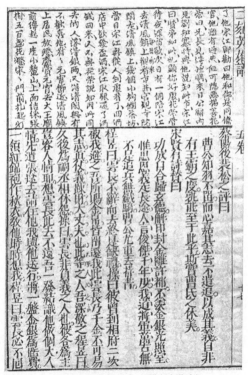

雄飛館本 53회 (日本 內閣文庫藏本)

4.2 정욱의 발언으로 전개된 판본

다음은 만문 "tere meni meni ejen i jalin .. niyalma be dere banici
ombio"에 해당하는 한문 "彼各爲主, 豈容人情耶"를 정욱의 발언으로
전개한 판본이다. 본고에서 참고한 판본은 다음과 같다. 대체로 지전본

(志傳本)의 번본(繁本)과 간본(簡本) 계열의 판본이 해당한다.[18]

4.2.1 지전본(志傳本) 번본(繁本)

1) 余氏(評林)本『三國志傳評林』(明萬曆年間) 日本 早稻田大學藏本

* 操曰: 雲長非負義之人也.
* 程昱曰: 彼各爲主, 豈容人情耶?
* 操曰: 想雲長此去不遠, 吾一發結識他, 做個大人情耶.

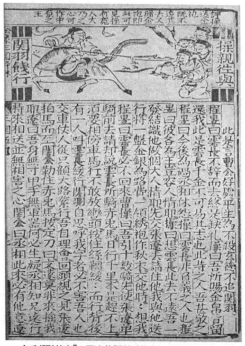

余氏(評林)本『三國志傳評林』(日本 早稻田大學藏本)

2) 聯輝堂(鄭少垣)本 『三國志傳』(明萬曆 33년, 1605) 日本 內閣文
庫藏本

- 操曰: 雲長非負義之人也.
- 程昱曰: 彼各爲主, 豈容人情耶?
- 操曰: 想雲長此去不遠, 吾一發結實他, 做個大人情耶.

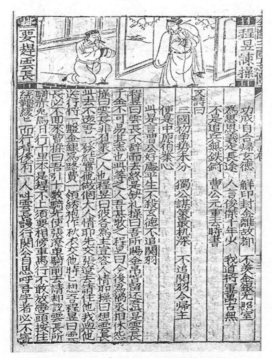

聯輝堂(鄭少垣)本 『三國志傳』(日本 內閣文庫藏本)

---

18) 補註: 지전본의 번본과 간본에 대한 계통 분류에 대해서는 中川 諭의 최근 성과
와 국내 閔寬東·玉珠의 『三國演義 版本資料 集成』(學古房, 2023) 등을 참고하
였다.

3) 湯賓尹本 『三國志傳』(明萬曆 33년, 1605) 中國 北京圖書館藏本

- 操曰: 雲長非負義人也.
- 程昱曰: 彼各爲主, 豈容人情.
- 操曰: 想雲長去不遠, 做箇大人情, 吾一發結識他.

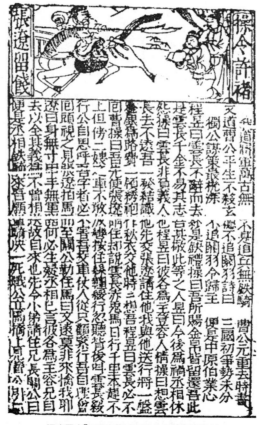

湯賓尹本 『三國志傳』(中國 北京圖書館藏本)

4) 鄭世容本『三國志傳』(明萬曆 39년, 1611) 日本 京都大學藏本

- 操曰: 雲長非負義之人也.
- 程昱曰: 彼各爲主, 豈容人情耶.
- 操曰: 想雲長此去不遠, 吾一發結實他, 做個大人情耶.

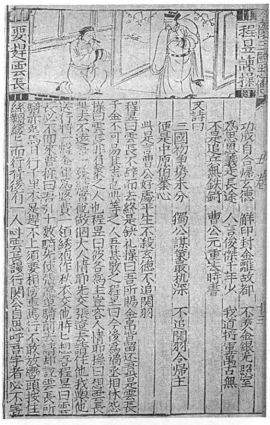

鄭世容本『三國志傳』(日本 京都大學藏本)

5) 楊閩齋本 『三國志傳』(日本 內閣文庫藏本)

- 操曰: 雲長非負義之人也.
- 程昱曰: 彼各爲主, 豈容人情耶.
- 操曰: 想雲長此去不遠, 吾一發結實他, 做個大人情耳.

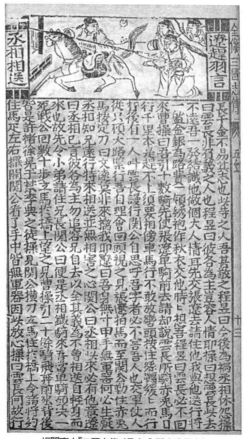

楊閩齋本 『三國志傳』(日本 內閣文庫藏本)

4.2.2 지전본(志傳本) 간본(簡本)

1) 笈郵齋(喬山堂)本 『三國志傳』(明萬曆年間) 英國 옥스퍼드大學 藏本

- 操曰: 雲長非負義之人也.
- 程昱曰: 彼各爲主, 豈容人情耶.
- 操曰: 想雲長此去不遠, 吾一發結實他, 做个大人情.

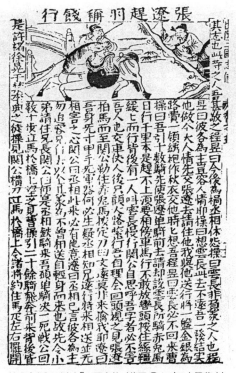

笈郵齋(喬山堂)本 『三國志傳』(英國 옥스퍼드大學藏本)

2) 朱鼎臣本『三國志史傳』(美國 하버드大學藏本)

- 操曰: 雲長非負義之人也.
- 程昱曰: 彼各爲其主, 豈容人情耶
- 操曰: 想雲長去不遠, 吾一發結識他, 做个人情耶.

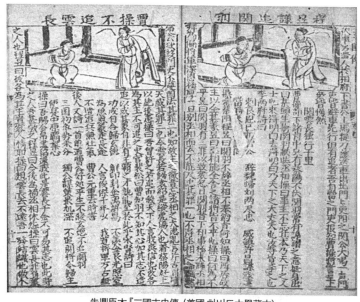

朱鼎臣本『三國志史傳』(美國 하버드大學藏本)

이들 판본에서는 조조의 발언으로 나왔던 『삼역총해』제2의 "niyalma be dere banici ombio(사름을 인졍ᄒᆞ미 되ᄂᆞ냐)"에 해당하는 한문이 모두 정욱의 발언으로 전개되고 있다. 실제로 "豈容人情耶"를 정욱의 발언으로 이해하는 것이 문맥상 자연스럽다고 할 수 있다.[19]

5. 본문의 재구성

　청대에 널리 유행하였던 판본으로는 앞에서 소개된 판본들 이외에도 모종강본이 있으나 모종강본은 가정임오본 계통의 삼국지들과 달리 상당 부분 개정된 판본이라『삼역총해』제2의 해당 대목에 직접 대응하는 부분이 보이지 않는다. 문헌 계통상으로도 이 판본은『삼역총해』제2의 모순 어구와도 직접적인 관련이 없다. 또 본문 문맥상으로도 모순되는 내용이 나오지 않기 때문에 별도의 논의가 필요하지 않다. 참고로 모종강본의 해당 본문을 확인하면 다음과 같다.

　毛本『三國志演義』

　程昱曰:"(중략) 不若追去而殺之, 以絶後患"
　操曰:"吾昔日許之, 豈可失信, 彼各爲其主, 勿追也. (중략)
　此等人吾深敬之, 想他去此不遠, 我一發結識他, 做個人情."

---

19)『삼역총해』제2의 문맥상 모순이 보이는 曹操의 발언이 이들 漢文本에서는 程昱의 발언으로 나타난다. 그런데 이들이 속한 판본들에 대해서는『三國志演義』문헌 계통 연구에서 차후 보다 검토될 필요가 있다. 補註:『三國志演義』판본 계열 연구에서 민경욱의「朝鮮活字本《三國志通俗演義》에 대한 文獻校勘 연구」,「三國志演義 初期 텍스트 연구」등이 최근의 성과로 보인다.

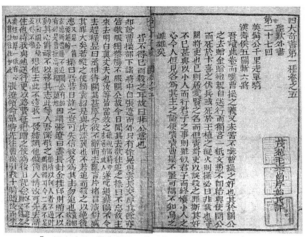

『三國志演義』貫華堂第一才子書 (日本 早稻田大學藏本)

이밖에도 지전본 계열의 선번후간(先繁後簡) 판본으로 알려진 판본 가운데 문맥상 모순 자체가 애초부터 보이지 않는 판본들도 있는데 예를 들면 정교림본(鄭喬林本)과 양미생본(楊美生本)이 있다.

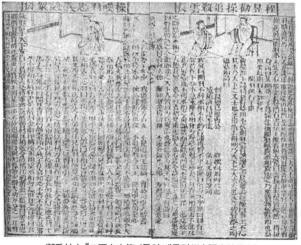

鄭喬林本『三國志史傳』(독일 베를린州立圖書館藏本)

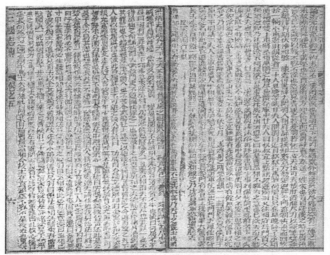

楊美生本 『三國志史傳』(美國 하버드大學藏本)

또 국내에 한글 번역 필사본으로 전하는 장서각 낙선재본과 서울대 규장각본은 가정임오본 계통의 한글 번역으로 알려져 있으므로,[20] 이들 원문을 그대로 번역했다면 문맥상 모순이 발생하게 되어 있지만 한글 번역은 번역 과정에서 수정한 것인지 아니면 다른 어떤 판본에 근거하여 수정한 것인지 『삼역총해』제2의 해당 대목과 일치하는 부분은 보이지 않는다.[21]

---

20) 박재연 校註, 『삼국지통속연의』, 이회문화사, 2001, 8면.
21) 이 같은 원인에 대해서는 보다 엄밀한 논의가 필요하지만, 본고의 범위를 넘어서므로 별도의 논의를 기대한다. 『三國志演義』의 한국 전래와 한글 번역 필사본의 저본 및 이들 문헌의 계통을 확인하는 작업은 근래 朝鮮活字本(丙子字)의 발굴 소개로 심화되고 있는 추세이다. 박재연, 「새로 발굴된 조선(朝鮮) 활자본(活字本) 『삼국지통속연의(三國志通俗演義)』에 대하여」, 『중국어문논총』44, 중국어문연구회, 2010.

서울대 규장각본(27책본)

뎡욱 왈 "오랜 후의 해 되여도 승샹이 뉘웃디 못ᄒ리라"
죄 왈 "운댱은 의를 져ᄇ릴 사름이 아니라. 내 싱각ᄒ니 운댱이 멀리 아
니 가실 거시니 내가 친히 니별ᄒ야 큰 인졍을 기티리라."[22]

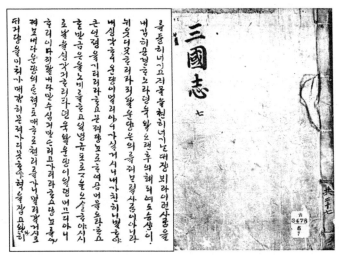

『삼국지통속연의』(서울대 규장각, 27책본)

이것은 당시 역자가 "彼各爲主, 豈容人情耶" 부분을 조조의 발언으
로 볼 경우 전후 문맥이 통하지 않는다고 보아서 번역할 때 생략한 것으
로도 볼 수 있을 것이나 이들에 대해서는 보다 엄밀한 확인과 문헌 계통
의 검토가 필요하다. 이상의 논의를 토대로 『삼역총해』제2의 장면에서
조조와 정욱의 대화를 문맥상 모순이 없도록 재구성하면 다음과 같다.

---

22) 박재연 校註, 앞의 책, 2001, 243면.

[1]

A) ts'oo ts'oo hundume (중략) tere ini ejen i jalin de kai . ume amcara

曹操 ㅣ 니로되 졔 제 님금을 위홈이라. 쏠오지 말라.

B) ceng ioi hendume yūn cang ni acanjihakū genehengge eitereci doro akū kai

程툥이 니로되 雲長이 뵈지 아니코 가는거슨 온가지로 ᄒᆞ여도 녜 업스니라.

[2]

A) ts'oo ts'oo hundume (중략) tenteke niyalma be bi ambula saišambi

曹操 ㅣ 니로되 져런 사름을 내 크게 착히 너기노라.

B) ceng ioi hendume amala jobolon ohode cenghiyang ume jabcara

程툥이 니로되 후에 근심되거든 승샹은 원치 말라.

[3]

A) ts'oo ts'oo hundume yūn cang jurgan be jurcere gūwaliyandara niyalma waka

曹操 ㅣ 니로되 雲長이 의를 어긔쳐 변ᄒᆞᆯ 사름이 아니라.

B) [ceng ioi hendume] tere meni meni ejen i jalin niyalma be dere banici ombio

[程툥曰] 졔 각각 님금의 위홈이니 사름을 인졍ᄒᆞ미 되ᄂᆞ냐?

[4]

A) [ts'oo ts'oo hundume] yūn cang goro genehekū bi . bi umesi amba dere gaime fudeki .(중략)

[曹操曰] 雲長이 멀리 가지 아녀시니 내 아조 큰 졍으로 젼송ᄒ
쟈.(중략)

B) ceng ioi hendume yūn cang ainahai seme ilirakū

程昱이 니로되 雲長이 아므리 ᄒ여도 머무지 아니리라.

6. 결론

『삼역총해』 제2「관운장천리독행」의 대화 내용 가운데 "사름을 인졍
ᄒ미 되ᄂ냐?" 부분은 전후 문맥상 모순이 보이는 부분이다. 본고에서
는 그 원인을 추적하여 『만문삼국지』의 본문과 비교한 결과 만문본과
만한합벽본 모두에 이미 그와 동일한 모순이 있다는 사실을 확인하였
다. 또 『만문삼국지』의 저본인 한문본들을 살펴본 결과, 판본에 따라 다
르게 전개되었으며 문제의 대목을 조조의 발언으로 볼 경우 전후 문맥
상 모순이 발생하므로 정욱의 발언으로 전개한 판본이 합리적이라는
판단도 내릴 수 있게 되었다. 결론적으로 『삼역총해』 제2「관운장천리독
행」에 보이는 문맥상의 모순은 만문과 한글 번역의 문제라기보다는 『만
문삼국지』의 저본이었을 것으로 보이는 한문본에 이미 그 같은 문맥상
의 착오가 있었기 때문에 발생한 것으로 판단된다.

참/고/문/헌

• 고동호, 「韓國의 滿洲語 硏究 現況과 課題」, 『만주학 연구의 과제와 현황』, 고려대 민족문화연구원, 2011.

• 김영근, 「三譯總解 第二의 對譯 및 語法分析」, 『계명어문학』 제7집, 계명어문학회, 1993.

• 민영규, 「解題」, 『八歲兒・小兒論・三譯總解・同文類解』, 연희대학교 동방학연구소, 1956.

• 박상규, 「滿洲敎科書 "三譯總解"의 比較言語學的인 한 側面」, 『人文論叢』 2, 暻園大學校人文科學硏究所, 1993.

• 박상규, 「朝鮮時代 淸學書 三譯總解의 音譯과 語學的인 側面考」, 『亞細亞文化硏究』 제10집, 暻園大學校아시아文化硏究所・중앙민족대학 한국문화연구소, 2006.

• 박상규, 『朝鮮時代 淸學書의 新硏究』, 역락, 2007.

• 박재연 校註, 『삼국지통속연의』, 이회출판사, 2001.

• 박재연・김민지 校註, 『新刻校正古本大字音釋三國志傳通俗演義』, 학고방, 2009.

• 박재연, 「새로 발굴된 조선(朝鮮) 활자본(活字本) 『삼국지통속연의(三國志通俗演義)』에 대하여」, 『중국어문논총』 44, 중국어문연구회, 2010.

• 성백인, 「現存 司譯院 淸學書와 그 硏究」, 『알타이학보』, 한국알타이학회, 1994.

• 성백인, 『만주어와 알타이어학 연구』, 태학사, 1999.

• 송강호 역주, 『만한합벽삼국지』, 박문사, 2010.

- 岸田文隆, 「『三譯總解』底本考」, 『알타이학보』2, 한국알타이학회, 1990.
- 岸田文隆, 『『三譯總解」の滿文にあらわれた 特殊語形の來源(《삼역총해》만문에 나타난 특수어형의 내원)』, 國立亞非語言文化研究所, 東京外國語大學, 1997.
- 원순옥, 「『삼역총해』의 어휘 연구」, 『우리말글』51, 우리말글학회, 2011.
- 魏安, 『三國演義 版本考』, 上海古籍出版社, 1996.
- 전재호, 「『三譯總解』語彙索引(1,2권)」, 『語文論叢』11, 한국문학언어학회(舊경북어문학회), 1977.
- 정광 · 윤세영, 『司譯院 譯學書 冊板研究』, 고려대학교출판부, 1998.
- 조규태, 「『三譯總解』滿洲語文語研究(1)」, 『牧泉兪昌均博士還甲紀念論文集』, 계명대학교출판부, 1984.
- 최동권 외, 『만문삼국지(三譯總解)』, 한국학술정보(주), 2008.
- 홍윤표, 『八歲兒 · 小兒論 · 三譯總解(合本)』, 홍문각, 1995.

사역원 청학서 책판 〈삼역총해〉 '제3'의 운명

1. 서론

연구를 하다보면 생각지 않은 계기로 새로운 길에 들어서는 경험을 하게 된다. 이번에 소개하는 내용도 그 같은 경우의 하나이다. 지난 2017년 3월에 필자는 지인으로부터 문자를 1통 받은 일이 있다. 보내온 문자에는 2장의 사진도 함께 있었는데, 흥미롭게도 사역원 책판(司譯院冊板) 이미지 자료였다.[23]

사역원 책판에 대해서는 이미 기존의 훌륭한 성과가 나와 있는데, 정광 · 윤세영 공저, 『사역원 역학서 책판 연구(司譯院 譯學書 冊板研究)』(1998)가 바로 그것이다.[24] 이 책은 고려대학교 박물관에 다수 진

---

23) 2017년 3월경 수원광교박물관 〈삼역총해〉 사진 자료를 보내준 수원문화재단 조성면 선생님께 감사드린다. 필자가 이 책판에 대해 보다 세부적인 검토를 할 수 있었던 것은 모종의 행운이었다.
24) 정광 · 윤세영, 『司譯院 譯學書 冊板研究』, 고려대학교출판부, 1998. 고려대 박물관 책판에 대한 최초의 조사로는 1983년 11.9~11.20에 이루어졌다. 朴相國 編著, 『全國寺刹所藏木板集』, 文化財管理局, 1987 ; 高麗大學校博物館 편, 『博物館

장(珍藏)되어 있는 조선 후기에 편찬된 사역원 역학서 책판들에 대하여
형태서지학적으로 고찰한 것이다.

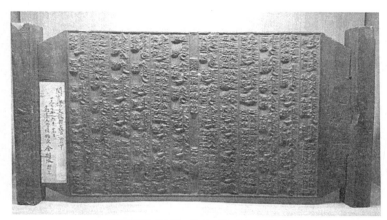

사역원 책판 〈삼역총해〉제3 (수원광교박물관)

　　필자는 보내온 이 사진 속의 자료도 당연히 기존의 연구서에 소개된
책판의 하나일 것으로 생각했다. 그러나 사역원 책판 연구서를 펼쳐든
필자는 흥미롭게도 이 자료가 기존 청학서(淸學書) 책판 자료 가운데
들어 있지 않은 자료라는 사실을 알게 되었다. 우연한 발견이었지만 이
것은 오히려 새로운 의문을 불러일으켰다. 이 책판은 기존 책판과 어떤
점이 다른가? 그리고 이 책판은 언제, 어떤 사연으로 지금의 장소에 있
게 된 것인가?

收藏品目錄(高麗大學校博物館創設55周年紀念)』, 1989, 〈板木類〉.

2. 〈삼역총해〉 제3 책판의 분석

이 책판의 원 내용에 해당하는『삼역총해』는『소아론(小兒論)』,『팔세아(八歲兒)』,『청어노걸대(淸語老乞大)』와 더불어 청학사서(淸學四書)로 불리는 역학서로 청대 만문『삼국지』에서 10회 분량을 선별하여 조선에서 청학 교재로 편찬한 것이다.

본고에서 소개하는 이 책판은 바로『삼역총해』(중간본) 영조 50년(건륭 39년, 1774) 간행에 사용되었던 사역원 청학서 책판이다. 고려대 박물관 '사역원' 전체 책판 수는 총 420판인데, 청학서 책판이 105판이고, 이 가운데 〈삼역총해〉 책판 수는 36판(72엽)이다.[25]

通文館志: 131판

- 漢學書: 1)〈象院題語〉9판, 2)〈朴通事新釋〉21판, 3)〈朴通事新釋諺解〉44판
- 蒙學書: 1)〈蒙語老乞大〉11판, 2)〈捷解蒙語〉8판
- 淸學書: 1)〈淸語老乞大〉25판,[26] 2)〈三譯總解〉36판, 3)〈同文類解〉44판
- 倭學書: 1)〈重刊捷解新語〉60판, 2)〈捷解新語文釋〉11판, 3)〈倭語類解〉19판

---

25) 정광·윤세영,『司譯院 譯學書 冊板研究』, 고려대학교출판부, 1998.
26) 고려대 박물관 소장 이외의 淸語老乞大 책판으로는 국립민속박물관(소장번호: 민속 005225) 소장본이 있다. 청어노걸대 권지칠(卷之七)의 21, 22엽에 해당한다. 각 면 6행이며 매 행에 청어와 한글이 함께 새겨져 있다.

〈三譯總解〉 전체 36판(72엽)
- 수장번호: D-1210~D-1245
- 序(1판) 重刊序(1판)
- 第一(3판) 第二(8판) 第四(5판) 第五(4판) 第六(6판) 第九(1판) 第
  十(8판)

이 가운데 제3, 제7, 제8은 1판도 남아있지 않다고 보고된 바 있는
데,[27] 이번에 제3 부분에 해당하는 책판 가운데 1판을 발견한 것이다.

- 크기(세로×가로): 25.2×54.8cm
- 판식: 半葉 有界 6行, 만문과 한글 주음 및 번역 2행
- 上下花紋黑魚尾 * [반엽광곽: 19.7×24.7cm] * [두께 1.4cm]

이 책판은 〈삼역총해〉 전10권 가운데 제3(25a/b)에 속하는 책판으로
제3의 회목을 참고로 제시하면 다음과 같다.[28]

三譯總解 第三

諸葛亮智激孫權

jug′oliyang argai sun cuwan be jili banjibuha ..

27) 정광 · 윤세영, 앞의 책, 1998, 175면.
28) 한문『三國志演義』(가정임오본, 24권본) 권9 제86회에 해당한다. 해당 회목들의
비교는 송강호 역주, 『만한합벽삼국지』, 박문사, 2010, 22면 참고.

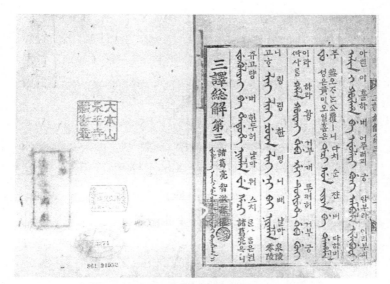

『삼역총해』제3 諸葛亮智激孫權 (일본 駒澤大学 濯足文庫)

『삼역총해』제3(24b, 25a) (일본 駒澤大学 濯足文庫)

〈삼역총해〉 제3(25a)

de afame buceki serengge waka[29]

더 아파머 부쳐키 스렁거 와카[30]

의 싸화 죽고져 ᄒᆞᄂᆞᆫ거시 아니라

tereci sun cuwan amargi boode deduci

그적의 孫權이 後 堂에서 누으나

teci elhe akū jeci omici amtan akū

안즈나 편안치 못ᄒᆞ고 먹으나 마시나 마시 업서

dolo kenehunjeme bisire de

속으로 의심ᄒᆞ고 이실 제

u fujin sun cuwan i arbun be safi

吳 夫人이 孫權 의 거동 을 보고

jio seme gamafi fonjime

오라 ᄒᆞ여 더브러 무로되

---

29) 앞의 연결된 내용· ejen gung ni jalin faššame šanggiyan jeyen 쥬공을위ᄒᆞ여셔도라 빅잉.

30) 만문의 한글 주음 부분이다. 이하 생략함.

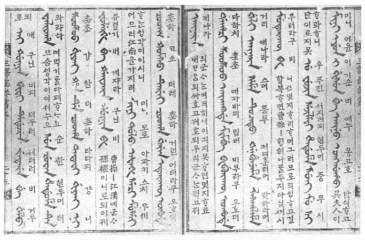

『삼역총해』제3(25b, 26a) (일본 駒澤大学 濯足文庫)

〈삼역총해〉 제3(25b)

ai gūnin bifi dedure jetere be gemu waliyaha

므슴 싱각이 이셔 누으며 먹기 를 다 폐ᄒᆞᄂᆞ뇨

sun cuwan hendume

 孫權이　　니로되

te ts'oo ts'oo giyang han de cooha tatafi

이제 曹操ㅣ　　江　漢 에 군ᄉᆞ 머므러

giyanggg ni julergi be gaijara　　　　gūnin bi

　　江　　南　　을 가지려 ᄒᆞᄂᆞᆫ 싱각이 이시니

mini dolo afaki　seci musei cooha komso

terei cooha geren eterakū ohode (ainara)

(내 ᄆᆞ음의 싸호고져 ᄒᆞ되 우리 군ᄉᆞ　적고

겨의 군ᄉᆞᄂᆞᆫ 여러히니 이긔지 못ᄒᆞ면 엇지ᄒᆞ료)

사진 자료에서 제공되는 책판의 앞부분은 내용을 확인할 수 있으나 뒷부분은 영인 자료로 일부 대신하였다. 사역원 책판 뒷면 내용 『삼역총해』 제3(26a/b)

3. 결론

이상에서 사역원 청학서 책판의 내용적 분석을 시도했는데, 그렇다면 이 자료를 소장하고 있는 수원광교박물관 '소강 민관식 컬렉션[31]'과의 인연은 어떤 것인가? 전시실 책판 설명을 보면 원래 이 책판은 1973년 고려대 김상협[32] 총장이 당시의 문교부 민관식 장관에게 기증한 것으로 나와 있다.

---

31) 小崗 関寬植(1918.5.3.~2006.1.16.) 컬렉션, 2010년 부인과 유족이 수원시에 기증.
32) 金相浹(1920.4.20.~1995.2.21) 고려대학교 총장(1970~1975년, 1977~1982년), 문교부장관, 국무총리 등 역임.

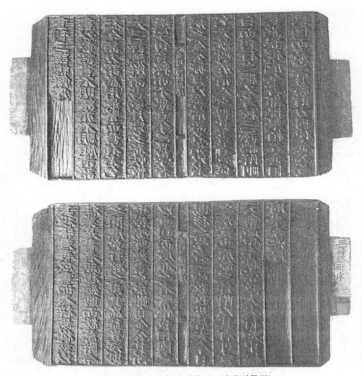

사역원 책판 삼역총해 서문 (고려대 박물관)

『삼역총해』 목차(제1-제10)

『삼역총해』 제1

초초 헌두머 다 어련 버 옹고라쿵거 니로되 曹操ㅣ

스머 돈지퍼 암챠키 스러 쟈카터 돌아지랑ᄒᆞ니 가다ᄒᆞ여듯고

거무니 어현츄머 비헝거 양해ᄒᆞ려ᄒᆞᆷ이잇디니 關公을혜지아니코미 거디허

양 의둥에다만蔡陽이 曹操의쇽호쟝슈들 관궁버 여버러리쿠

초초 이 하랑마 쟝쥔 새도로 다ᄆᆞ채

三譯總解 第二 關雲長千里獨行

『삼역총해』 제2

아린 이 훌하 버 어푸러피 궁 암부라 이리부피

푸
蓋오즈는公覆ㅣ니 다치 순 쟌 버 다하미
성은黃이오일홈은

이라 하라 황 거부개 투쿼허 거부 궁

싸사룸 니 배 날마 泉陵

니 링 랑 찬 링

고호

쥬고량 버 현두허 날마 위 스치 諸葛亮을니
룬사룸은뒨

三譯総解第三　諸葛亮智激孫權

『삼역총해』제3

三譯総解第四 諸葛亮詐伏周瑜

터러치 젼위 알가 배타라피 圭ㅊ이가라

그젹의周瑜ㅣ씨셔

버버피 曹操외손을비러셔 채맏걍원

버와하 머지거 버잔시 걍 도머지피

아란지하 망기 지ᄒᆞ여강건너와알외니 젼위

蔡瑁張允을죽언긔뿔을탐

암부라 울군져머 루수이 바루 헌두머 게깃거魯 周瑜ㅣ그

『삼역총해』제4

三譯総解券五

와 더 투와부치 내여셔周瑜의게뷔니 이녕구 토와
孔明도손바당조롤다

쿵밍 이우 파랑구 헐건 버 거리 투치부피 졍
孔明이보너불

쿵밍 투와치 토와 스러 어무 헐건 이라흐지오
孔明

더 헐건 버 너머 투치부치 조롤몬 져네니
周瑜ㅣ손바당의

더 이넝기 사린 더 치예 젼 와 파랑구

터러

三譯総解 第五 黃益獻詐破曹操

『삼역총해』 제5

버여버
규 터 투리피 웨럼비머 빈허 배피!
즐기되
글에크게
담무 보 야다훈 오피 가난ᄒᆞ여 이니 다만집이
웨러머 비허비 빈허 터 암부라 아무란 이ᄒᆞ고이셔
본듸티름지
지산인이바이 날마 사름이라 다더 우신
會稽山陰ᄲᅡ
德潤이니 휘
간거이 투쿼허 거부더 슌
三譯總解 第六
闞澤審獻詐降書
闞澤의ᄌᆞᄂᆞᆫ

『삼역총해』 제6

三譯総解第七　麗統進獻連環計

고려호여 關澤을부렷고
黃蓋룰오십쟝치니 항복
탄타라 쟈가터 다하기 스머 간 저버
황 개버 수새 모
이周瑜의게 빗仁려셔
안호로도우혀호꼬
터 기루피 돌기 드릭 애시람비 습비 딕江東甘寧
촌초 헌두머 강 니 틸기 간닝좐 워
曹操ㅣ니로

『삼역총해』 제7

얼리 더 날마 아쿠 우편의 사룸 업거늘 팡퉁

이 누긋ᄒ다 아마시 포로피 투와치 핫후 이치

고 ᄆᆞᆷ이 ᄌᆞᆺ젹 아마시 뒤흐로 도라 보니 좌

타카피 무지런 터니 마지거 수라카 오호 벗인줄알

麗統이댓

비수 슈 캣 徐庶ㅣ로라 팡퉁 퍼구츄 버 딕답ᄒ되 비

팡퉁 억셔머 폰지머 시 워 로되비뉜다 쟈부머

三譯総解 第八 曹孟德横槊賦詩 麗統이밧비므

『삼역총해』 제8

三譯緫解第九

테푼 쟈파피 야붐비 려셔막대집고힝으며 실단 더

샤다하비 첫고 토 와 더 우쥬 셩기 푸치햐라부피

날마 거무 유유머 투허녀허비주려것구러지고 모린

그새예 사롬이다

토 버 불라하 고 華容道로드라나다 터러 폰더

曹操ー그날군수드리

촌촌 터러 이녕 촌하 개피 화승

三譯緫解 第九 關雲長義釋曹操

『삼역총해』 제9

비시러 더 고 이실끄 보 버
玄德인늣짓 캬크라라 마마

두편의빅빅이버러셔시니 玄德 치라 알쟈피
조춘게집이환드와챵올 갓고 한더 패다피 이리하비

앗하피 쥬위 달바더 픽 스미

후와쳐 人의집안올본니
그적의玄德이孫夫 다하라 허허시 로호 기다

터러치 한더 순 두진 이보이도로

三譯總解 第十 錦囊計趙雲救主

『삼역총해』제10

三國志宗僚(吳)

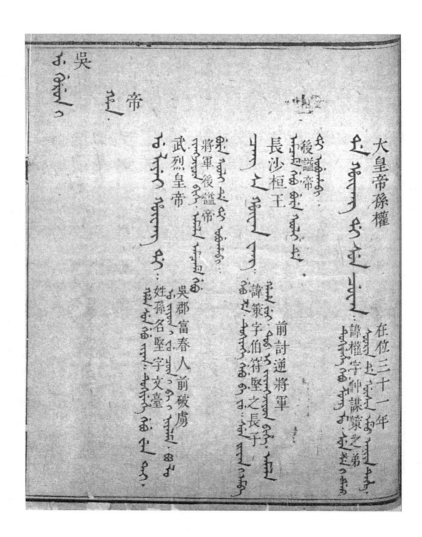

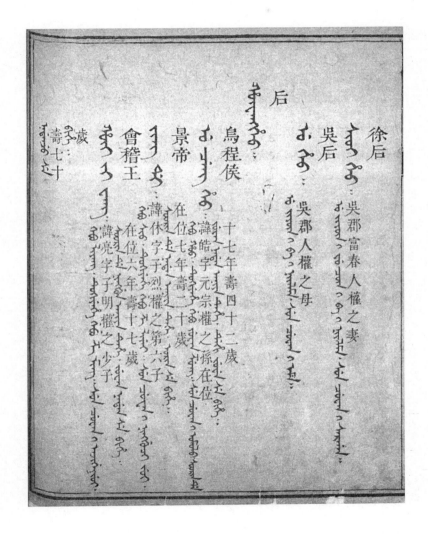

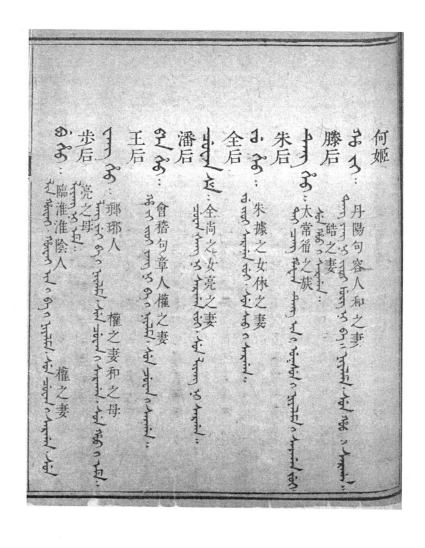

孫匡 ： 字季佐翊之弟官至定威中郎將

孫翊 ： 字叔弼權之弟官至丹陽太守

孫奐 ： 字季明皎之子官至揚威將軍

孫皎 ： 字叔朗瑜之弟官至征虜將軍

孫瑜 ： 字仲異靜之子官至奮威將軍

孫靜 ： 字幼臺堅之弟官至昭義中郎將

孫權之宗族。

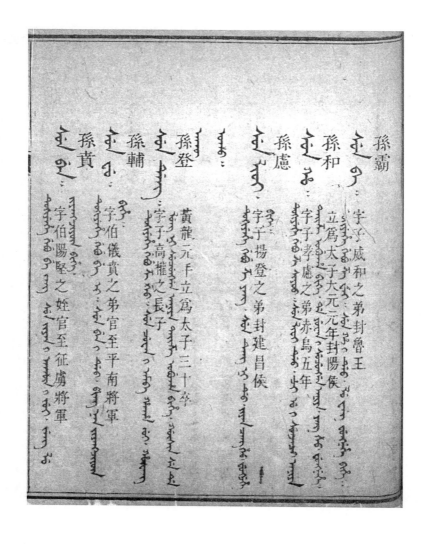

大臣名

劉繇 官至振武將軍
字正禮東萊牟平人也

孫韶 官至鎮北將軍幽州牧
字公禮策賜姓

孫琳 永寧侯
字子通

孫峻 丞相大將軍
字子遠靜曾孫官至 峻之弟官至大將軍

孫桓 侯
字武叔和之子官至建武將軍丹徒

孫奮 字子智霸之弟封齊王

張紘 ᠵᠠᠩ
字子綱廣陵人官至長史

步騭 ᠪᡠ
臨鄉侯
字子山 淮陰人官至右將軍

諸葛瑾 ᠵᡠ
宛陵侯
字子瑜 陽遂鄉侯

顧雍 ᡤᡠ
字元歎吳郡吳人官至尚書令
陽徒人官至左將軍

張昭 ᠵᠠᠩ

士燮 ᡧᡳ
字子布彭城人官至輔吳將軍
官至衛將軍龍編侯
字威彥蒼梧廣信人

太史慈 ᡨᠠᡳ
字子儀東萊黃縣人
官至建昌都尉

呂蒙　官至南郡太守屏陵侯

魯肅　字子明汝南富陂人　官至橫江將軍益州牧

周瑜　字子敬臨淮東城人　官至偏將軍領南郡太守

薛綜　字公瑾廬江舒人　官至太子少傅

闞澤　字敬文沛郡竹邑人　官至太子太傅

程秉　字德潤會稽山陰人官至太子少傅　字德樞汝南頓人

嚴畯　字曼才彭城人官至尚書

董襲 字元代餘姚人官至偏將軍

陳武 字子烈廬江松滋人官至偏將軍

周泰 字幼平九江下蔡人官至奮威將軍陵陽侯

蔣欽 字公奕九江壽春人官至盪冠將軍

韓當 字義公遼西令支人官至昭武將軍

黃蓋 字公覆零陵泉陵人官至偏將軍

程普 字德謀右北平土垠人官至盪冠將軍

右軍師

朱然 字義封朱治姊之子 官至左司馬 昆陵侯

朱治 字君理川陽故彰人 官至安國將軍 左軍師

丁奉 字承淵盧江安豐人 官至右司馬 左軍師

潘璋 字文珪東郡發干人 官至振威將軍

徐盛 字文嚮琅琊莒人 官至安東太守

凌統 字公績琊莒人 官至偏將軍

甘寧 字興霸巴郡臨江人 官至折衝將軍

吳粲　字孔休烏程人官至太子太傅

駱統　字公緒會稽烏程人官至建安中郎將

張溫　字惠恕吳郡人官至太子太傅

陸績　字公紀吳郡人官至偏將軍

虞翻　字仲翔會稽餘姚人官至騎都尉

朱桓　字休穆吳郡人官至前將軍青州牧

呂範　字子衡汝南細陽人官至大司馬

吳岱 ᠣᡠ᠂ ᡩᠠᡳ᠂ 官至大司馬

全琮 ᠴᡳᠣᠨ᠂ ᡯᡠᠩ᠂ 字定公廣陵海陵人 右司馬左軍師

賀齊 ᡥᠧ᠂ ᄎᡳ᠂ 字子璜錢塘人官至

陸抗 ᠯᡠ᠂ ᡥᠠᠩ᠂ 字公苗山陰人官至後將軍 官至偏將軍毗陵侯

陸瑁 ᠯᡠ᠂ ᠮᠣᠣ᠂ 字幼節孫策外甥 字子璋陸遜之弟官至義郎

陸遜 ᠯᡠ᠂ ᠰᡠᠨ᠂ 字伯言吳郡吳人官至丞相

朱據 ᠵᡠ᠂ ᡤᡳᠣᡳ᠂ 字子範吳郡吳人官至驃騎將軍

吳范
太史令
字文則上虞人官至騎都尉

胡琮
字偉則汝南固始人官至偏將軍

是義

陸凱
字子羽北海人官至尚書射

潘濬
字敬風吳郡人官至征西大將軍

鍾離牧
字承明武陵漢壽人官至太常卿

周魴
字子幹山陰人官至前將軍
關內侯
字子魚陽羨人官至偏將軍

樓玄　官至大司農

王蕃　字承先沛國蘄人

漢陽典　字永元盧江人官至散騎常侍

滕脩　字子元陳留人官至丞相

諸葛恪　字斯北海劇人　官至　衛將軍

趙達　字元遜瑾長子　官至　太史丞

無字河南人

劉淳　字子仁平原人官至太史令

顧承 ᠮᠠᠨᠵᡠ 劉讚 ᠮᠠᠨᠵᡠ 步闡 ᠮᠠᠨᠵᡠ 張玄 ᠮᠠᠨᠵᡠ

張林 ᠮᠠᠨᠵᡠ 張奮 ᠮᠠᠨᠵᡠ 顧邵 ᠮᠠᠨᠵᡠ 顧譚 ᠮᠠᠨᠵᡠ

徐真 ᠮᠠᠨᠵᡠ 徐現 ᠮᠠᠨᠵᡠ 徐隣 ᠮᠠᠨᠵᡠ 張承 ᠮᠠᠨᠵᡠ

劉基 ᠮᠠᠨᠵᡠ 士徽 ᠮᠠᠨᠵᡠ 士懿 ᠮᠠᠨᠵᡠ 吳景 ᠮᠠᠨᠵᡠ

華覈 ᠮᠠᠨᠵᡠ 字永先吳郡武進人官至中書丞

章躍 ᠮᠠᠨᠵᡠ 官至中書僕射高陵亭侯

賀邵 ᠮᠠᠨᠵᡠ 字弘嗣吳郡雲陽人官至中書令

太子太傅字典伯山陰人官至中書令

虞芮　　陸宏　　陸脩　　徐詳

虞據　　虞紀　　虞聳　　虞中

薛瑩　　陳表　　朱績　　朱變

張尚　　裴玄　　唐國　　薛羽

4

역사와 문학 :
청 태종과 『삼국지연의』

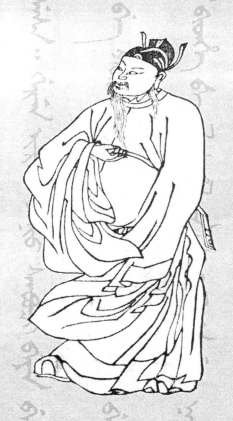

역사와 문학: 청 태종과『삼국지연의』

1. 서론

청 태조 누르하치가『삼국지연의』에 상당한 관심이 있었고 평소 즐겨 읽었고 개국방략 등에 활용했을 가능성이 높지만 이에 대한 구체적인 기록은 확인되지 않고 있다.[1]

그러나 청 태종 홍타이지(1592~1643)의 경우에는 누르하치와 달리 일부 기록이 보인다. 이광도(李光濤, 1897~1984)는 청 태종이 천하를 얻게 된 요인으로『삼국지연의』에서 받은 도움만한 것이 없다고 하여 『삼국지연의』의 위상을 높게 평가하기도 하였다.[2]

---

1) 陳捷先,「淸初帝王與《三國演義》」,『歷史月刊』, 1995 ;「努爾哈齊與《三國演義》」, 『淸史論集』, 臺北, 東大圖書公司, 民國86(1997).
2) 李光濤,「淸太宗與《三國演義》」,《中央研究院歷史語言研究所集刊》12, 中央研究院歷史語言研究所, 1948.

清太宗與三國演義

李 光 濤

清太宗當初之立國，與其所以得中國之故，據吾所知，其最大原因，莫如得力於三國演義一書。此書本稗官家言，穿鑿附會，不可據爲典要，然居關外之金國則固然崇劉、關、惡故事，至於此一書，以爲開國方略之用。傳之兩世，前之奴兒哈赤，後之皇太極，不曰愛讀之，卽曰喜閱之，此外猶有「深明三國志傳」之記事。凡此，據羅氏史料叢刊所錄天聰年奏疏關片金汗續奪之記載，於金史，則云非緊要有益之書，於通鑑等書，則謂爲迂儒之談。此種情節，像其自己之解釋，「我原是金人」，「南朝邊臣見我如見蟲」（朝鮮仁祖實錄卷十七葉五十三）。

李光濤,「清太宗與三國演義」

　　비록 그 같은 평가에 과장의 측면이 있지만 전술병법서 내지 개국방략서로서의『삼국지연의』에 대한 청 태종의 관심이 얼마나 지대했는지를 단적으로 보여주는 예라고 하겠다. 청 태종과『삼국지연의』의 관계에 대해서는 진첩선(陳捷先, 1932~2019)의 연구가 돋보인다. 진첩선은 청 태종 관련 기록을 통해 '삼국지 마니아'로서의 그의 독서 취향을 탐색하였다.[3]

　　청 태종 홍타이지는 정묘년(1627)과 병자년(1636) 두 차례에 걸쳐 조선 정벌을 감행한 인물로 명말청초 조선과의 관계에서 지니는 위상이 남다르다. 병자호란 이후 조선의 국왕이었던 인조가 수항단 자리에 만몽한(滿蒙漢) 3체(體)의 삼전도 대청황제공덕비를 세운 것도 바로 청 태종의 공덕을 칭송하는 차원에서 이루어진 것이다.

　　이러한 인물이 평소『삼국지연의』를 즐겨 읽었다는 것이 여러 문헌 기록에 나타나는데, 청 태종의『삼국지연의』에 대한 관심은 신하들의

---

3) 陳捷先,「皇太極與《三國演義》」,『皇太極寫眞』, 遠流出版公司, 2004.

상주문 등에서 그 일단을 엿볼 수 있다. 이번에 조선과 후금과 주고받은 외교 문서 등 몇 편의 문헌을 중심으로 청 태종의 『삼국지연의』 관련 기사를 검토하였다. 다만 본고에서는 『삼국지연의』에 대한 청 태종의 남다른 기호를 만주어 문헌을 중심으로 관련 전거를 살펴보는데 주안점을 두고자 한다.

2. 청 태종의 개국방략과 『삼국지연의』

2.1 개국방략과 반간계

청 태종이 『삼국지연의』를 방략 차원에서 활용한 예로 볼 수 있는 것은 반간계(反間計)라는 것이다. 『삼국지연의』에 나오는 반간계는 "군영회유지장간(群英會瑜智蔣干)"에서 주유가 조조 편에서 보낸 지인인 장간을 역으로 활용한 예가 그것이다.

『청태종실록』 천총 3년 11월 27일 기사와 『청사고(淸史稿)』 포승선(鮑承先, ?~1645) 조에 관련 내용이 있다.[4] 명나라 부장이었던 포승선은 나중에 후금에 투항했는데 그가 반간계로 원숭환(袁崇煥)을 제거하는 데 참여했다는 기사다.[5]

---

4) 『淸太宗實錄』天聰三年(1629) 11月 27日 : "先是、獲明太監二人。令副將高鴻中、參將鮑承先、甯完我、巴克什達海監守之。至是還兵。高鴻中、鮑承先、遵上所授密計。坐近二太監。故作耳語云。今日撤兵。乃 上計也。頃見 上單騎向敵。敵有二人來見上。語良久乃去。意袁巡撫有密約。此事可立就矣。時楊太監者。佯臥竊聽。悉記其言。"

5) 『淸史稿』卷232(列傳十九 鮑承先傳) : "鮑承先(?-1645), 明朝末年淸朝初年山

다만 원숭환의 죽음은 반간계의 직접적인 효과라기보다는 당시 명나라 조정의 황제와 대신들의 갈등 국면에서 희생된 것으로 보아야 한다는 시각도 있다.

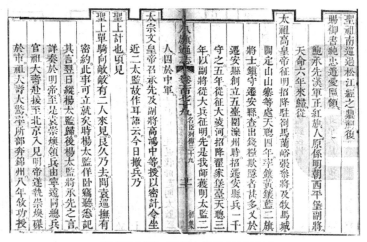

『八旗通志初集』(鮑承先) (중국 國家圖書館)

2.2 청 태종과 『삼국지연의』 번역

청 태종은 천총 3년(1629) 4월 문인을 만주인과 한인으로 직무를 관장하게 하고 달해(達海, dahai) 등으로 하여금 명나라의 고서를 번역하게 하였다.[6] 『청사고』 달해전을 보면 청 태종이 달해에게 무권점(無圈

西應縣人，後入漢軍正紅旗。原是明朝副將，萬曆年間爲參將，天啟二年 （1622），他投降後金，仍爲副將。天聰三年(1629年)入文館，隨皇太極攻打 明朝京師順天府。據說他參與反間計誅殺袁崇煥。”

6) 『清太宗實錄』夏四月。丙戌朔。“上命儒臣、分爲兩直。巴克什達海、同筆帖式 剛林、蘇開、顧爾馬渾、托布戚等四人。繙譯漢字書籍。巴克什庫爾纏、同筆帖

點) 만문을 개량하라는 명을 내리는데, 이 무렵 『통감』과 『삼국지』의 경우 번역을 시작했으나 완성하지 못했다는 기록이 나온다.[7]

여기에 언급된 『삼국지』가 진수의 『삼국지』인지 아니면 나관중의 『삼국지연의』인지는 의견이 나뉜다. 최근 연구에 의하면 달해가 착수했으나 완성하지 못한 『삼국지』 번역은 진수의 역사서 『삼국지』라는 견해가 제기되었다.[8] 청대 순치제 때 완성되어 간행된 만주어 번역본은 『삼국지연의』(1650)이다.

3. 청 태종과 『삼국지연의』 독서

청 태종이 『삼국지연의』를 즐겨 보았을 가능성을 확인할 수 있는 기록은 천총 6년(1632) 당시 왕문규(王文奎), 호공명(胡貢明) 등이 올린

式吳巴什、查素喀、胡球、詹霸等四人。記注本朝政事。以昭信史。初 太祖製國書。因心肇造。備列軌範。 上躬秉聖明之資。復樂觀古來典籍。故分命滿漢儒臣、繙譯記注。欲以歷代帝王得失為鑑。併以記己躬之得失焉。"

7) 『清史稿』達海傳: "達海治國書, 補額爾德尼、噶蓋所未備, 增為十二字頭。六年(1632)三月, 太宗諭達海曰:「十二字頭無識別, 上下字相同。幼學習之, 尋常言語, 猶易通曉; 若人姓名及山川、土地, 無文義可尋, 必且舛誤。爾其審度字旁加圈點, 使音義分明, 俾讀者易曉。」達海承命尋繹, 字旁加圈點。又以國書與漢字對音, 補所未備, 謂:「舊有十二字頭為正字, 新補為外字, 猶不能盡協, 則以兩字合音為一字, 較漢文翻切尤精當。」國書始大備。 是年六月, 達海病, 逾月病亟。上聞, 垂涕, 遣侍臣往視, 賜蟒緞, 並諭當優恤其子。達海聞命感愴, 已不能言, 數日遂卒, 年三十八。時方譯通鑑、六韜、孟子、三國志、大乘經, 皆未竟。"

8) 巴雅尔图、宝乐日, 『满文《三国志通俗演义》版本研究』, 社会科学文献出版社, 2022.

상주문을 통해서도 알 수 있다.[9] 이 해에는 달해로 하여금 『삼국지연의』
등을 번역하도록 명한 시기이기도 하다. 대표적인 사례로 다음의 두 가
지를 소개한다.

3.1 왕문규(王文奎) 천총 6년(1632) 9월

"한(汗)이 일찍이 『삼국지전(三國志傳)』을 즐겨 보았다."
(汗嘗喜閱三國志傳)

이 내용의 출전 맥락은 왕문규의 상주문 가운데 청 태종이 『삼국지전
(三國志傳)』만 즐겨보면 편벽되기 쉬우니 치평지도(治平之道)가 담긴
『사서(四書)』와 『통감(通鑑)』 같은 서적에도 관심을 두라는 차원에서
언급한 것이다. 여기서 『삼국지전』이라는 명칭에 유의할 필요가 있는
데, 이는 후금 당시에 청 태종이 읽었던 소설 『삼국지』를 당시에 군신 상
하가 일반적으로 그렇게 인식하고 불렀다는 것을 보여주는 좋은 예이
기도 하다.

---

9) 遼寧大學歷史系, 『天聰朝臣工奏議』(淸初史料叢刊 第四種), 遼寧大學歷史系,
   1980 ; 潘喆 · 孫方明 · 李鴻彬, 『淸入關前史料選輯(第二輯)』, 中國人民大學出
   版社, 1989.

王文奎条陈时宜奏

九 月

书房秀才王文奎谨奏时宜，以凭采纳。

其一、谓勤学问以迪君心。昔鲁哀公问政，而孔子对曰：
"文武之道，具在方册。"又孟子云："圣如尧舜，不以仁政，不
能平治天下。"是可见法不师古，终行之而有弊者也。臣自入国
以来，见上封事者多矣，而无一人劝汗勤学问者，臣每叹源之不
清，而欲流之不浊，是何不务本而务末乎！汉虽睿智天成，举动
暗与古合，而聪明有限，安能事事无差？且汗尝喜阅三国志传，
臣谓此一隅之见，偏而不全。其帝王治平之道，微妙者载在四书，
显明者详诸史籍。宜于八固山读书之笔帖式内，选一二伶俐通文
者，更于秀才内选一二老成明察者，讲解翻写，日进四书两段，
通鉴一章，汗于听政之暇，观览默会，日知月积，身体力行，作
之不止，乃成君子。先贤程明道有曰："人君一日之内，接贤士
大夫之时多，近宫女侍臣之时少，则君心清而天下治。人君一日之
内，近宫女侍臣之时多，而接贤士大夫之时少，则君心昏，而天

『淸入關前史料選輯(第二輯)』

3.2 호공명(胡貢明) 천총 6년(1632) 9월

"황상은『삼국지전(三國志傳)』에 심히 밝았다."
(皇上深明三國志傳)

호공명(胡貢明)도 청 태종에게 올린 상주문에서 평소 청 태종이 즐겨
보는『삼국지연의』를 들어 권하는 내용이 보인다. 이들 관련 내용이 전
하는『천총조신공주의(天聰朝臣工奏議)』는 천총 6년부터 9년 3월까지
후금 정권의 한군(漢軍)과 한인 관리들이 올린 주소(奏疏)의 휘편(彙
編)으로 정치, 경제, 군사, 외교 등 다양한 분야를 다루고 있다. 청 성경

(盛京) 숭모각에 주소부(奏疏簿)라는 이름으로 보관되었는데, 관찬 실록에서 볼 수 없는 내용들로 연구에 귀중한 자료이다. 이 자료는 나진옥(羅振玉)이 1924년 편찬 간행한 『사료총간초편(史料叢刊初編)』에서 처음으로 "천총조신공주의(天聰朝臣工奏議)"라는 명칭을 사용한 것으로 알려져 있다.

4. 청태종의 『삼국지연의』 관련 일화

4.1 『청태종실록』 천총 7년(1633)

청 태종은 후금 시절 명나라에서 귀부해 온 공유덕, 경중명 일행을 맞이하기 위해 의례를 논의하는 과정에서 보통 '서로 껴안고 만나는 예'라고 할 수 있는 포견례(抱見禮, tebeliyeme acambi)를 하려고 한 일이 있다. 귀순자들에 대해 '세 번 무릎 꿇고 아홉 번 고두하는 예'라고 하는 삼궤구고두례(三跪九叩頭禮)가 아닌 파격적인 예우로 볼 수 있는 포견례 주장에 당시 후금의 버일러들은 그 같은 의례가 마땅치 않다고 불편한 기색을 보였는데, 바로 이 대목에서 청 태종이 장비와 관우의 일화를 언급하고 있다.[10]

"상이 말하기를, 옛적에 장비는 윗사람을 존대하고 아랫사람을 능멸하

---

10) 『淸太宗實錄』 天聰七年 六月 三日. "上與諸貝勒、始就坐。議孔有德、耿仲明、相見儀注。上欲令行抱見禮。諸貝勒曰。 皇上恐不宜抱見。但以禮相待可耳。"

였다. 관공은 윗사람을 공경하고 아랫사람을 사랑하였다. 지금 은덕으로
아랫사람을 만나는데 어찌 좋지 않다는 것인가?(上曰。昔張飛尊上而
陵下。關公敬上而愛下。今以恩遇下。豈不善乎。"

만문『내국사원당』천총 7년(1633) 6월 3일 기사에도 청 태종은 장비
와 관우의 예를 언급하면서 그 같은 예우를 해서 나쁠 리 있는가라고 하
였다.

"옛적에 장비는 윗사람을 공대하고 아랫사람을 능멸하였다. 관운장은
윗사람을 공대하고 아랫사람을 인애하였다. 인애한즉 또 나쁠 리 있는
가?"(julergi jang fei dergi be kunduleme .. fejergi be gidašaha bi .. guwan
yūn cang dergi be kunduleme .. fejergi be gosiha bi .. gosici geli ehe doro
bio..)

이 같은 청 태종의 언급은『삼국지연의』가 직접적인 원천이라기보다
는 진수의『삼국지』장비전에 이미 보인다. 그러나 이 또한 다소 변화
가 있어 정확한 표현은 아니다. 진수의『삼국지』에 따르면 원문은 이렇
다.[11]

"관우는 병사들을 잘 대해주었으나 사대부에게는 오만했고,

---

11)『三國志』張飛傳. 初, 飛雄壯威猛, 亞于關羽, 魏謀臣程昱等鹹稱羽, 飛萬人之敵
也. 羽善待卒伍而驕于士大夫, 飛愛敬君子而不恤小人. 先主常戒之曰：「卿刑
殺既過差, 又日鞭撾健兒, 而令在左右, 此取禍之道也.」飛猶不悛. 先主伐吳, 飛
當率兵萬人, 自閬中會江州. 臨發, 其帳下將張達, 范強殺飛, 持其首, 順流而奔
孫權. 飛營都督表報先主, 先主聞飛都督之有表也, 曰：「噫! 飛死矣.」追謚飛曰
桓侯.

장비는 군자를 사랑하고 공경했으나 소인을 긍휼히 여기지 않았다.
(羽善待卒伍而驕于士大夫 , 飛愛敬君子而不恤小人)"

순서도 관우에 대한 것이 먼저 나오고 장비가 나온다. 관우가 아래 부
하들을 아껴준 것은 맞다. 그러나 '윗사람에게는 공경했다기보다 오만
했다.'는 표현이 사용된 점이 다르다.

『삼국지』장비전 (일본 內閣文庫)

4.2 후금이 조선에 보낸 국서

청 태종이 언급한『삼국지연의』관련 기사는 천총 9년(1635, 명 숭정
8년, 조선 인조 13년) 3월 22일 춘신사 이준(李浚)을 통해서 조선에 보
낸 문서에도 나타난다. 이 당시 후금의 국서가 나오게 된 과정에 대해서

는 이준의 『심행일기(瀋行日記)』에도 대략 나와 있다.

천총 9년(1635) 2월 25일 이준은 통원보를 지키는 오랑캐 장수를 맞아서 호행군을 기다렸다가 함께 심양에 들어갔다. 3월 10일 용골대(龍骨大, inggūldai)가 먼저 조선에서 가져간 국서를 보여주기를 요청하기에 사양했으나 전례가 있다는 말에 이준은 옮겨 적어 주었다. 3월 12일 이준은 청 태종을 접견하고 국서와 예단을 전했다.

『朝鮮國來書簿』(규장각)

이 당시 관련 기사가 『청태종실록』에 전하는데 다만 예단 품목은 나오지 않는다. 『만문원당』(구만주당) 천총 9년당에는 예단 목록이 모두 소개되어 있다. 이와 관련된 기사가 『조선국래서부(朝鮮國來書簿)』에도 전한다.

『심행일기』 3월 21일 기사를 보면 이준이 국서에 대한 답서와 별도 서신에 대한 청 태종의 문서 초안을 받아 보고는 마부대(馬夫大, mafuta)에게 잘못된 점을 항의하기도 하였다. 3월 22일 이준은 청 태종의 서신을 마부대 등을 통해 정식으로 전해 받았고, 이후 전별연에 참석한 이후 귀국길에 올랐다. 서신의 내용은 대략 회령(會寧) 개시 건과 월경(越境)하여 몰래 채취한 조선 사람을 출송(出送)하라는 것이었다.

『심행일기』 (국립중앙도서관)

후금에서 귀국한 춘신사(春信使) 이준이 복명한 기록이 『인조실록』(인조 13년 4월 15일)에 다음과 같이 전한다.

"봉황성(鳳凰城) 통원보(通遠堡)에서 산요(山拗)까지의 2백여 리 사

이에는 촌락이 황폐하고 성첩이 퇴락되어 있었고, 십리보(十里堡)에 이
르러서야 비로소 오가는 호인(胡人)이 있었습니다. 심양(瀋陽)에 도착
하여 국한(國汗, 청 태종)이 앉아 있는 마루를 보니 좌우의 호위군이 1백
여 명에 불과했고, 문루에 올라서 성의 안팎을 두루 살펴보니 인가는 1만
여 호쯤 되었으며 현존하는 인구의 수는 인가의 수에 못 미치는 듯하였
는데, 그제야 비로소 선부(宣府)·대동(大同)의 패전에서 과반수 이상
이 죽었다는 설이 헛말이 아니라는 것이 믿어졌습니다. 접대하는 즈음에
은근한 성의는 전보다 더 나았습니다."(自鳳凰城、通遠堡, 至山坳二百
餘里, 村落荒殘, 城堞頹圮, 抵十里堡, 始有往來胡人。 到瀋陽, 見國汗
之坐堂, 左右護衛, 不過百數。 及登門樓, 遍觀城內外人家, 計可萬餘
戶, 而人物見存, 似不準戶數, 始信宣、大之敗, 死亡殆半之說, 爲不虛
矣。 接待之際, 慇懃致意, 比前有加云。)

정묘호란(1627) 이후 '형제지맹(兄弟之盟)'이라는 이름 아래 나름 화
평이 유지되어 오던 조선과 후금의 관계가 천총 9년(1635) 무렵에는 악
화일로로 치닫던 시기이다. 특히 천총 9년(1635) 10월에 청 태종은 자
신들을 쥬션(jušen)에서 만주(manju)라고 고쳐 부르고, 곧이어 이듬해
인 천총 10년(숭덕 원년, 1636) 4월에는 국호를 대청(daicing)이라고 개
칭하는 시기이다. 조선으로서는 병자호란(1636)을 목전에 두고 있는 매
우 중요한 때였다. 따라서 문서에 나타난 내용을 통해서 당시 후금과 조
선의 일촉즉발의 위기 등을 외교 차원에서 살펴볼 수도 있다.

4.2.1 문서의 배경

『삼국지연의』 관련 기사가 보이는 문서는 『청태종실록』 천총 9년 (1635) 3월 22일자 기록이다. 당일 기사에 나오는 조선 관련 문서를 보면 다음의 두 내용이다.

1) 청 태종이 조선 국왕의 문안에 답을 하는 내용
2) 조선에 갔던 후금 사신 건에 대한 내용

『淸太宗實錄』天聰九年 三月 二十二日
(乾隆 重修本)

壬申。遣朝鮮國使臣李俊歸國。復書曰。屢辱存問。意切予躬。感謝。春陽開泰。王之興居迪吉。彼此同然。來儀領悉。例有春節信使續後發行也。又一書曰。王來翰。謂尺牘所陳。實出肝膈。如彼此戴天。誠信相孚。則和議永久。誠兩國之萬幸也。予心已無芥蔕矣。但我使前番旋時。舊例頓更。故稽行期。以致使臣心甚懷疑。輒繫弓矢。予聞之。即責去使。謂汝何得在王之禁門輒繫弓矢。彼奏云。如令臣等起程。却不供給馬匹。如令暫留。又無一言。陪臣各避去。故為稽延。臣等疑慮。以為將縛臣等。臣等豈肯束手就縛。是以急繫弓矢耳。然使臣之言。予亦未嘗深信。尊意萬一出此。究亦何益。兩家果有宿怨。將欲稱兵。何妨明告而行。我使數人。被縛與否。何所損益。若變成敵國。使智用巧。固其宜也。昔黃忠與關公戰。馬蹶墮地。而關公釋之。令乘馬再戰。蓋以乘人之危。為不勇也。關公乃一將軍。猶以義為尚。不違誠信。王乃一國之主。豈有違棄信義之理乎。予實勿介於懷。故不隱所聞而直言之。王謂會寧之市。遣官則擾民。欲任兩處人民。自相貿易。予亦謂自京遣官。甚覺路遠。若不遣官。任兩處人民交市。又恐生亂。今已令彼處首領官。即行監市矣。至我國人民。不曾有輕入貴境者。何貴國人民。頻入我地。任意採取乎。昨有執之者。予以為非自貴國執來。乃入我境而被執者。原欲留之。今輒轉思忖。仍復送還於王。其越境採取之人。並該地方失察官員。王當以國法處之。

이 가운데 『삼국지연의』 관련 내용은 문서 2에 나오는데, 관련 일화가
등장하는 배경을 보면 조선 측에서 후금 사신들의 출발 일정을 지연시
키고 또 타고 갈 말도 제공하지 않는 등 사신들의 마음을 불안하게 하는
요인이 보여서 그들이 전통(箭筒)을 매기도 했다는 일을 소개하고, 조
선에서 사신 몇 사람을 억류하고 붙잡는 것은 양국에 이익 될 것이 없으
며, 싸우기로 한다면 적이 분명하게 된 이후에 싸우는 것이 도리이며, 만
약 사신 몇 사람을 죽인다면 이는 서로에게 이익 될 것이 없으며, 또 이
는 상대의 위기를 틈타 죽이는 것으로 전혀 의롭지 못한 일이라고 하였
다. 그러면서 『삼국지연의』에 나오는 관우와 황충이 대결에서 보여준
관우의 의로움을 소개하였다.

4.2.2 황충과 관우의 전투 장면

천총 9년(1635) 3월 22일 후금 한이 조선 왕에게 보낸 외교 문서 내용
가운데 『삼국지연의』 관련 대목이 등장한다. 옛날 황충(黃忠)이 관우와
싸울 적에 말이 거꾸러지면서 말에서 떨어졌는데 이때 관우는 황충을
바로 공격하지 않고 말을 갈아타고 와서 다시 싸우자고 제안한다. 바로
이 지점에서 다른 이의 위기를 이용하는 것은 불의한 일이라고 하면서
조선의 국왕도 후금에 대해 신의를 지키면 좋겠다는 요청이다.

張存武、葉泉宏 編《清入關前與朝鮮往來國書彙編 1619-1643》
(臺北 : 國史館, 2000年)

昔黃忠與關公戰, 忠馬蹶墮地, 而雲長釋之. 令換乘再戰. 蓋以乘人之危, 爲不勇
也. 彼關公乃一將耳, 猶以義爲尙, 而不肯乘危如此. 王乃一國之主, 博覽今古,
豈復有違棄信義之理乎?

『청태종실록』淸康熙中敕修 鈔本 (京都大學 人文科學硏究所所藏)	

昔黃忠與關公戰, 馬蹶墮地, 而關公釋之. 令乘馬再戰. 蓋以乘人之危, 爲不勇也. 關公乃以將軍, 猶以義爲尙, 不肯乘危. 王乃一國之主, 博覽今古, 豈有違棄信義 之理乎?

『청태종실록』천총 9년(1635) 3월 22일 (乾隆 重修本)	

昔黃忠與關公戰, 馬蹶墮地, 而關公釋之. 令乘馬再戰. 蓋以乘人之危, 爲不勇也. 關公乃一將軍, 猶以義爲尙, 不違誠信. 王乃一國之主, 豈有違棄信義之理乎?

『만문원당』천총 9년(1635년) (인조 13년) 3월 22일	만문『내국사원당』천총 9년(1635년) (인조 13년) 3월 22일
julge howangdzung .. güwan güng ni emgi afara de morin ci tuheke manggi .. güwan güng wahakū morin yalubufi dasame afahangge uthai waci ton akū sehengge kai .. güwan güng jiyangjiün bime jurgan be dele arafi yargiyan aqdun be jurcehe akū bi .. wang emu gürun i ejen kooli be ambula hafuka bi .. aqdun jurgan be jurcehe doro bio ..	julge hūwang dzong .. guwan gung ni emgi afara de morin ci tuheke manggi .. guwan gung wahakū morin yalubufi dasame afahangge uthai waci ton akū sehengge kai .. guwan gung jiyangjiün bime jurgan be dele arafi yargiyan aqdun be jurcehe akū bi .. wang emu gurun i ejen kooli be ambula hafuka bi .. aqdun jurgan be jurcehe doro bio ..

이러한 장면은 진수의 정사『삼국지』에는 나오지 않고 나관중의 저작 으로 알려진 역사소설『삼국지연의』에 나오는데 관우가 장사(長沙) 태 수 한현(韓玄)을 공격할 때 황충과 대결을 벌이는 대목에 등장한다.

황충은 자(字)는 한승(漢升)이고 형주 남양군 출신이다. 황충은 원래 형주 자사 유표(劉表)의 휘하에서 중랑장을 맡아서 유표의 조카인 유반 (劉磐)과 더불어 장사 유현(攸縣)를 지켰다. 조조의 형주 함락으로 비 장군(裨將軍)을 대행하다가 원래의 직무를 그대로 맡아서 장사 태수 한현(韓玄)에 예속되어 있었다. 적벽대전 이후 유비가 형주 남쪽의 무릉, 장사, 계양, 영릉 등을 평정할 때 유비에게 귀순하였다. 정사 『삼국지』에는 황충이 유비에게 귀의하고 그를 따라서 촉으로 들어갔다고 했으나 관우와 대결한 장면에 대해서 구체적인 기록은 보이지 않는다.

결국 청 태종이 언급한 『삼국지』 관련 내용은 진수의 『삼국지』가 아닌 나관중의 『삼국지연의』에 해당하는데, 관우와 황충의 일대일 대결 장면은 비록 사서에는 보이지 않지만 관우의 의리 정신을 잘 드러낸 장면의 하나이다.

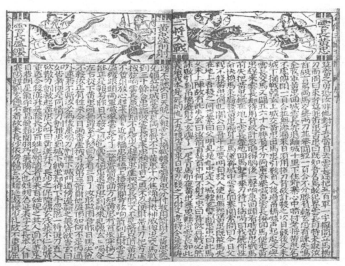

『三国志傳』(雲長 · 黃忠, 二將大戰) (일본 內閣文庫)

만문 『내국사원당』 천총 9년(1635, 인조 13년) 3월 22일

julge hūwang dzong .. guwan gung ni emgi afara de morin ci tuheke

manggi .. guwan gung wahakū morin yalubufi dasame afahangge uthai

waci ton akū sehengge kai .. guwan gung jiyangjiūn bime jurgan be dele
arafi yargiyan aqdun be jurcehe akū bi .. wang emu gurun i ejen kooli be
ambula hafuka bi .. aqdun jurgan be jurcehe doro bio ..(옛날 황충이 관공
과 함께 싸울 적에, 말에서 떨어지자 관공이 죽이지 않고 말 타게 하고 다
시 싸운 것은 즉시 죽이면 의롭지 않다고 여긴 것이다. 관공은 일개 장군
이면서도 의(義)를 으뜸으로 삼아서 참으로 믿음을 어기지 않았다. 왕은
한 나라의 주인으로 규례를 많이 통달하였는데 신의를 어길 리 있겠는
가?)

그렇다면 만문『삼국지연의』에는 이 장면이 어떻게 나오는가? 만문
본과 만한본을 소개하면 다음과 같다. 만주어 본문의 경우 만문본과 만
한본이 같지만 한문의 경우 만한본은 일부 문자의 출입이 있다.

만문『삼국지연의』 (BnF, Mandchou 120)	한문『삼국지연의』 가정임오본 105회
hūwang dzung dahanduhai bošome amcanjifi teni saciki serede . gaitai donjici jilgan tucike . yūn cang ekšeme amasi marifi tuwaci . hūwang dzung ni yaluha morin buldurifi tuhekebi .. yūn cang ekšeme . morin maribufi juwe galai jangkū be tukiyefi esukiyeme hendume . bi sini ergen be guwebure .. hūdun morin halafi afame jio .. hūwang dzung ebuhu sabuhū morin i bethe be tukiyeme ilibufi fiyeleme morin yalufi burlame hecen de dosika ..	黃忠趕來。雲長回頭看得馬來至近，卻待用刀背砍，忽然一聲響處，見黃忠被戰馬前失，掀在地下。雲長急回馬，雙手舉刀，大喝曰：「我饒你性命，快換馬來廝殺」黃忠急提起馬蹄，飛身上馬，奔入城中。

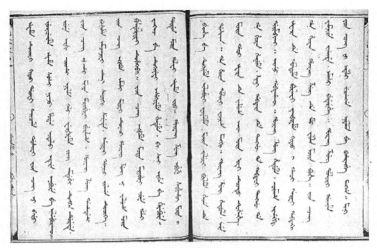

만문 『삼국지연의』 (프랑스 국립도서관)

만한 『삼국지연의』 (프랑스 국립도서관)

[로마자 전사]

　　hūwang dzung dahanduhai bošome amcanjifi teni saciki serede . gaitai donjici jilgan tucike . yūn cang ekšeme amasi marifi tuwaci . hūwang dzung ni yaluha morin buldurifi tuhekebi .. yūn cang ekšeme . morin maribufi juwe galai jangkū be tukiyefi esukiyeme hendume . bi sini ergen be guwebure .. hūdun morin halafi afame jio .. hūwang dzung ebuhu sabuhū morin i bethe be tukiyeme ilibufi fiyeleme morin yalufi burlame hecen de dosika ..

[만주어 대역]

　　hūwang dzung dahanduhai bošome amcanjifi　teni　saciki　serede .
　　　황충이　　　　곧바로　　　쫓아 뒤따라와서 이제 베려고 할 적에
gaitai　donjici jilgan tucike . yūn cang ekšeme amasi marifi tuwaci .
갑자기 들으니 소리 났다.　운장이　　급히　뒤로 돌아 보니
hūwang dzung ni yaluha morin buldurifi tuhekebi ..
　　　황충　　의　탄　　말 거꾸러져 떨어졌다.
yūn cang ekšeme . morin maribufi juwe galai
운장이　급히　　　말 돌려서 두 손으로
jangkū be　tukiyefi esukiyeme hendume .
큰칼 을 들어올리고 꾸짖어 말하기를,
bi　sini ergen be guwebure ..　hūdun morin halafi afame　jio ..
내 너의 목숨 을 용서해주겠다. 속히 말　바꿔서 싸우러 오라!
hūwang dzung ebuhu sabuhū morin i bethe be tukiyeme ilibufi
　　황충은　　　　황망히　　　말 의 굽 을 들어올려 세우고

fiyeleme morin yalufi burlame hecen de dosika ..
뛰어올라 말   타고 달아나서 城 에 들어갔다.

[만주어 의역]

황충이 곧바로 쫓아 뒤따라와서 이제 베려고 할 적에, 갑자기 들으니 소리가 났다. 운장이 급히 뒤로 돌아보니 황충이 탄 말이 거꾸러져서 떨어졌다. 운장이 급히 말을 돌려서 두 손으로 큰칼을 들어 올리고 꾸짖어 말하기를, 내 너의 목숨을 용서해주마, 속히 말을 바꿔서 싸우러 오라! 황충은 황망히 말굽을 들어 올려 세우고 뛰어올라 말을 타고 달아나서 성으로 들어갔다.

5. 결론

이상에서 '삼국지 마니아'로서의 청 태종의 면모를 관련 문헌 기록을 통해서 살펴보았다. 신하들의 상주문에 나오는 청 태종은 『삼국지전』을 즐겨 읽고, 또 『삼국지전』에 대단히 정통한 모습으로 등장한다. 그러나 청 태종이 언급한 이들 『삼국지』 인물이나 기사들은 모두 정사의 기록이기보다는 연의에 보이는 것이다. 이를 볼 때 실제로 청 태종은 『삼국지연의』를 애독하였고 또한 이 책에서 많은 도움을 받았으리라는 것을 유추해 볼 수 있다.

부록(영인)

만한『삼국지연의』(目次)

三國志卷一

目錄

祭天地桃園結義

劉立德斬寇立功

安喜張飛鞭督郵

何進謀殺十常侍

董卓議立陳留王

虎牢關三戰呂布

曹操起兵伐董卓

曹孟德謀殺董卓

廢漢君董卓弄權

呂布刺殺丁建陽

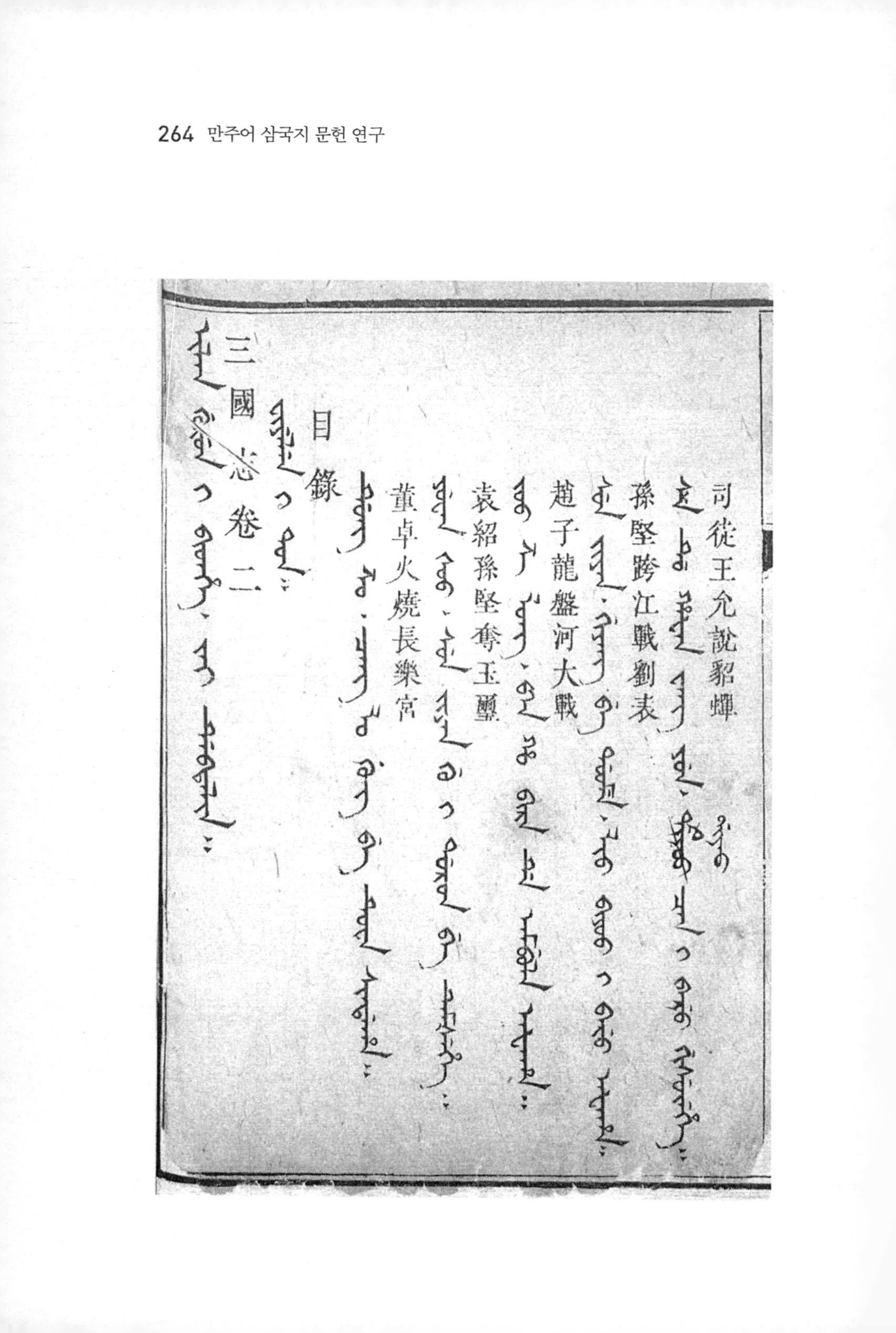

曹操興兵報父讐

李催郭汜殺樊稠

李催郭汜寇長安

王允授討誅董卓

鳳儀亭布戲貂蟬

三國志卷三

目錄

李傕郭汜亂長安

曹操定陶破呂布

陶恭祖三讓徐州

呂溫侯濮陽大戰

劉玄德北海解圍

孫策大戰嚴白虎

孫策大戰太史慈

呂布月下奪徐州

遷鑾與曹操秉政

楊奉董承雙救駕

決勝賈詡談兵

曹操會兵擊袁術

袁術七路下徐州

曹操興兵擊張繡

呂布轅門射戟

目錄

三國志 卷四

董承密受衣帶詔

曹孟德許田射鹿

白門樓操斬呂布

呂布敗走下邳城

夏侯惇拔矢啖睛

彌衡裸衣罵曹操

關張擒劉岱王忠

曹操分兵拒袁紹

關雲長襲斬車冑

青梅煮酒論英雄

雲長策馬刺顏良

張遼義說關雲長

立德匹馬奔冀州

曹操勒死董貴妃

曹孟德三勘吉平

三國志卷六

目錄

曹操烏巢燒糧草

曹操官渡戰袁紹

孫權領衆據江東

孫策怒斬于神仙

劉玄德古城聚義

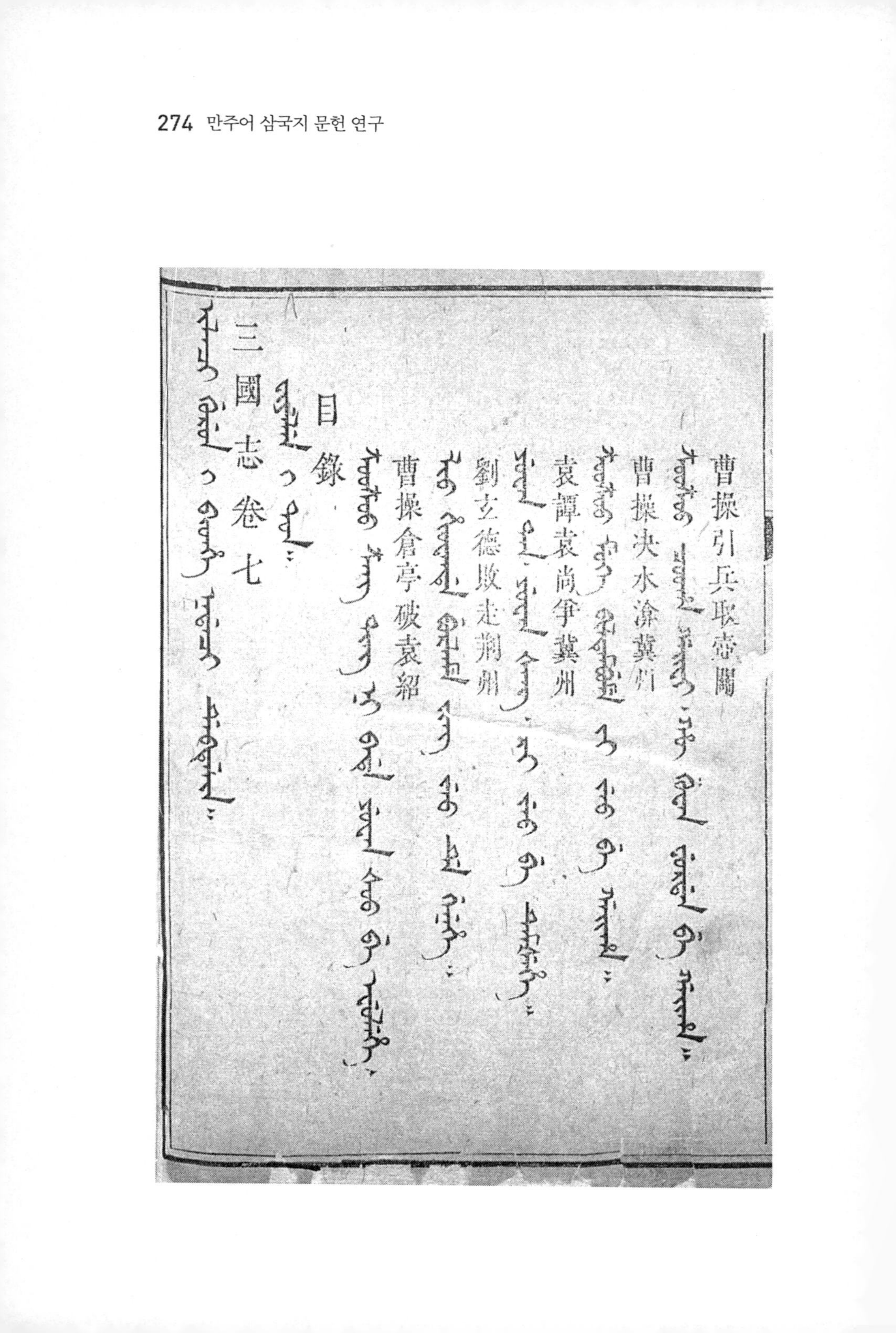

玄德新野遇徐庶

劉玄德遇司馬徽

立德躍馬跳檀溪

劉玄德襄陽赴會

郭嘉遺討定遼東

定三分亮出帥廬

立德風雪請孔明

劉玄德三顧茅廬

徐庶走薦諸葛亮

徐庶定計取樊城

目錄

三國志卷八

諸葛亮火燒新野

獻荊州粲說劉琮

諸葛亮博望燒屯

孔明遣討救劉琦

孫權跨江戰黃祖

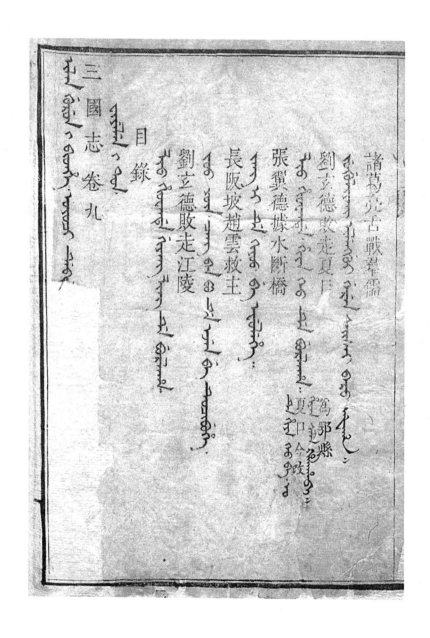

羣英會瑜智蔣幹

周瑜三江戰曹操

周瑜定計破曹操

諸葛亮智說周瑜

諸葛亮智激孫權

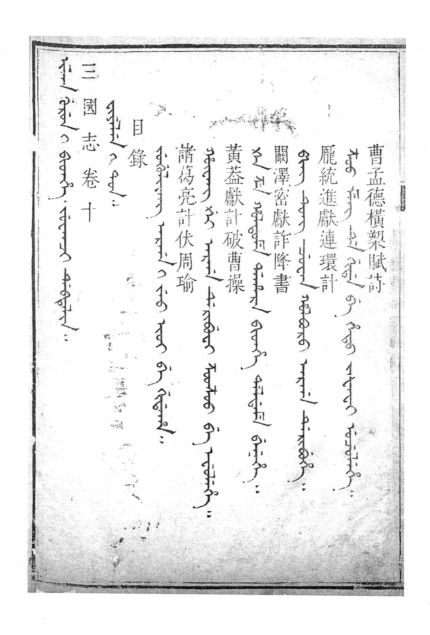

關雲長義釋曹操

曹操敗走華容道

周公瑾赤壁鏖兵

七星壇諸葛祭風

曹操三江調水軍

三國志卷十一

目錄

黃忠魏延獻長沙

趙子龍智取桂陽

諸葛亮傍畧四郡

諸葛亮一氣周瑜

周瑜南郡戰曹仁

諸葛亮二氣周瑜

錦囊計趙雲救主

劉玄德娶孫夫人

周瑜定計取荆州

孫仲謀合淝大戰

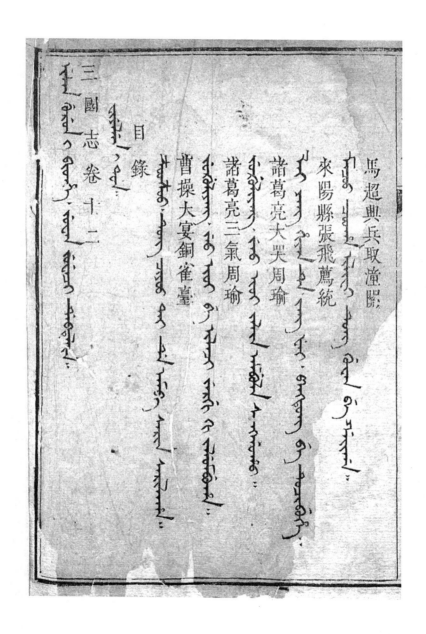

三國志卷十二

目錄

曹操大宴銅雀臺

諸葛亮三氣周瑜

諸葛亮大哭周瑜

來陽縣張飛薦統

馬超興兵取潼關

龐統獻策取四川

張永年反難楊修

馬孟起步戰五將

許褚大戰馬孟起

馬孟起渭河六戰

三國志卷十三

目錄

落鳳坡箭射龐統

黃忠魏延大爭功

玄德斬楊懷高沛

曹操興兵下江南

趙雲截江奪幼主

劉玄德平定益州

葭萌張飛戰馬超

楊阜借兵破馬超

孔明定計捉張任

張翼德義釋嚴顏

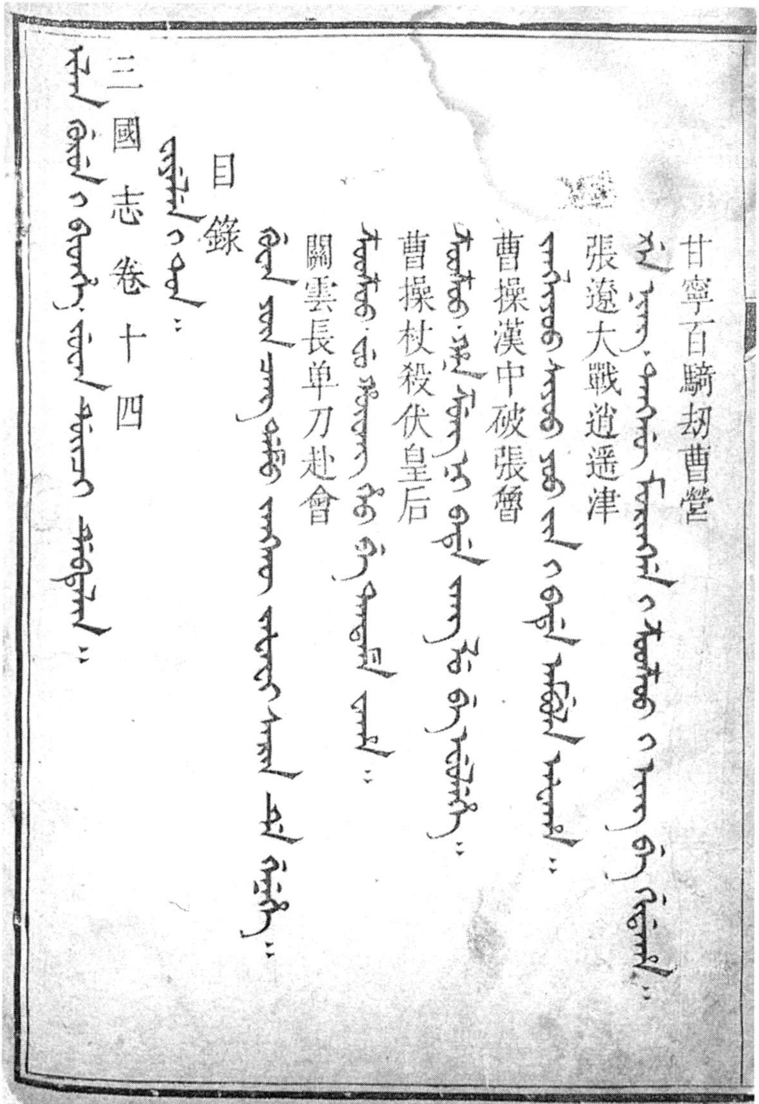
甘寧百騎刼曹營
張遼大戰逍遥津
曹操漢中破張魯
曹操杖殺伏皇后
關雲長单刀赴會
目錄
三國志卷十四

黃忠嚴顏雙立功

瓦口張飛戰張郃

耿紀韋晃討曹操

曹操試神卜管輅

魏王宮左慈擲盃

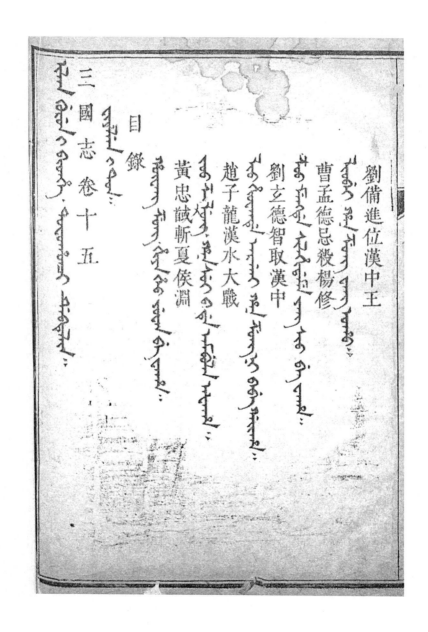

呂子明智取荆州

關雲長刮骨療毒

關雲長水淹七軍

龐德擡櫬戰關公

關雲長威震華夏

三國志卷十六

目錄

關雲長大戰徐晃

關雲長夜走麥城

關公玉泉山顯聖

漢中王痛哭關公

曹操殺神醫華陀

魏太子曹丕秉政

曹植七步成章

漢中王怒殺劉封

廢獻帝曹丕篡漢

漢中王成都稱帝

劉先主猇亭大戰

闞興斬將救張苞

吳臣趙咨說曹丕

劉先主興兵伐吳

范彊張達刺張飛

目錄

三國志卷十七

曹丕五路下西川

白帝城先主託孤

八陣圖石伏陸遜

先主夜走白帝城

陸遜定計破蜀兵

三國志卷十八

目錄

諸葛亮二擒孟獲

諸葛亮一擒孟獲

孔明興兵征孟獲

泛龍舟魏主伐吳

難張溫秦宓論天

諸葛亮七擒孟獲

諸葛亮六擒孟獲

諸葛亮五擒孟獲

諸葛亮四擒孟獲

諸葛亮三擒孟獲

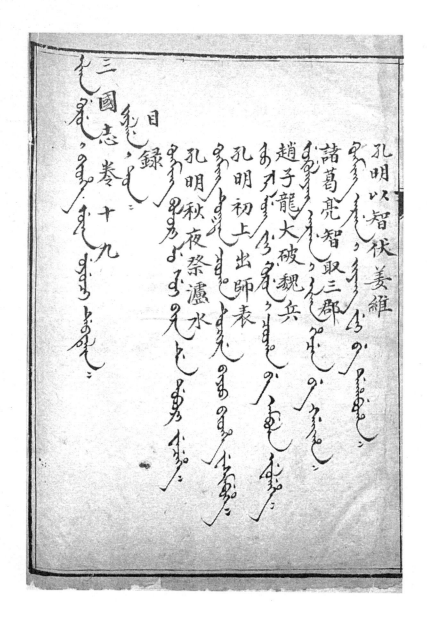

孔明智退司馬懿

司馬懿討取街亭

司馬懿智擒孟達

孔明大戰鐵車兵

孔明祁山破曹眞

孔明遺計斬王雙

諸葛亮二出祁山

孔明再上出師表

陸遜石亭破曹休

孔明揮淚斬馬謖

目錄

三國志卷二十

孔明祁山布八陣

諸葛亮四出祁山

仲達興兵寇漢中

孔明智敗司馬懿

諸葛亮三出祁山

三國志卷二十一

目錄

諸葛亮五出祁山

木門道弩射張郃

諸葛亮六出祁山

孔明造木牛流馬

孔明火燒木柵寨

魏折長安承露盤

武侯遺計斬魏延

死諸葛走生司馬懿

孔明秋風五丈原

孔明秋夜祭北斗

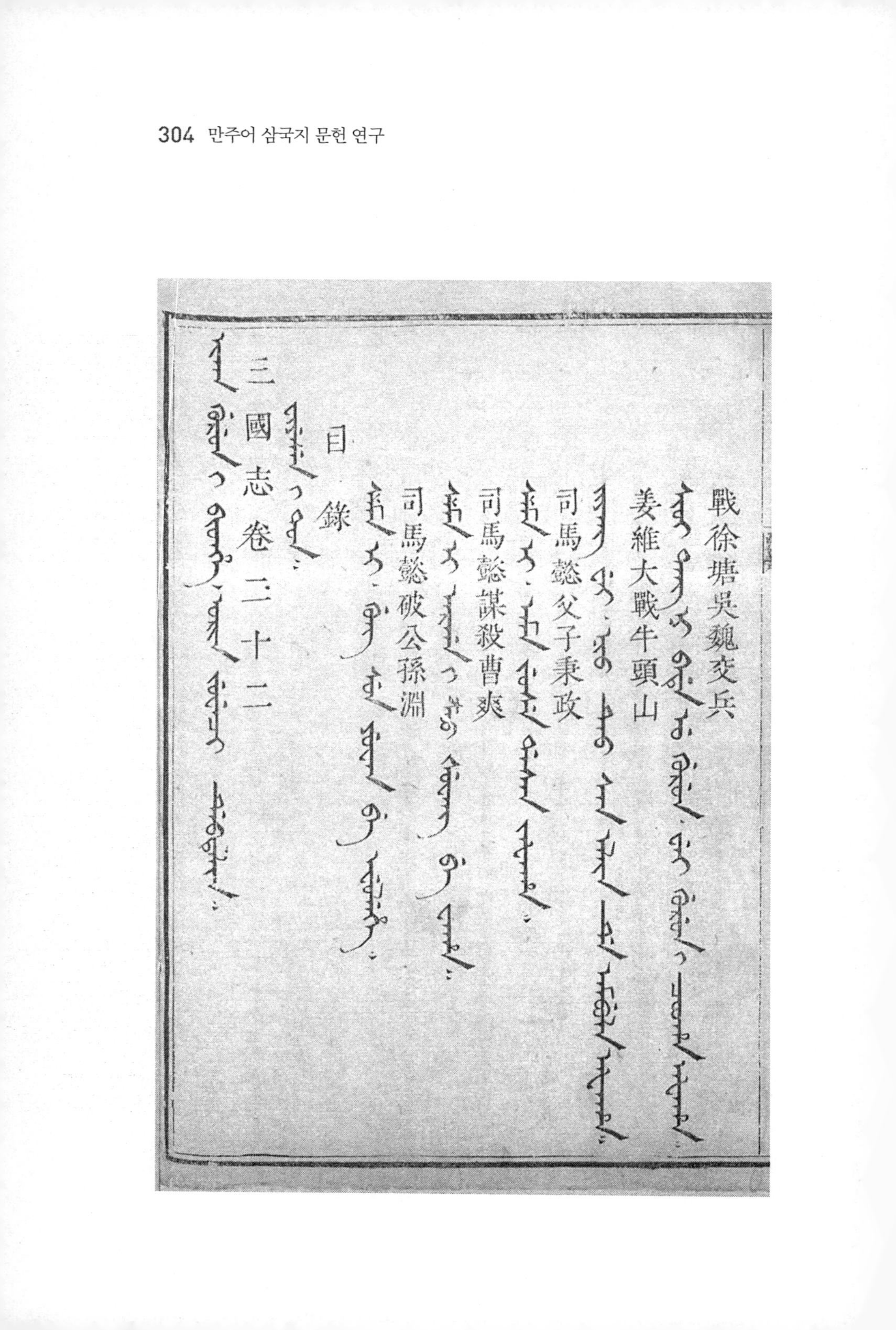

姜維洮西敗魏兵

文鴦單騎退雄兵

司馬師廢主立君

姜維計困司馬昭

孫峻謀殺諸葛恪

孫琳廢吳主孫亮

姜維長城戰鄧艾

忠義士于詮死節

司馬昭破諸葛誕

鄧艾叚谷破姜維

目錄

三國志卷二十三

姜維避禍屯田計

姜伯約洮陽大戰

姜伯約棄車大戰

司馬昭弒殺曹髦

姜維祁山戰鄧艾

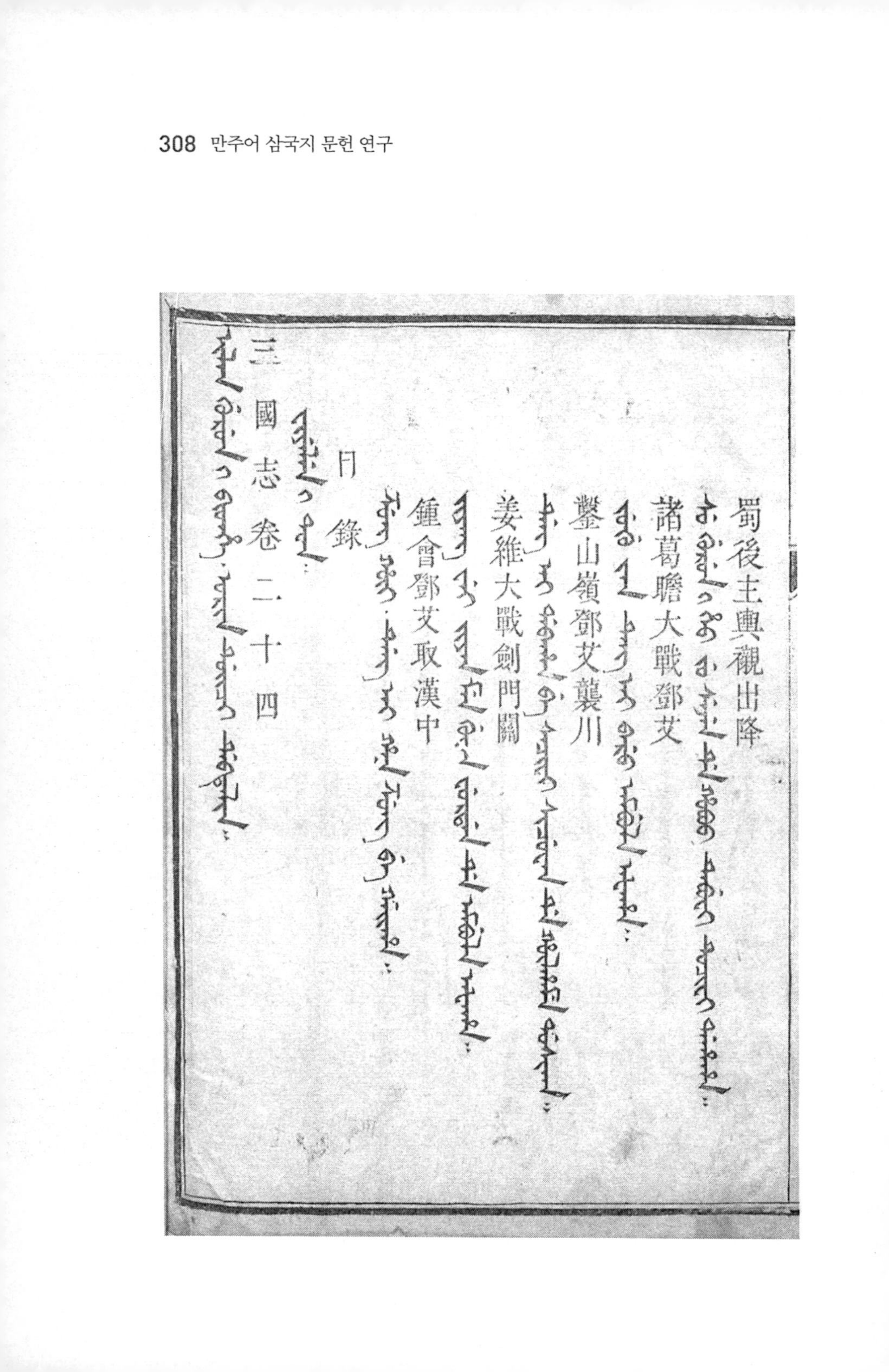

王濬計取石頭城

羊祐病中薦杜預

司馬復奪受禪臺

姜維一計害三賢

鄧艾鍾會大爭功

만문『삼국지연의』(宗僚)

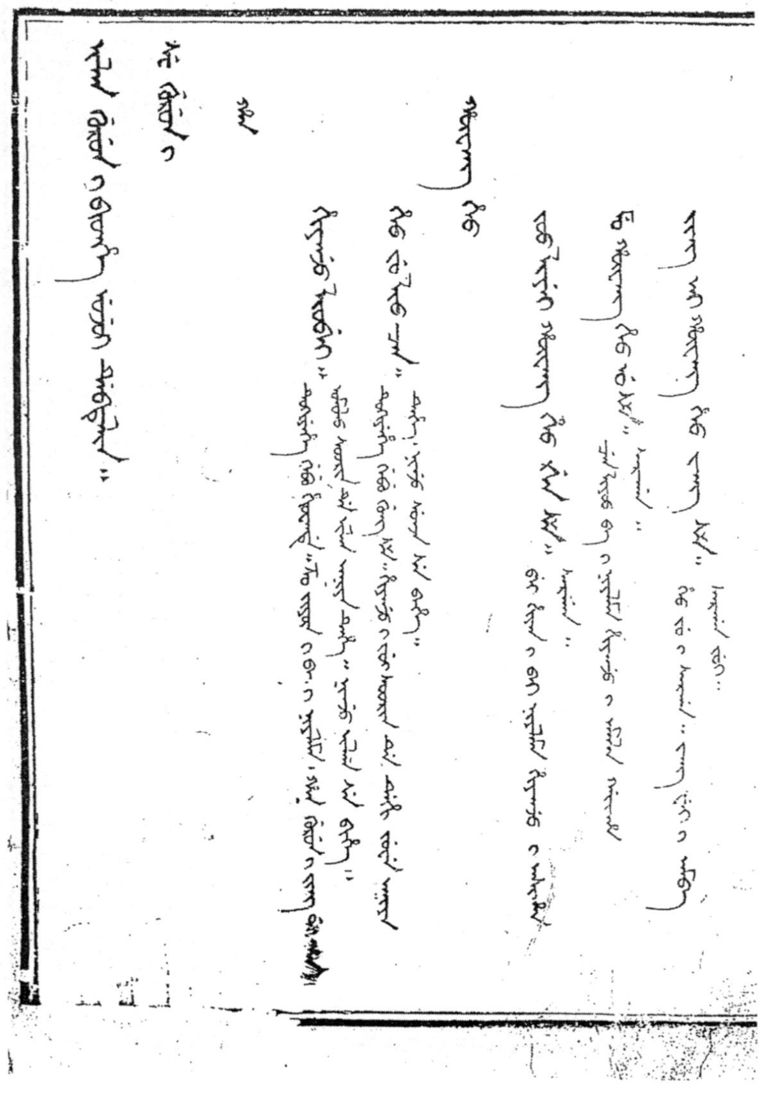

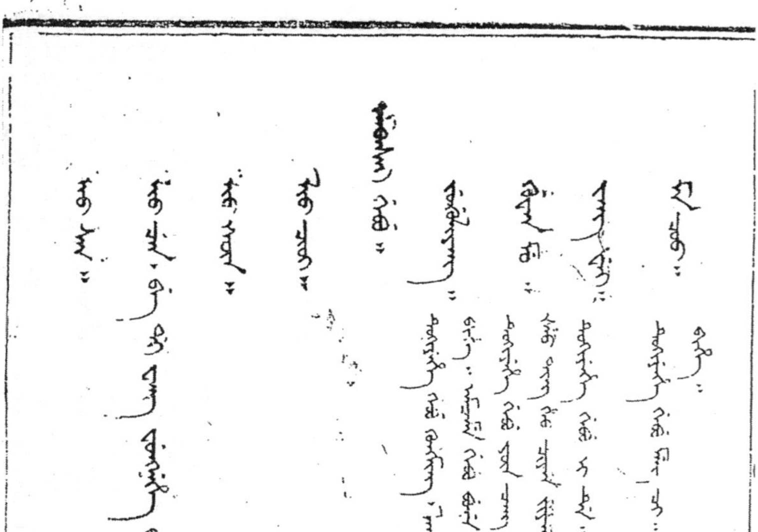

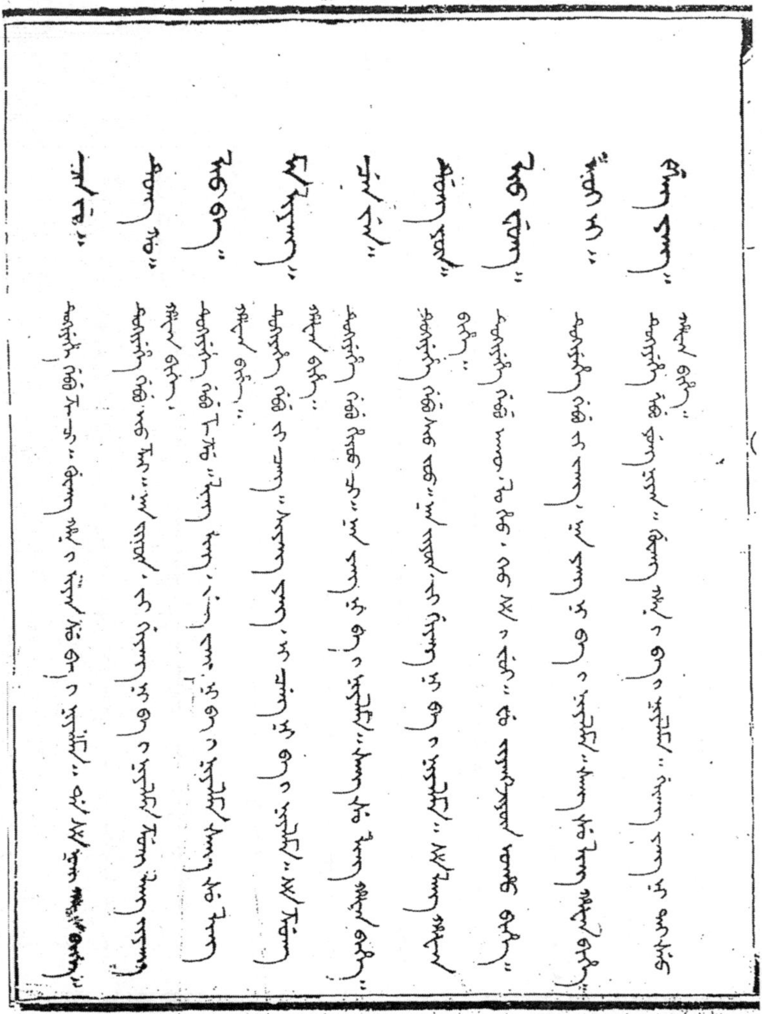

ᠮᡝᠨ ᠮᠠᠨ᠉

ᠮᡝᠨ ᠵᡳ ᠶᠠᠨ᠉ ᠠᠮᠠᠯᠠᡥᠠᠨ ᠶᡠᠩ ᡴᡝᠮᡠᠨ ᠰᡝ᠂ ᡠᠸᠠ ᠶᠠᠨ᠂ ᠰᡝᠨ ᡳ ᠰᡳᠪᡝ ᠶᡳᠯᠠᠴᡳ᠂ ᡳᠨ ᠴᡳᠨ ᡠᠸᠠ ᡥᡝᠩᡴᡳᠯᡝᠮᡝ ᠸᠠᠶᠢᠯᠠᡳ᠄᠄

ᠮᡝᠨ ᠴᠠᠨ ᡴᡝᠮᡠᠨ᠉ ᠠᠮᠠᠯᠠᡥᠠᠨ ᠶᡠᠩ ᡴᡝᠮᡠᠨ᠂ ᠰᡝ ᠰᡝ᠂ ᠰᡝᠨ ᡳ ᡥᠠ ᡥᡝᠨ ᡠᠸᠠ ᡴᡝᠮᡠᠨ᠂ ᠶᡳᡥᠠᠯᠠᡳ ᡴᡝᠰᠠ ᠴᡳ ᠸᠠ ᠮᠠ ᡥᠠᠨ᠂ ᠮᡝᡴᡝᠨᡳ ᠸᠠᠶᠢᠨ᠄

ᠮᡝᠨ ᡳ ᡴᡝᠮᡠᠨ᠉ ᠠᠮᠠᠯᠠᡥᠠᠨ ᠶᡝᡥᡝ᠂ ᡥᠠ ᠮᠠ ᠶᠠ᠂ ᡥᡳᡴᡝᠰᠠ ᠴᡳ ᠸᠠ ᠶᠠᠨ ᡳ ᡴᡝᠮᡠᠨ᠂ ᠶᡳᡥᠠ ᠰᠠ ᠴᡳ ᠸᠠ ᠮᠠ ᡥᠠᠨ᠂ ᠮᡝᡴᡝᠨᡳ ᠸᠠᠶᠢᠨ᠄

ᠮᡝᠨ ᡳ ᠶᠠᠨ᠉ ᠠᠮᠠᠯᠠᡥᠠᠨ ᠶᡠᠩ ᡴᡝ ᡴᡝᠮᡠᠨ ᠶᠠ ᠴᠠᠨ ᡴᡝᠮᡠᠨ᠂ ᠯᡝ ᡥᡝ ᡥᡝᡴᡝᠰᡝᠯᠠᠮᡝ ᡴᡝᠮᡝᠰᡴᡝᠮᡝ ᠸᠠᠶᡳᠨ᠄

ᠮᡝᠨ ᡴᡝᠨ ᡴᡝᠮᡠᠨ᠉ ᠠᠮᠠᠯᠠᡥᠠᠨ ᠶᠠ ᡥᡠᠨ ᡴᡝ᠂ ᡥᠠ ᡴᡝᠰᠠ ᠴᡳ ᠸᠠ ᠶᠠᠨ᠂ ᠸᡳ ᠵᡝᡴᡝ ᡥᠠᠪᡠᡥᠠ ᡥᡝᠨ ᠶᡝᡥᡝ᠂ ᠯᡝ ᠶᡝᠯᡝᡴᡝᠯᡝᠮᡝ ᠸᠠᠶᡳᠨ᠉

ᠮᡝᠨ ᡴᡝᠮᡠᠨ᠉ ᠠᠮᠠᠯᠠᡥᠠᠨ ᠶᠠ ᠵᡠᡥᡝ ᠶᠠ᠂ ᡥᠠ ᠰᠠ ᡥᡳᡴᡝᠰᠠ ᠴᡳ ᠸᠠ᠂ ᠮᡳᡥᡝᡴᡝᠰᡝᠯᠠᠮᡝ ᡴᡝᠮᠰᡝᡴᡝᠮᡝ ᠸᠠᠶᡳᠨ᠄

ᠮᡝᠨ ᡴᡝᠨ ᠶᠠᠨ᠉ ᠠᠮᠠᠯᠠᡥᠠᠨ ᠶᡠ ᡥᡝ᠂ ᡥᠠ ᠯᡝ ᡥᡝ᠂ ᡥᠠ ᡴᡝᠰᠠ ᠴᡳ ᠸᠠ᠂ ᠰᠠ ᡴᡝᠮᠰᡝᡴᡝᠮᡝ ᠸᠠᠶᡳᠨ᠄

ᠮᡝᠨ ᡴᡝᠮᡠᠨ ᡳ ᡥᡝᠨ᠉ ᠠᠮᠠᠯᠠᡥᠠᠨ ᡳ ᠶᡠᡥᡝ ᡴᡝᠰᠠ᠂ ᡥᡝᠰᠠ ᠸᠠ ᡳ ᡥᡝᠨ ᡴᡝᠰᡝᠯᠠ ᡴᡝᠰᡝ ᡳ ᠶᠠᠨ ᡥᡳᠰᡝ᠂ ᠶᠠ ᡳ ᠴᡳᠩ᠄

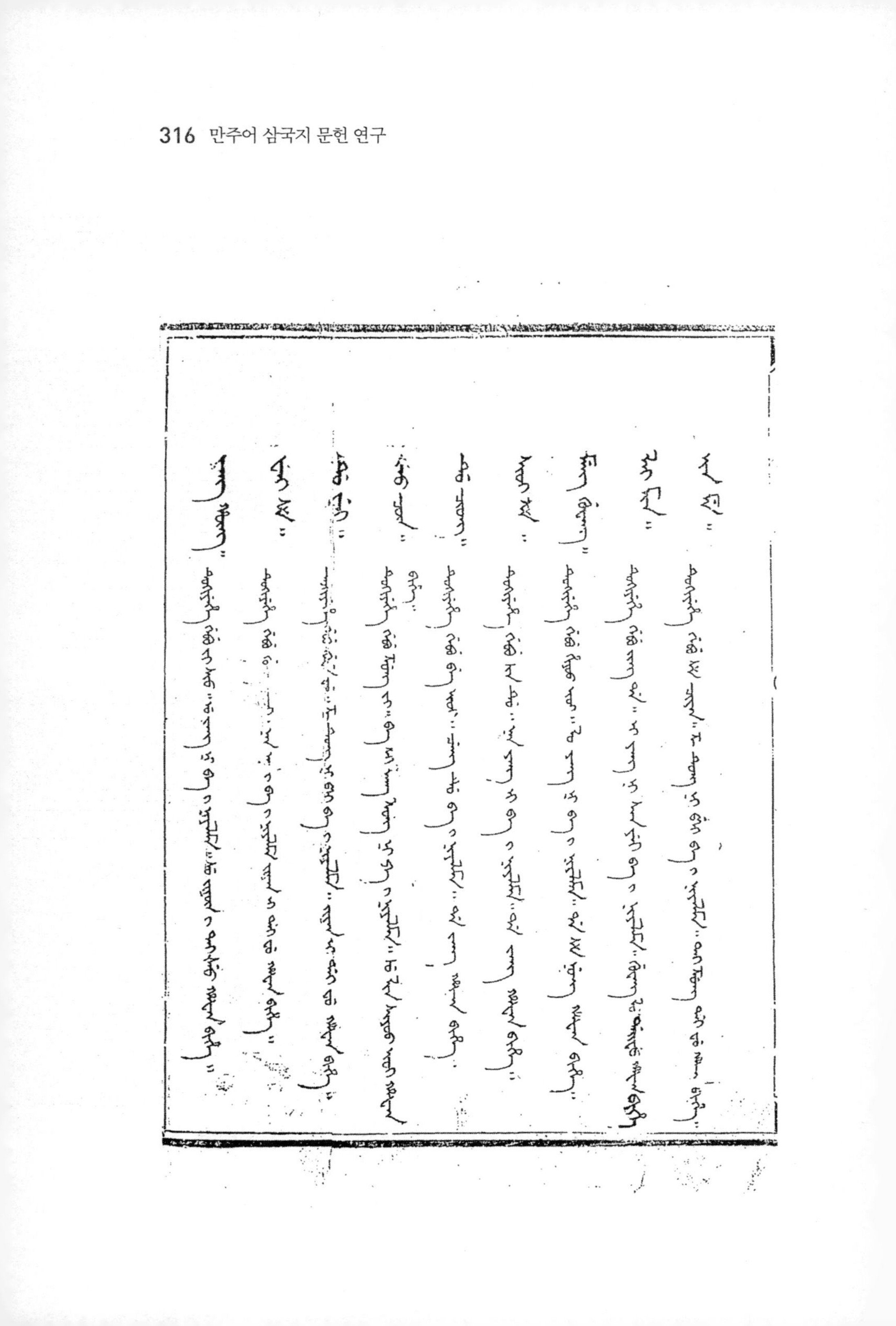

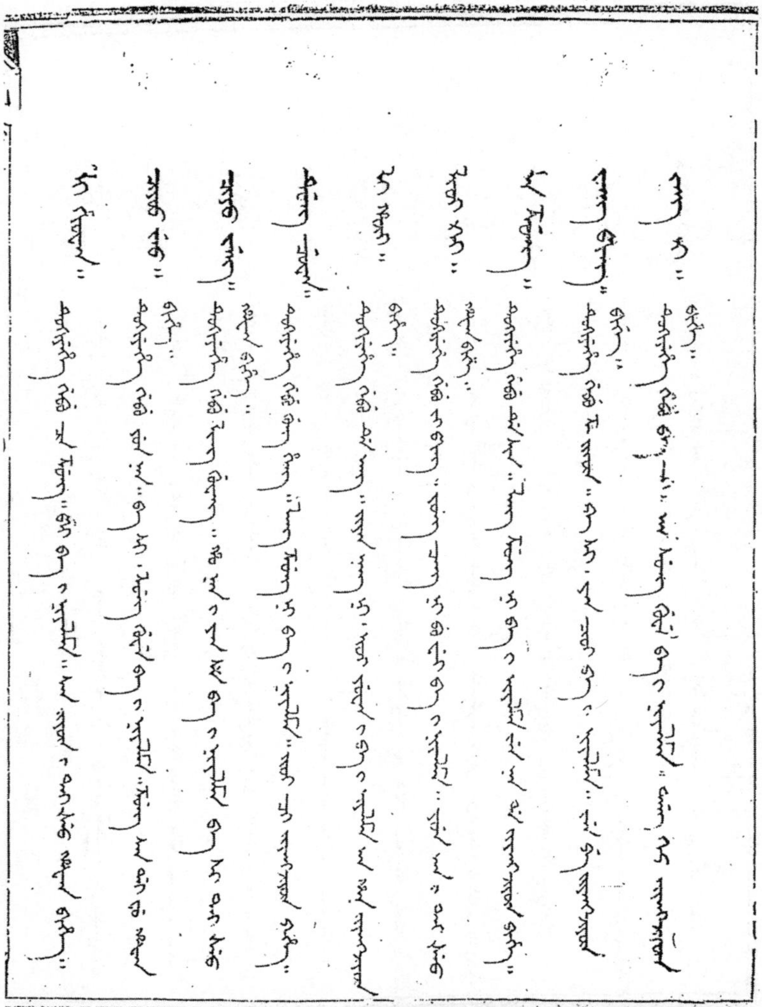

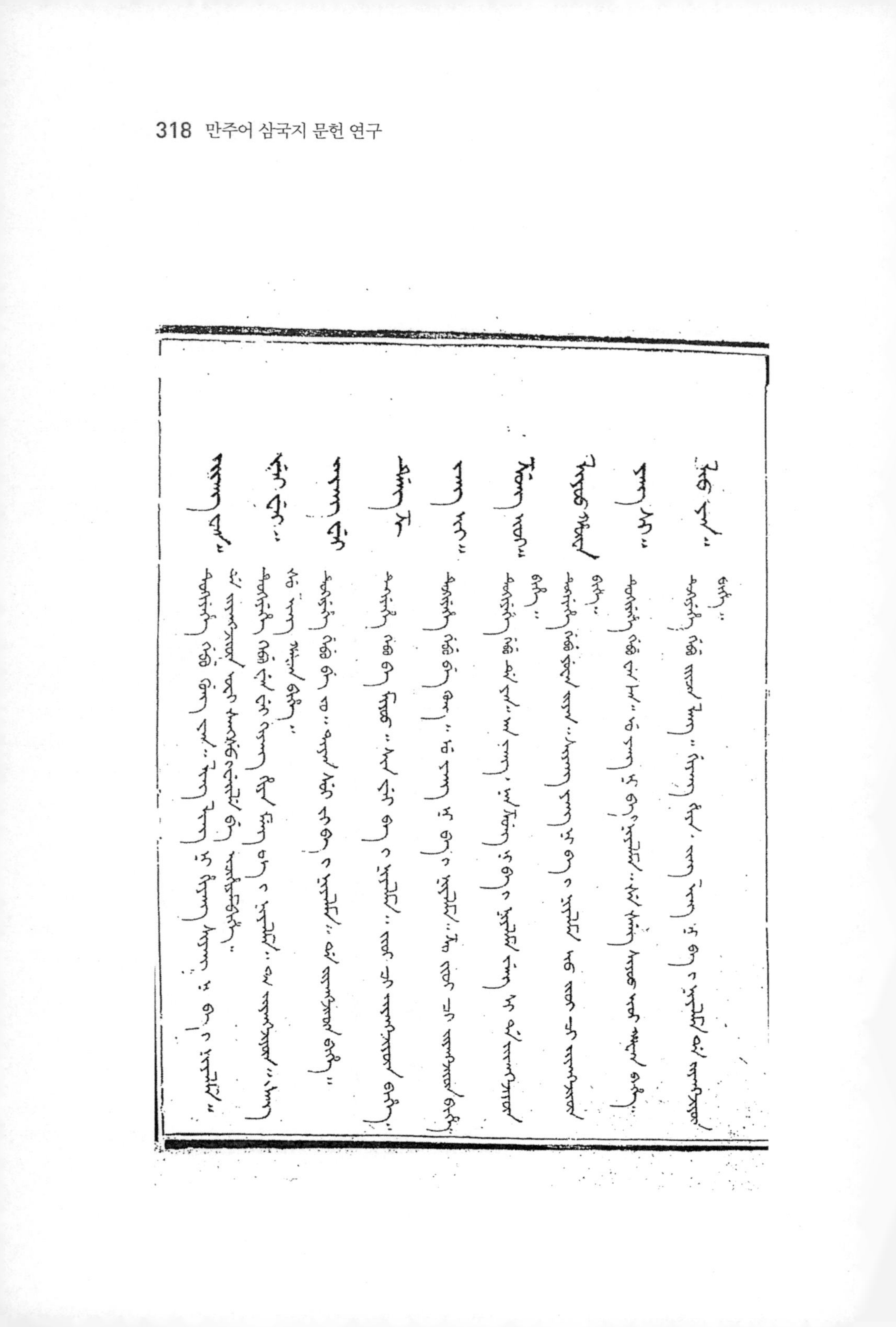

ᠪᠢ ᠮᠠᠨᠵᠤ᠂
ᠠ ᠣᠣᠨ᠄
ᠪᠠᠶᠢᠰᠠ ᠰᠠᠢᠨ᠄
ᠪᠠᠶᠢᠨᠠ ᠪᠢ᠄
ᠰᠠᠢᠨ᠄
ᠰᠠᠢᠨ ᠶᠠᠪᠤ᠄
ᠪᠠᠶᠢᠨᠠ ᠪᠢ᠄
ᠪᠠᠶᠢᠰᠤ ᠪᠢ᠄

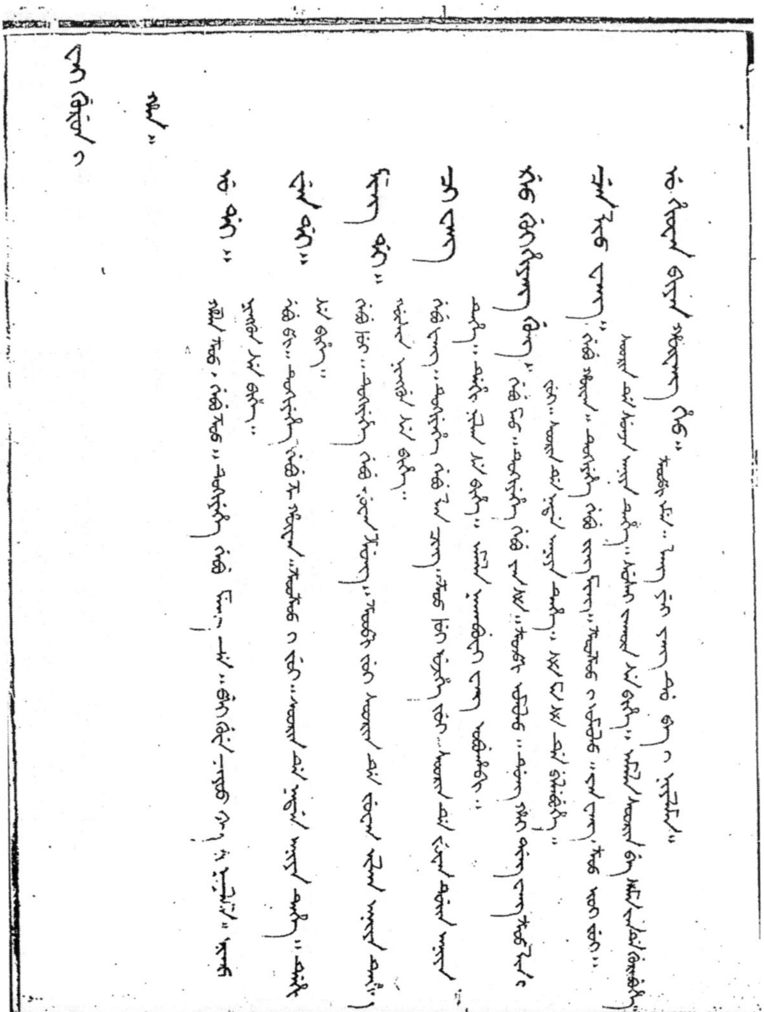

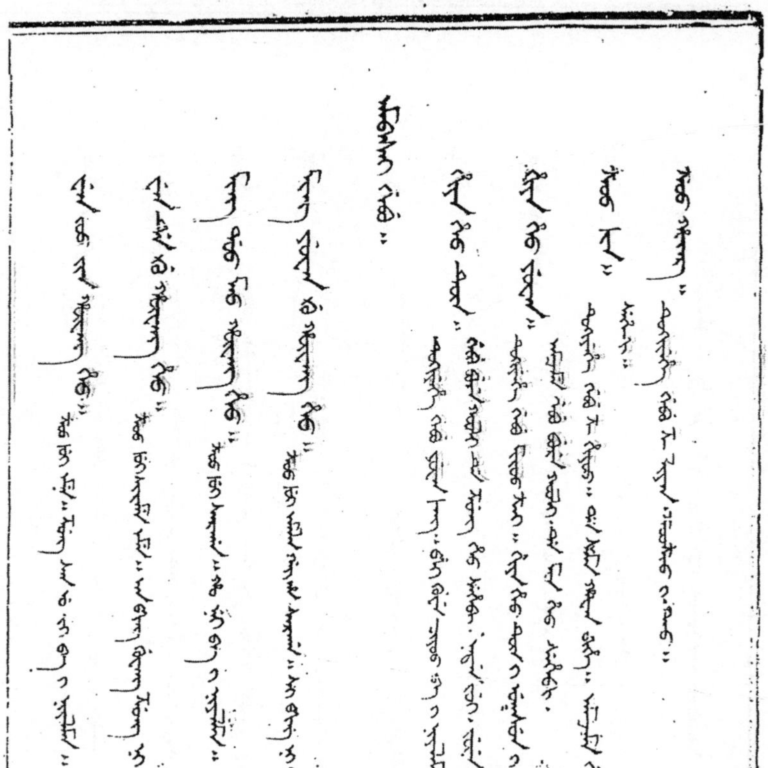

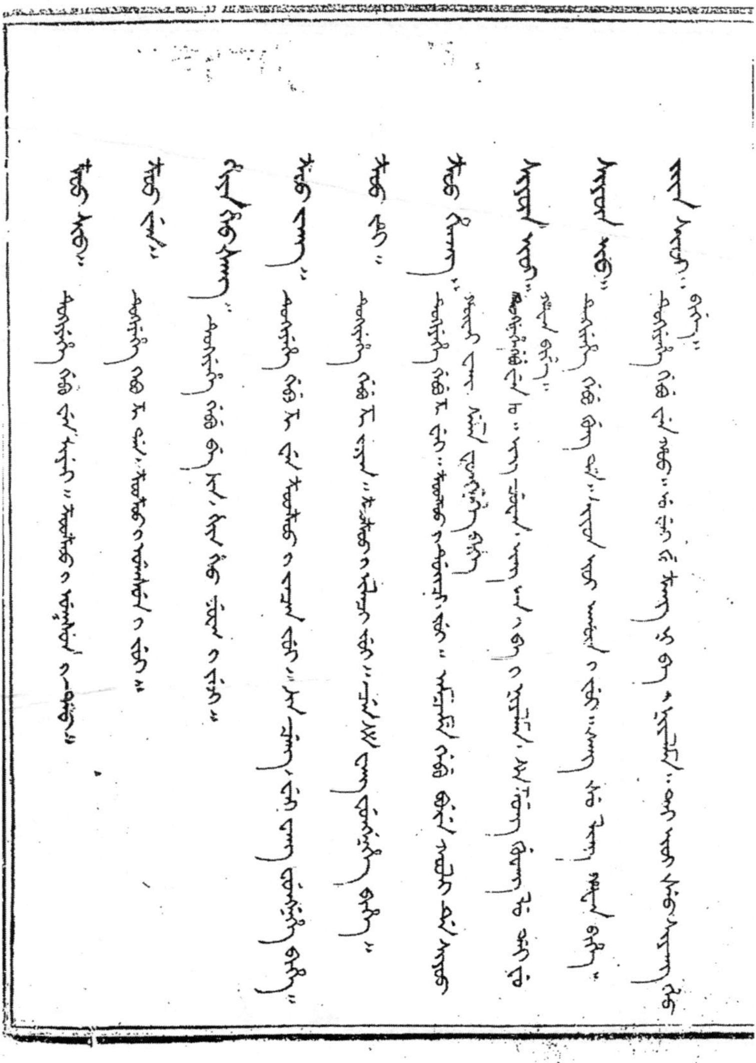

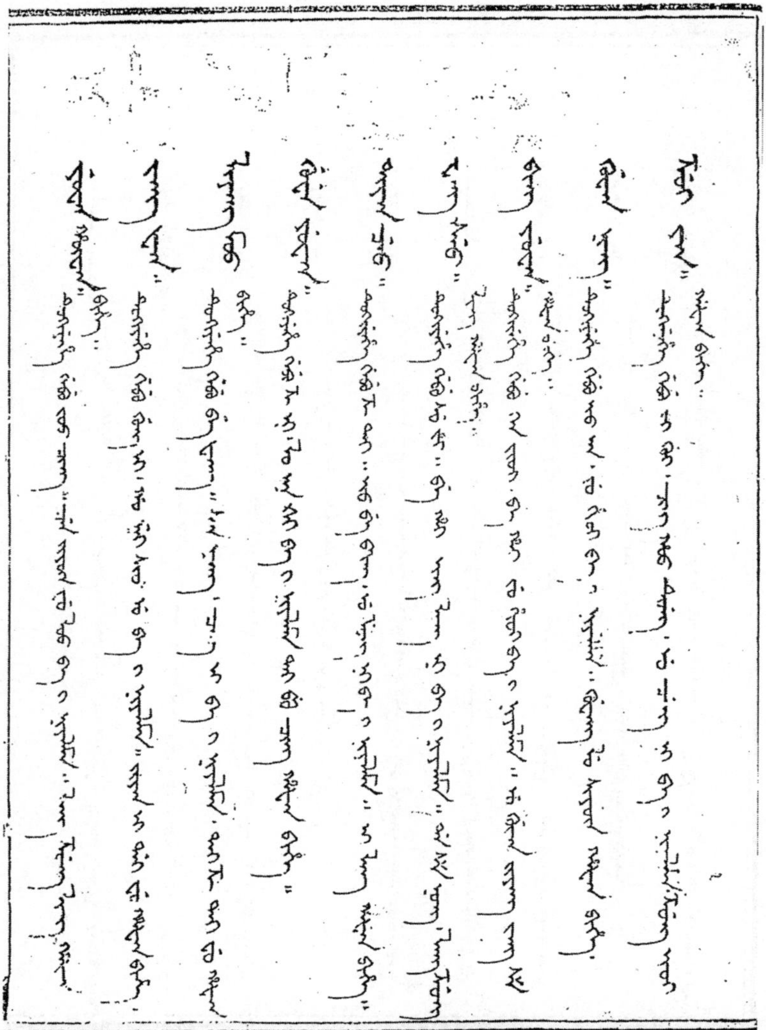

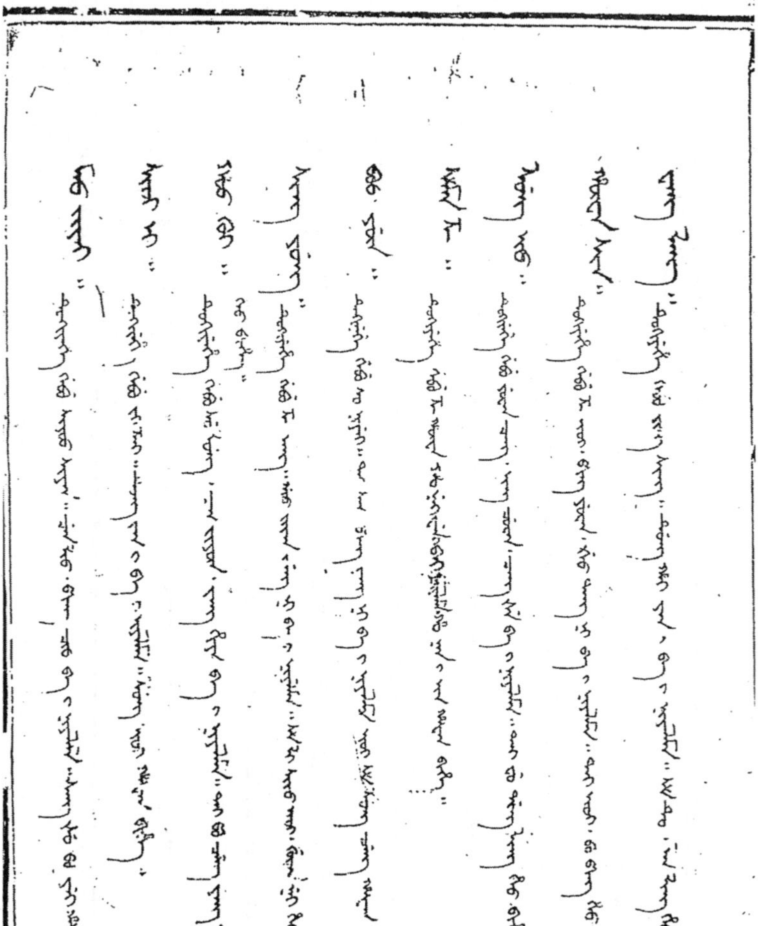

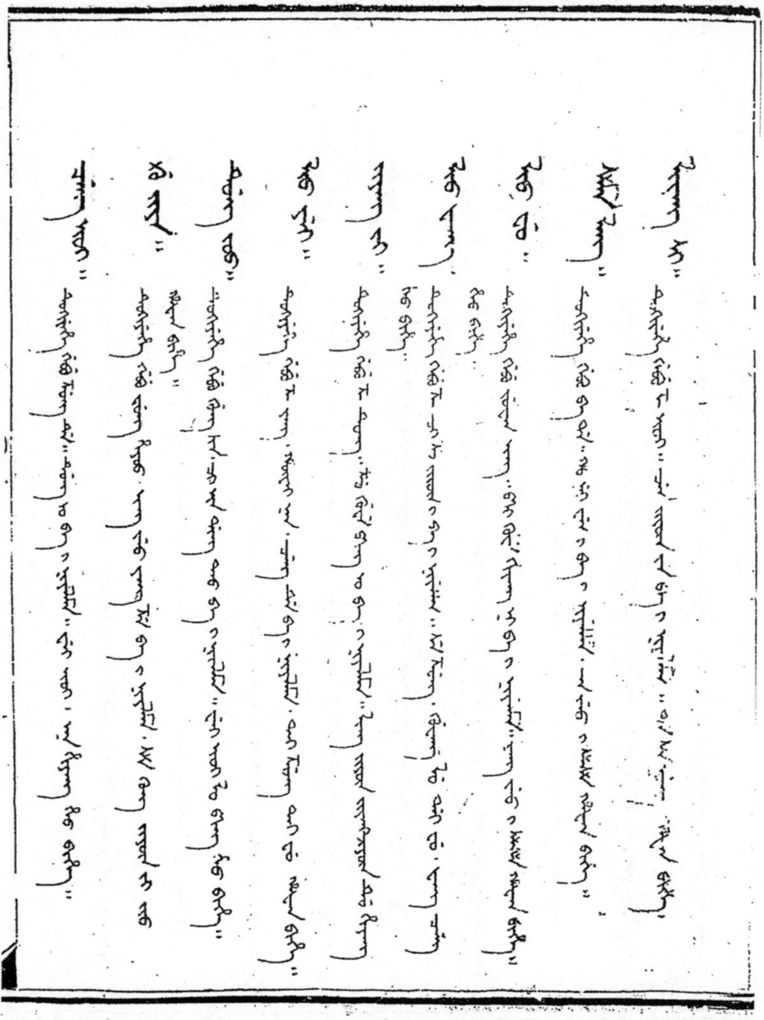

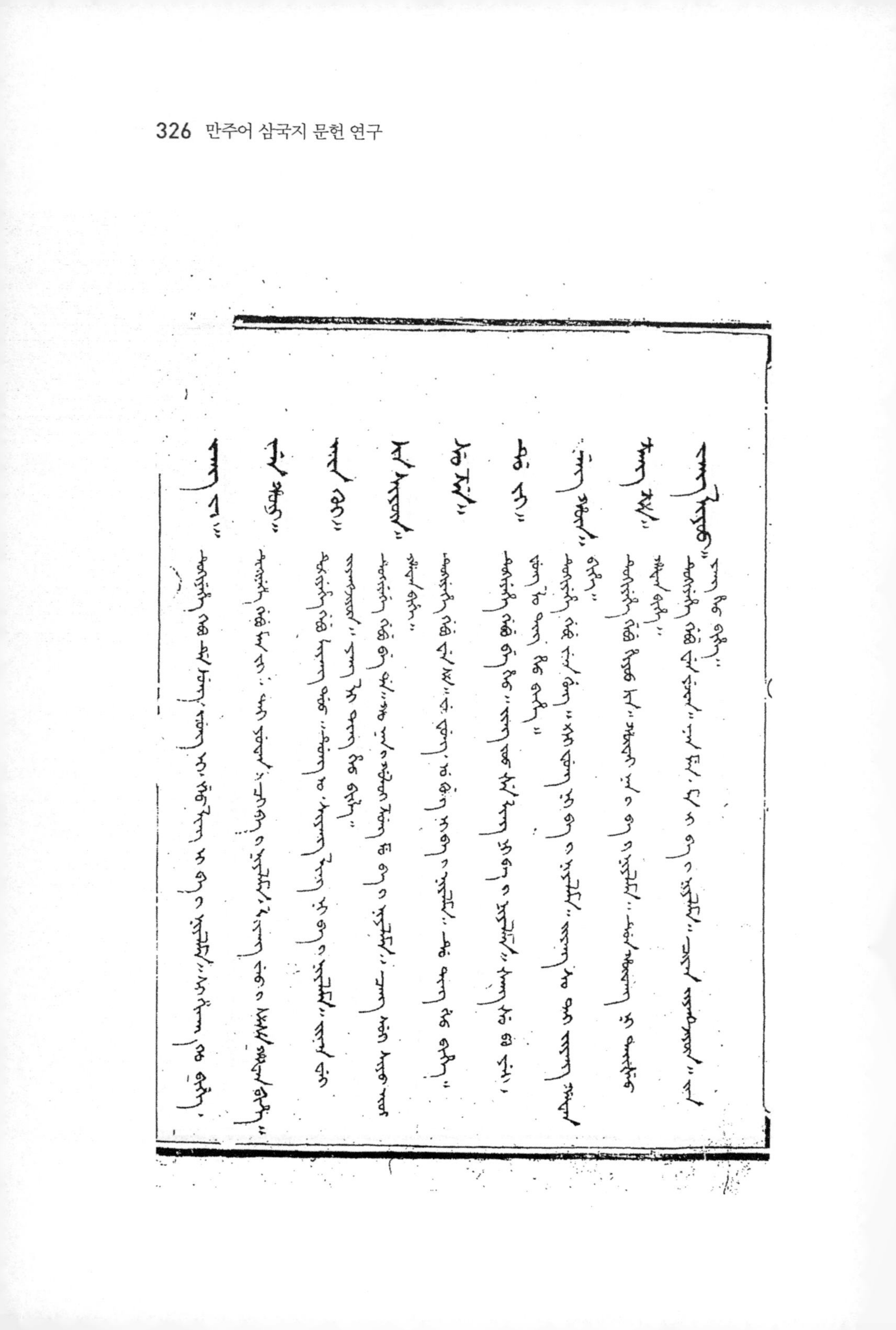

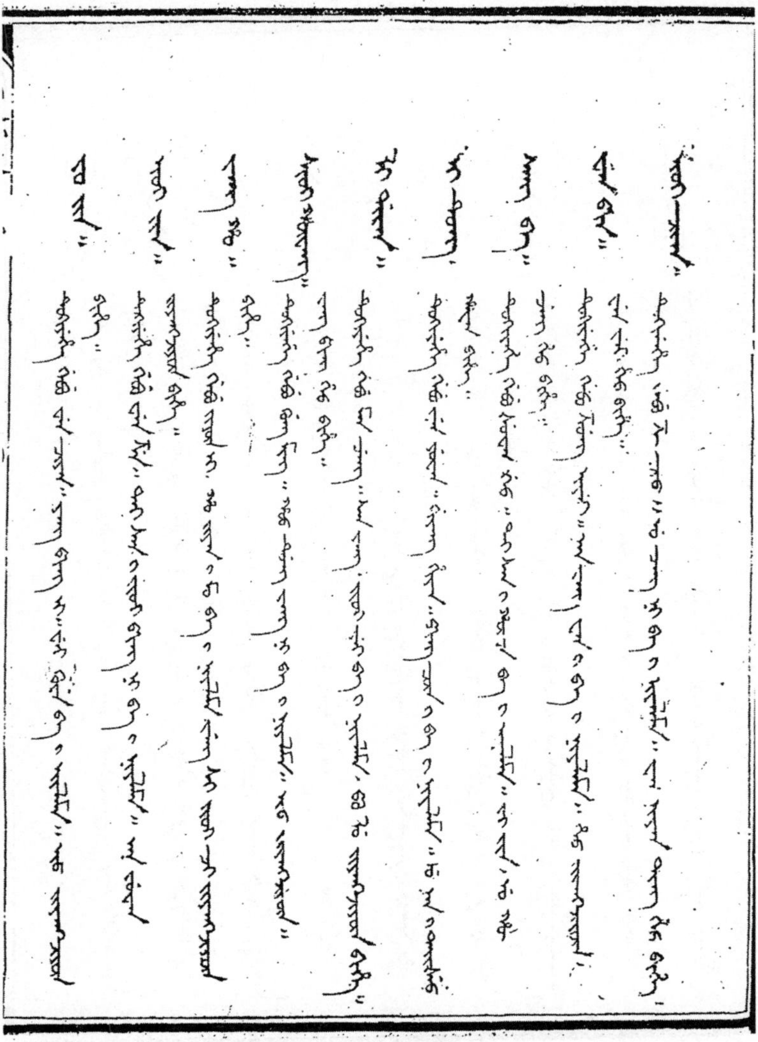

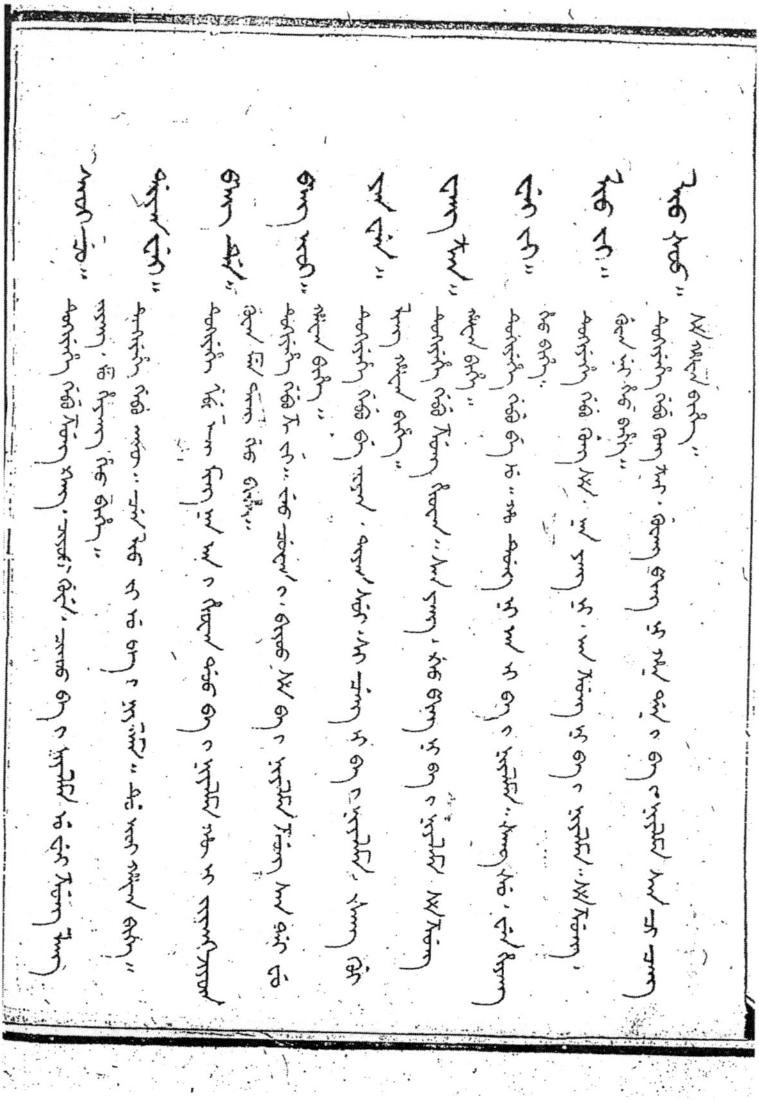

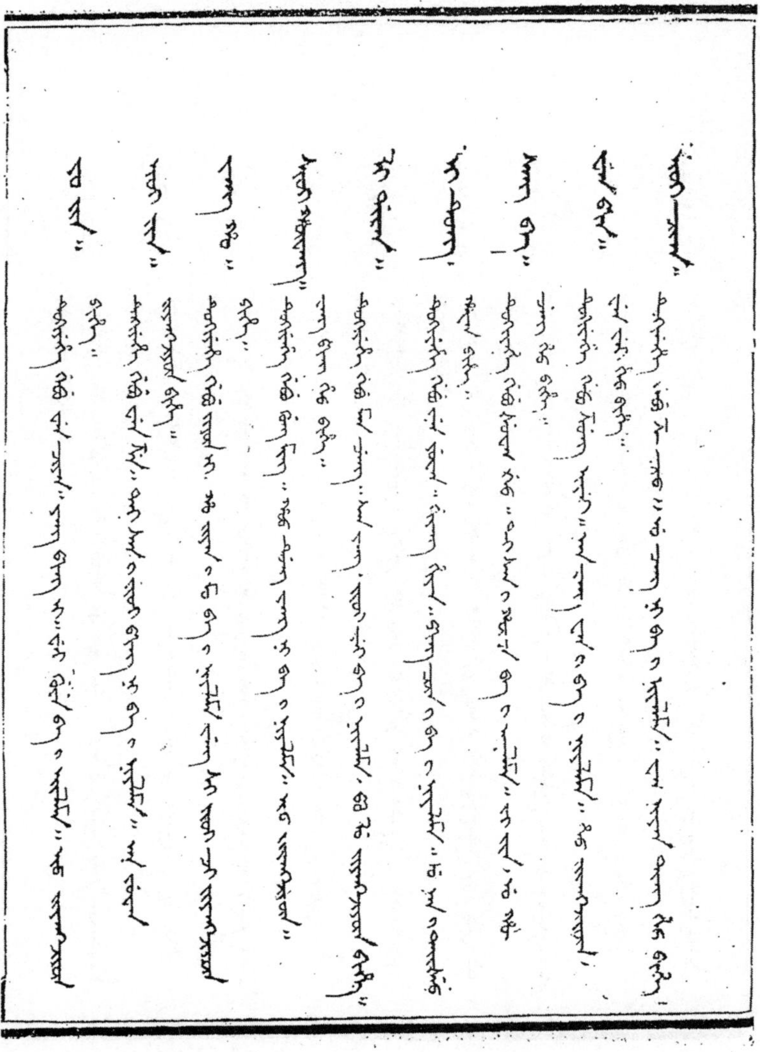

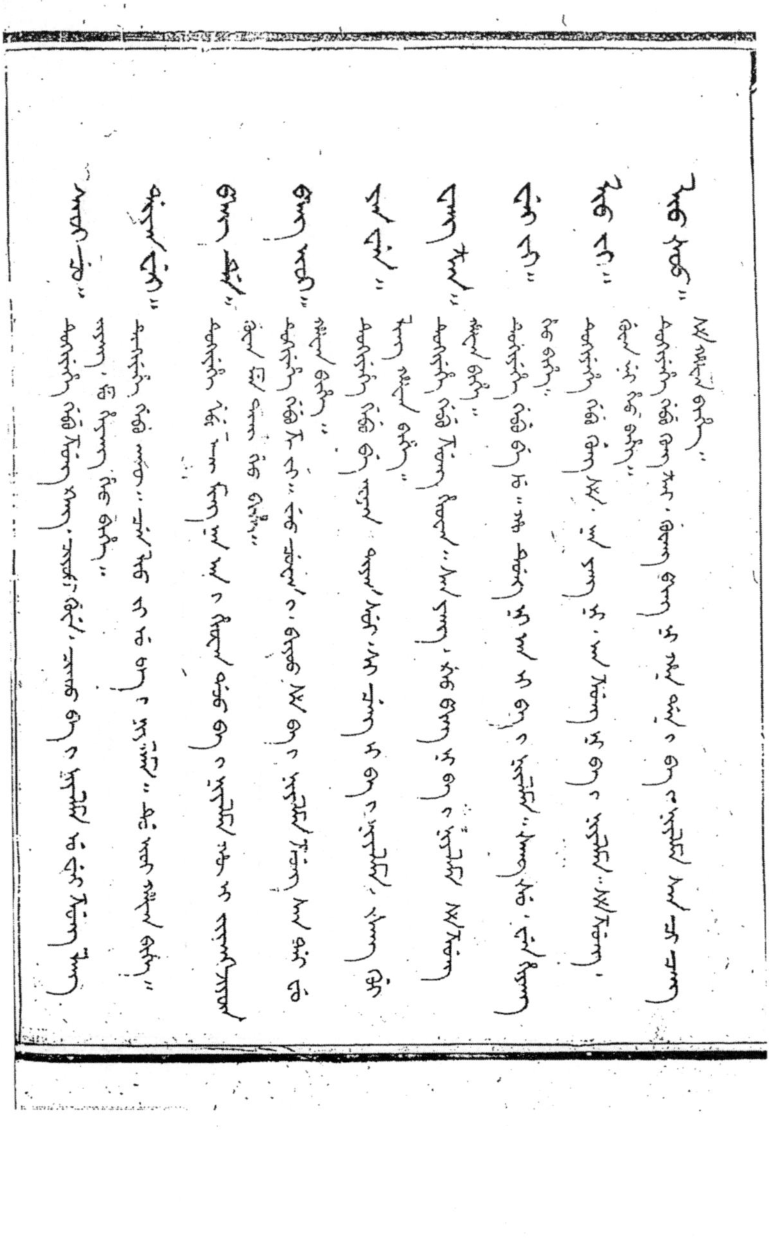

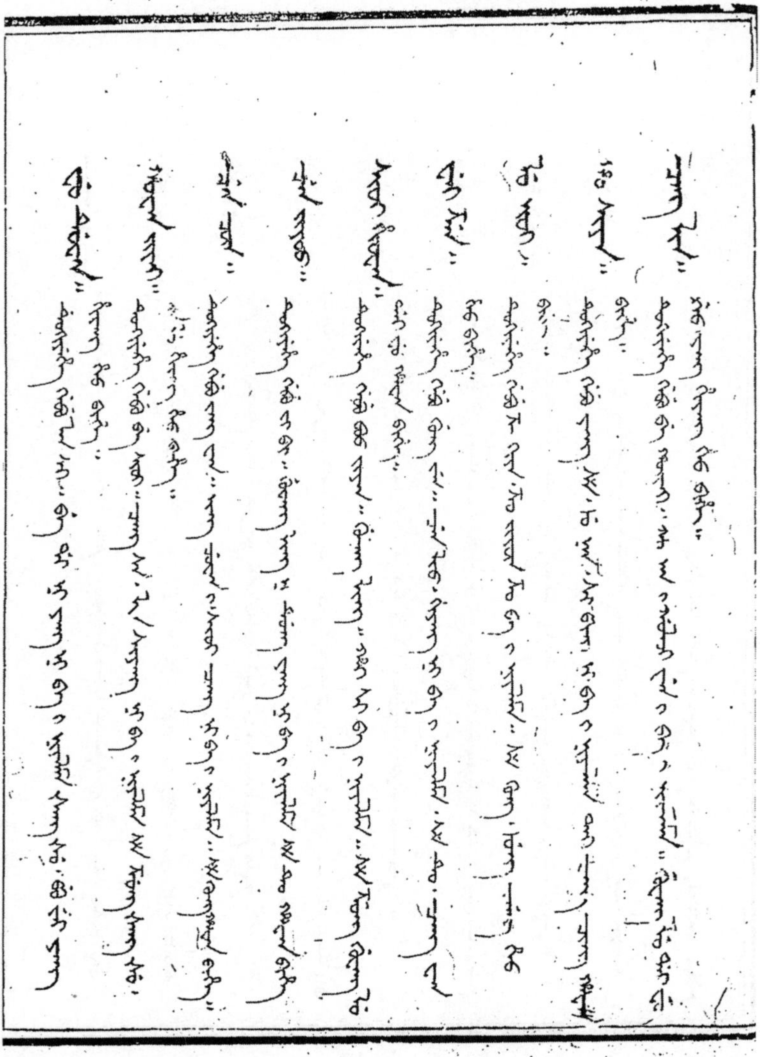

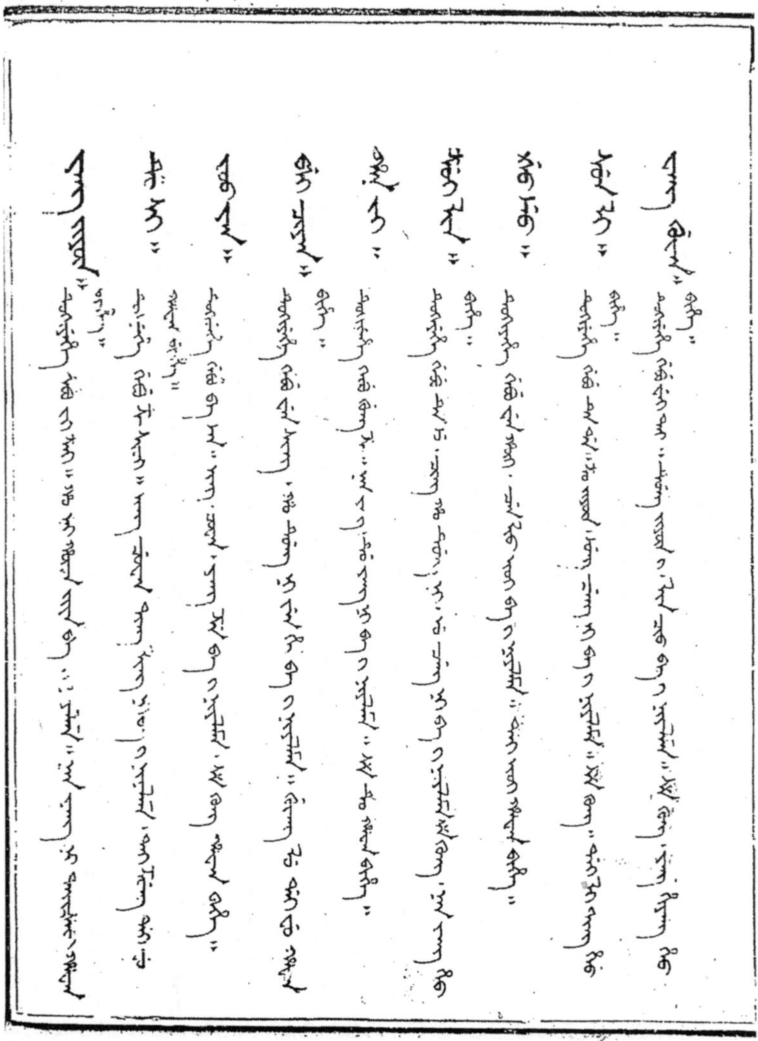

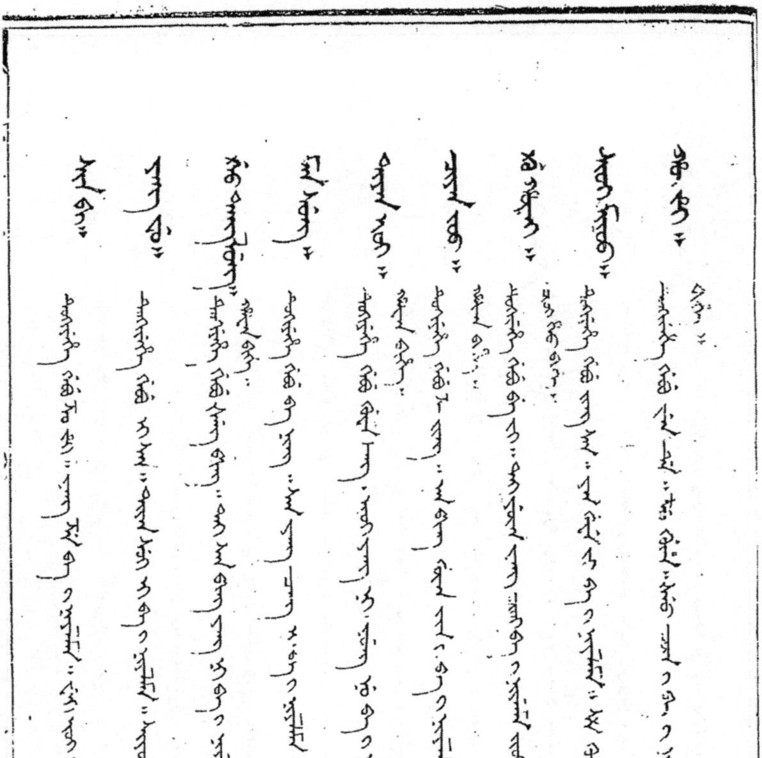

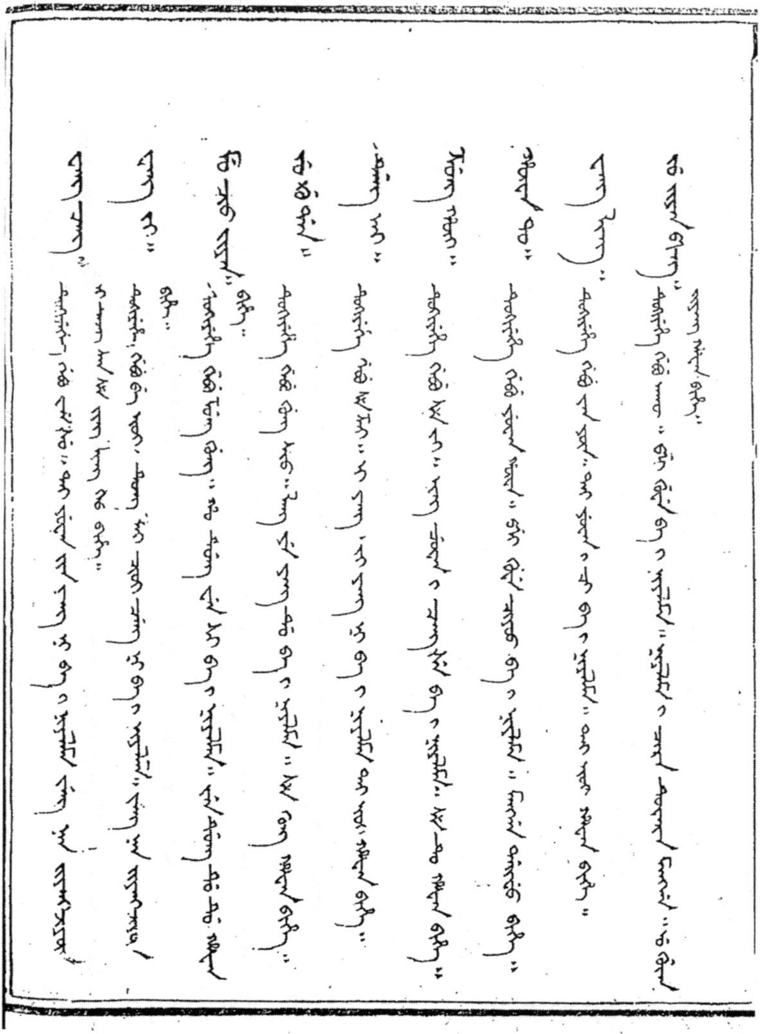

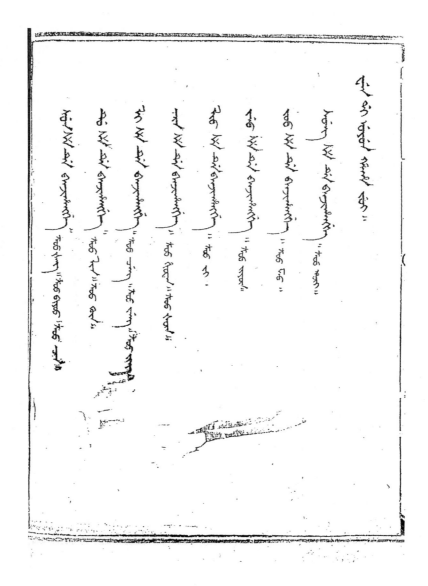

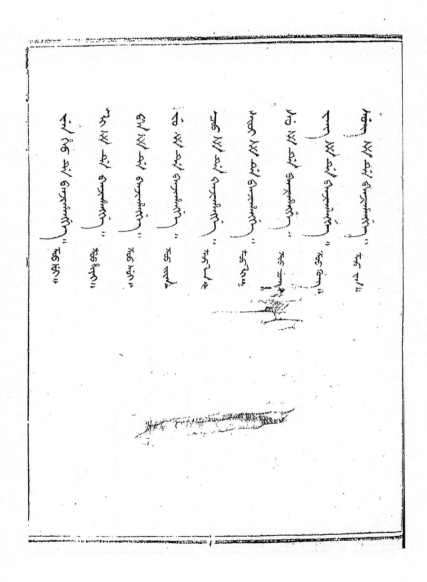

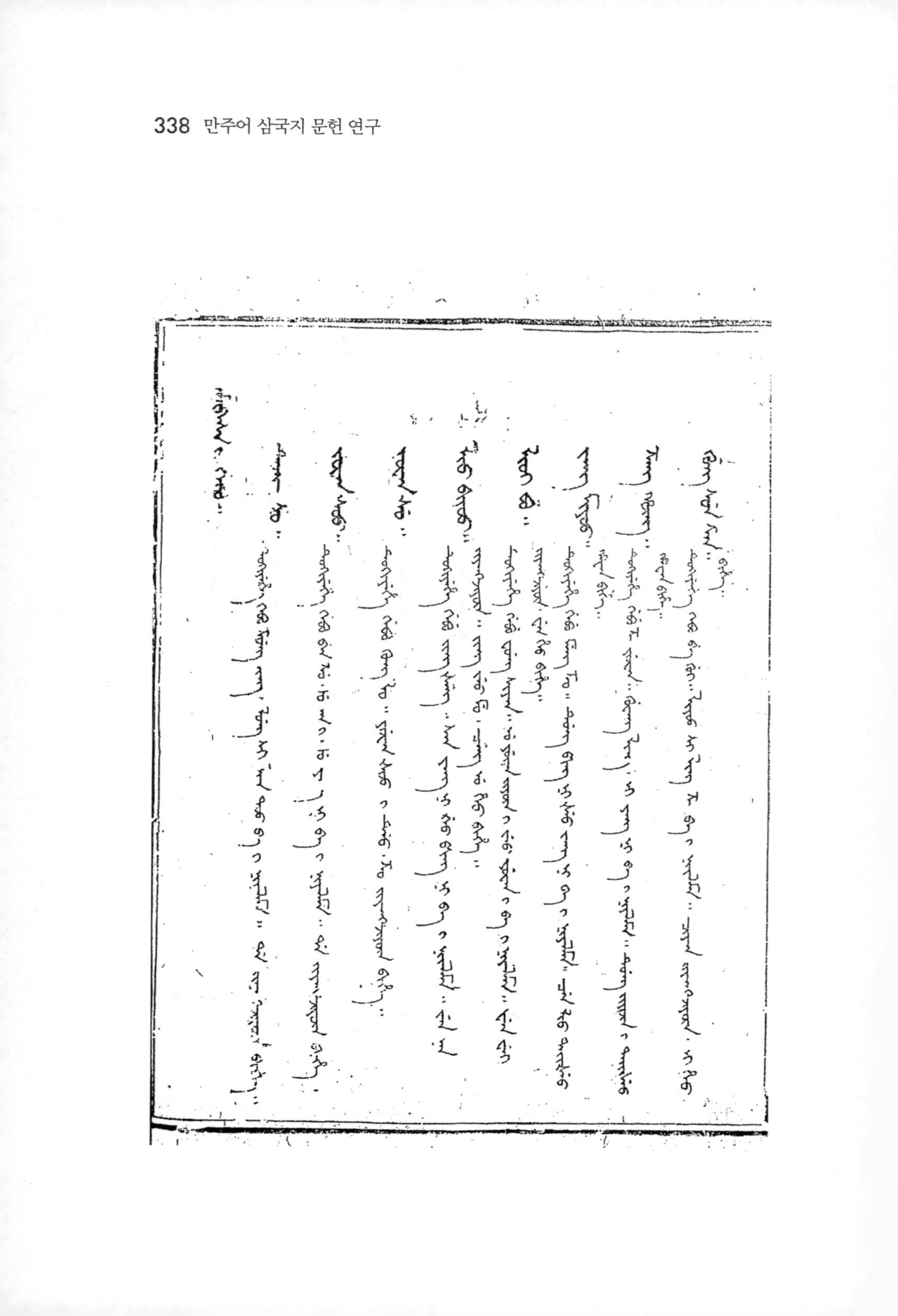

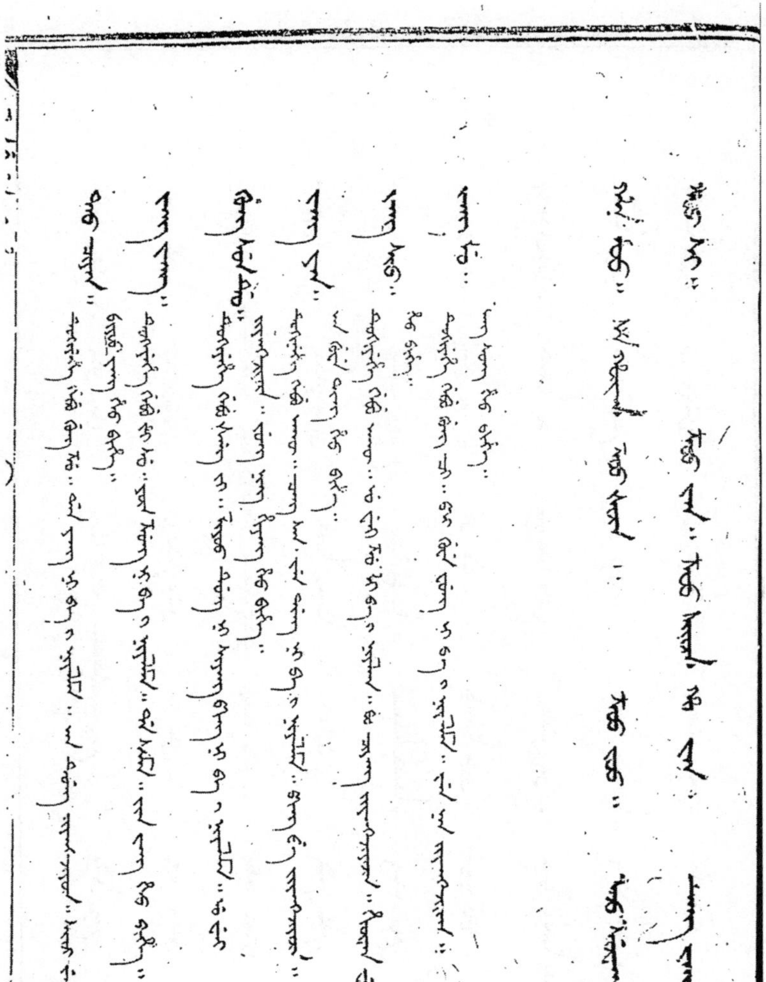

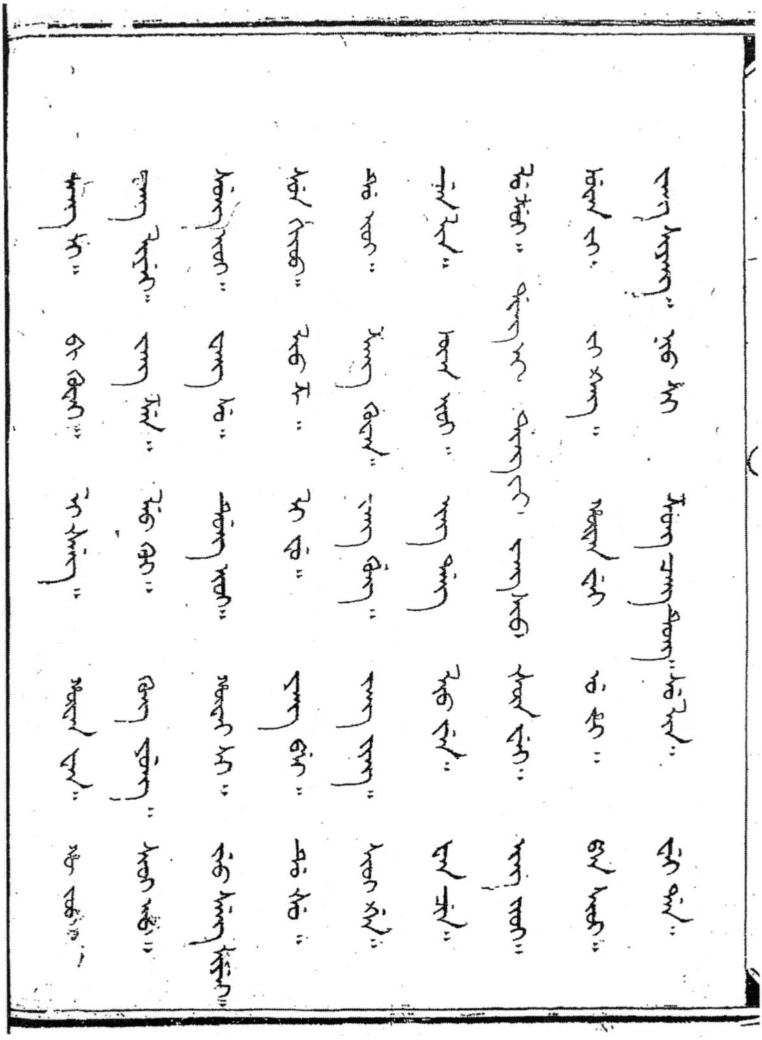

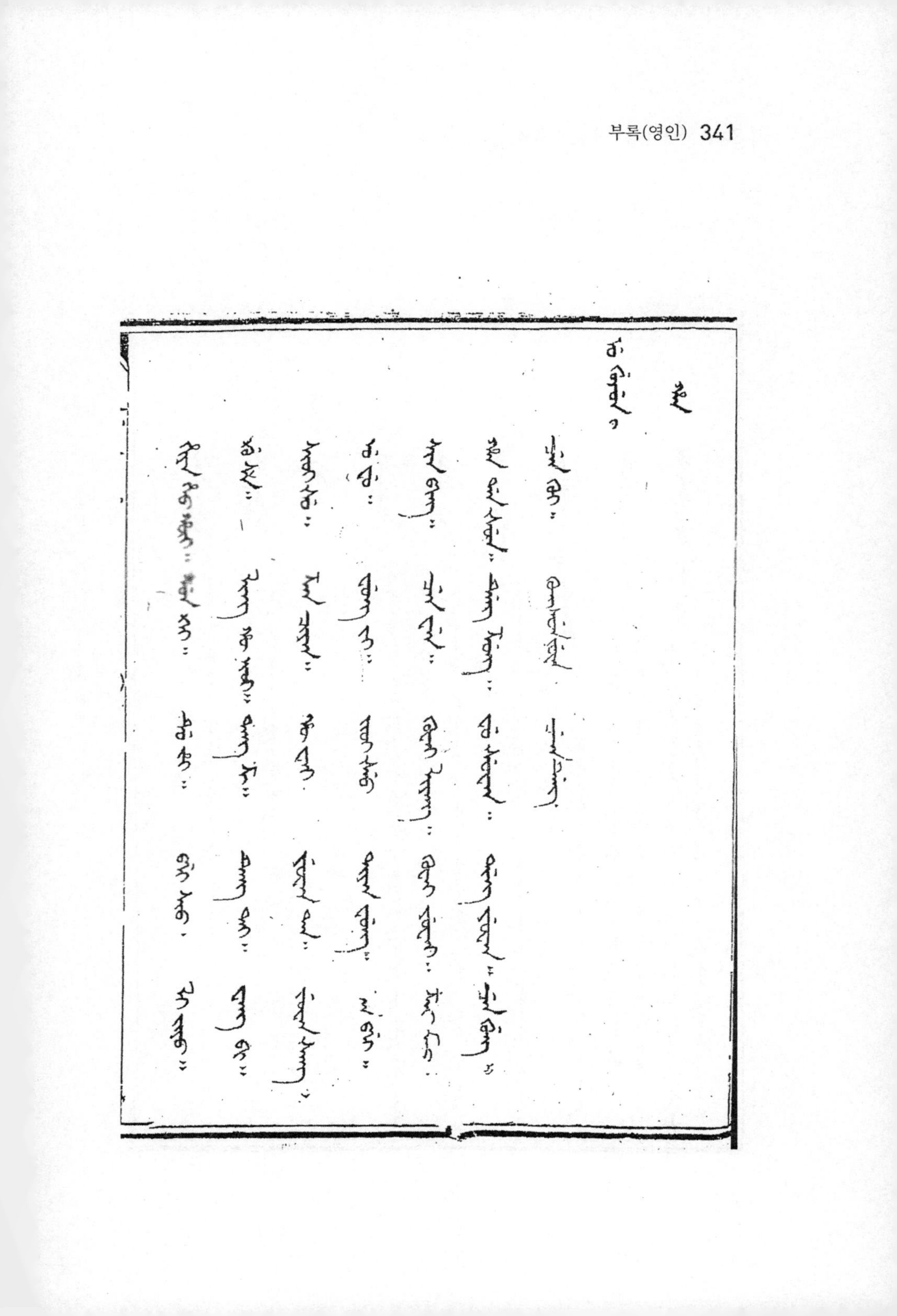

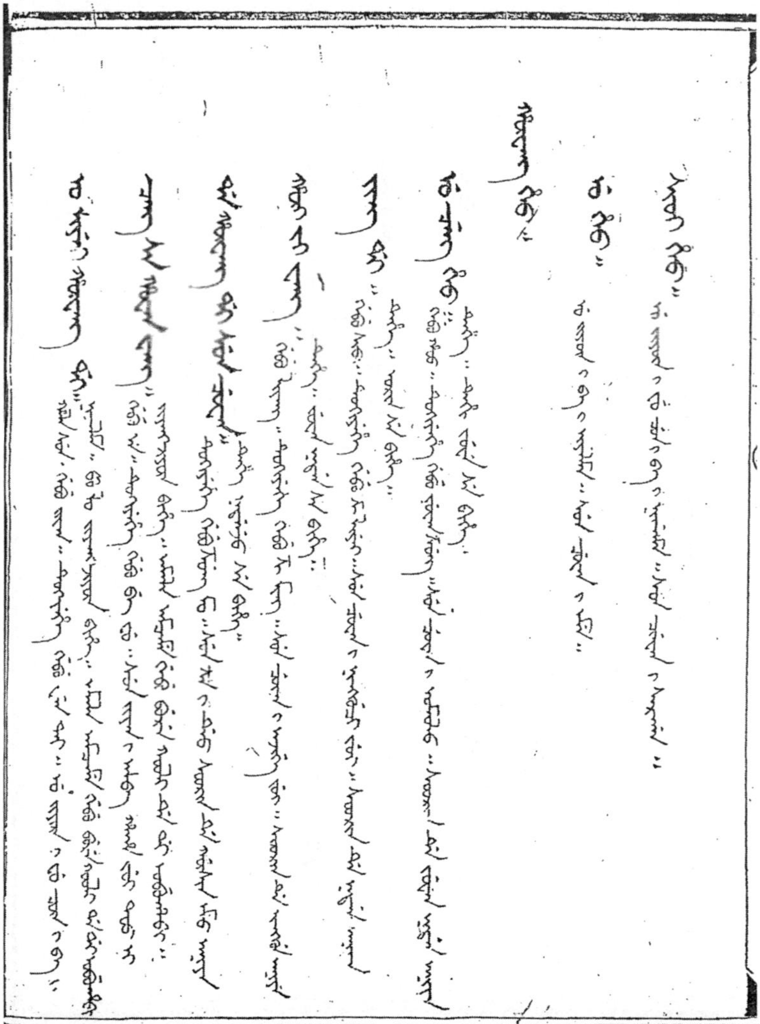

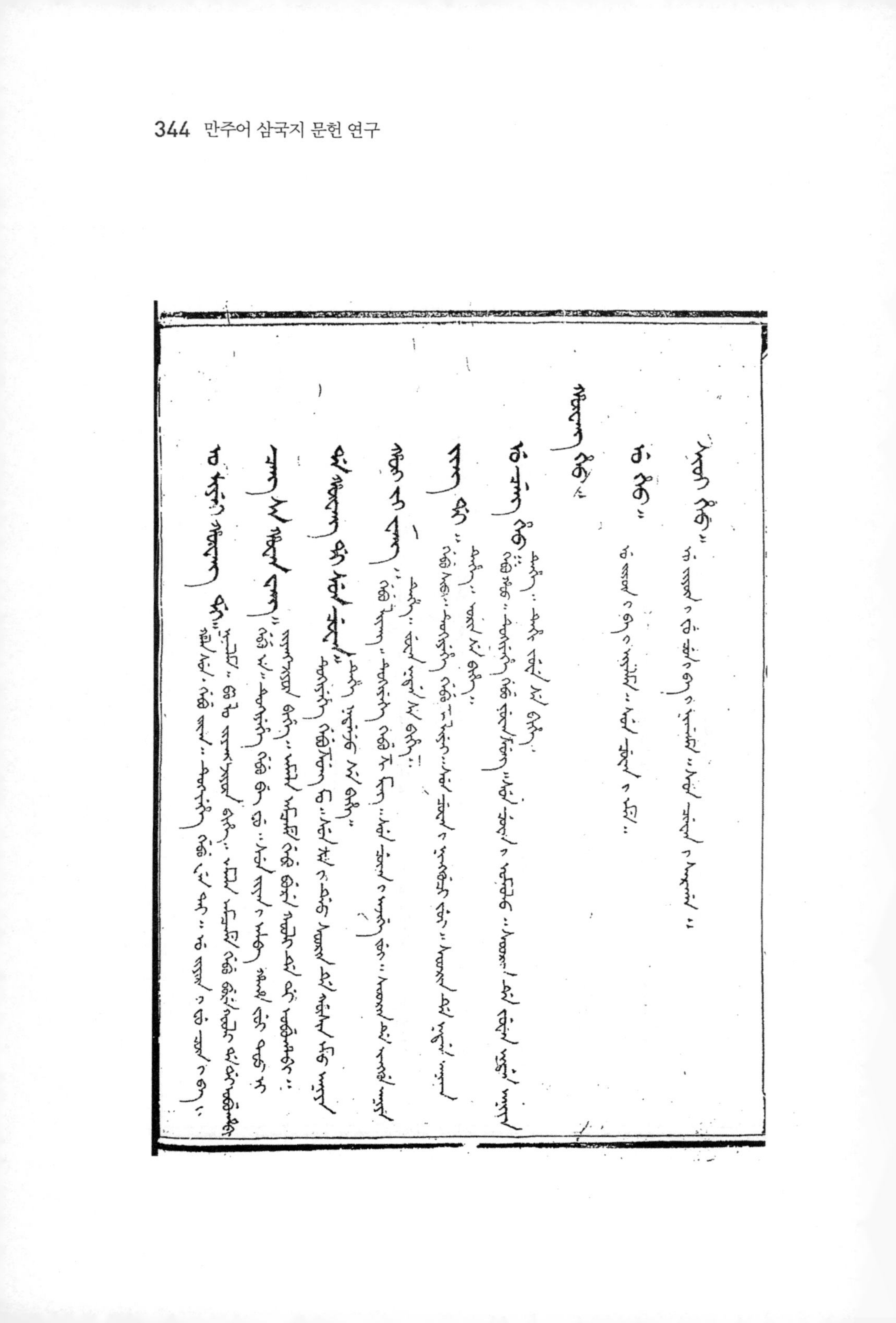

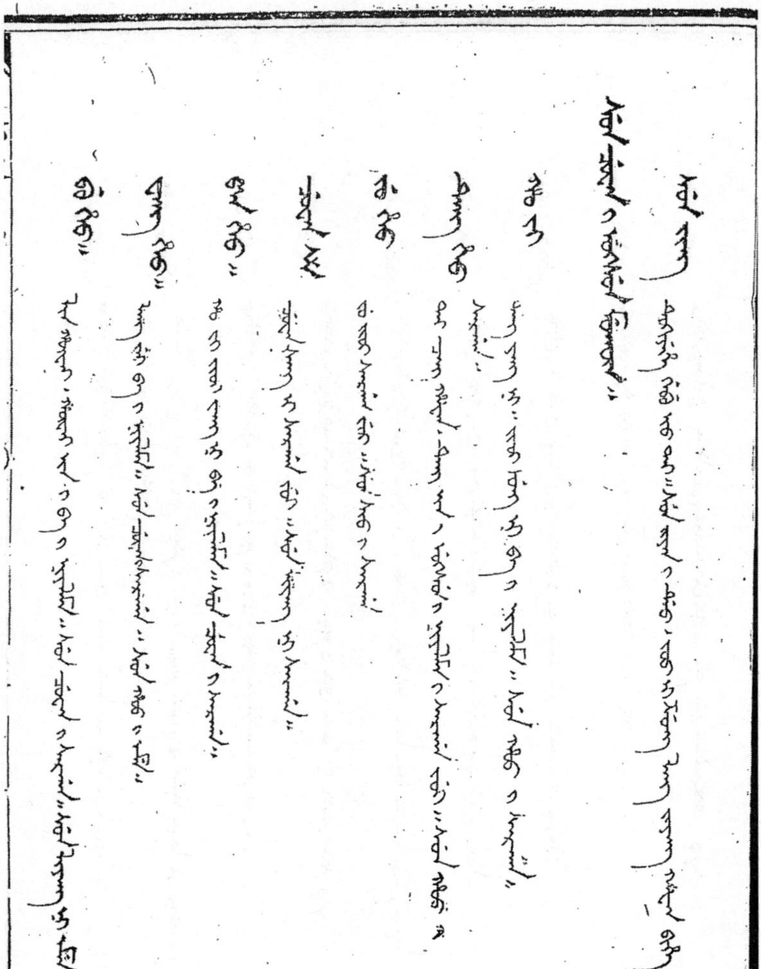

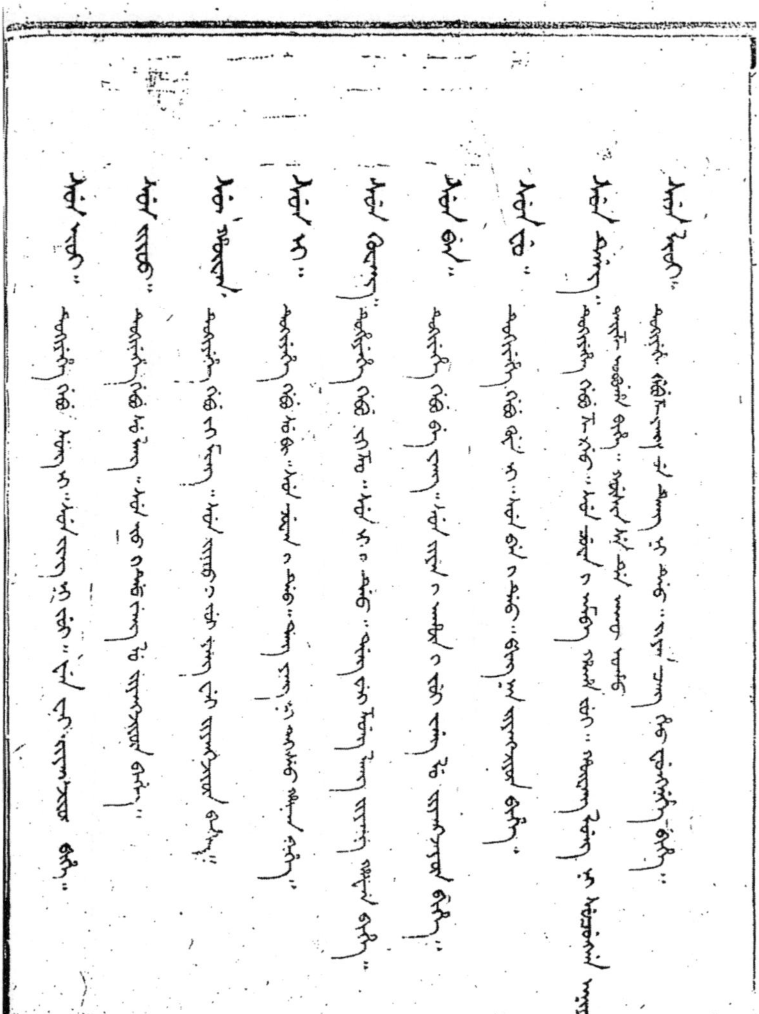

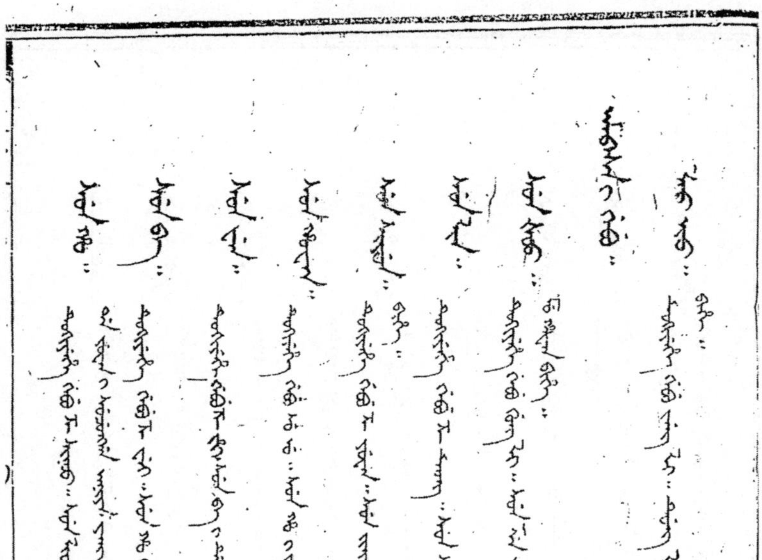

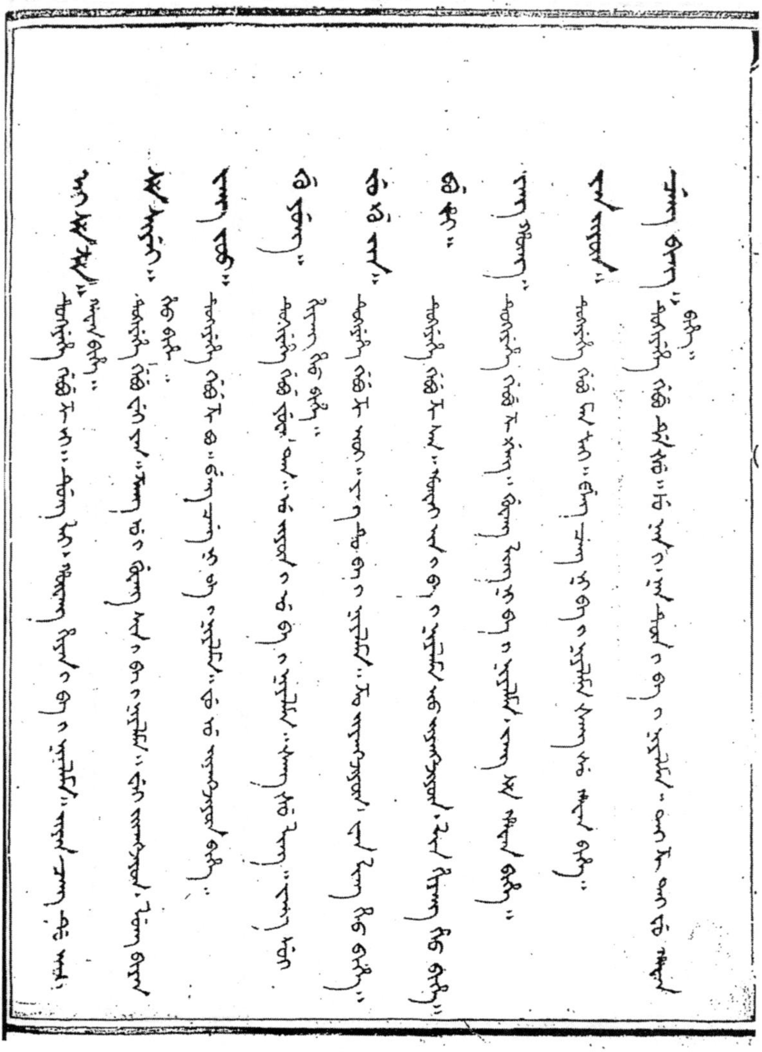

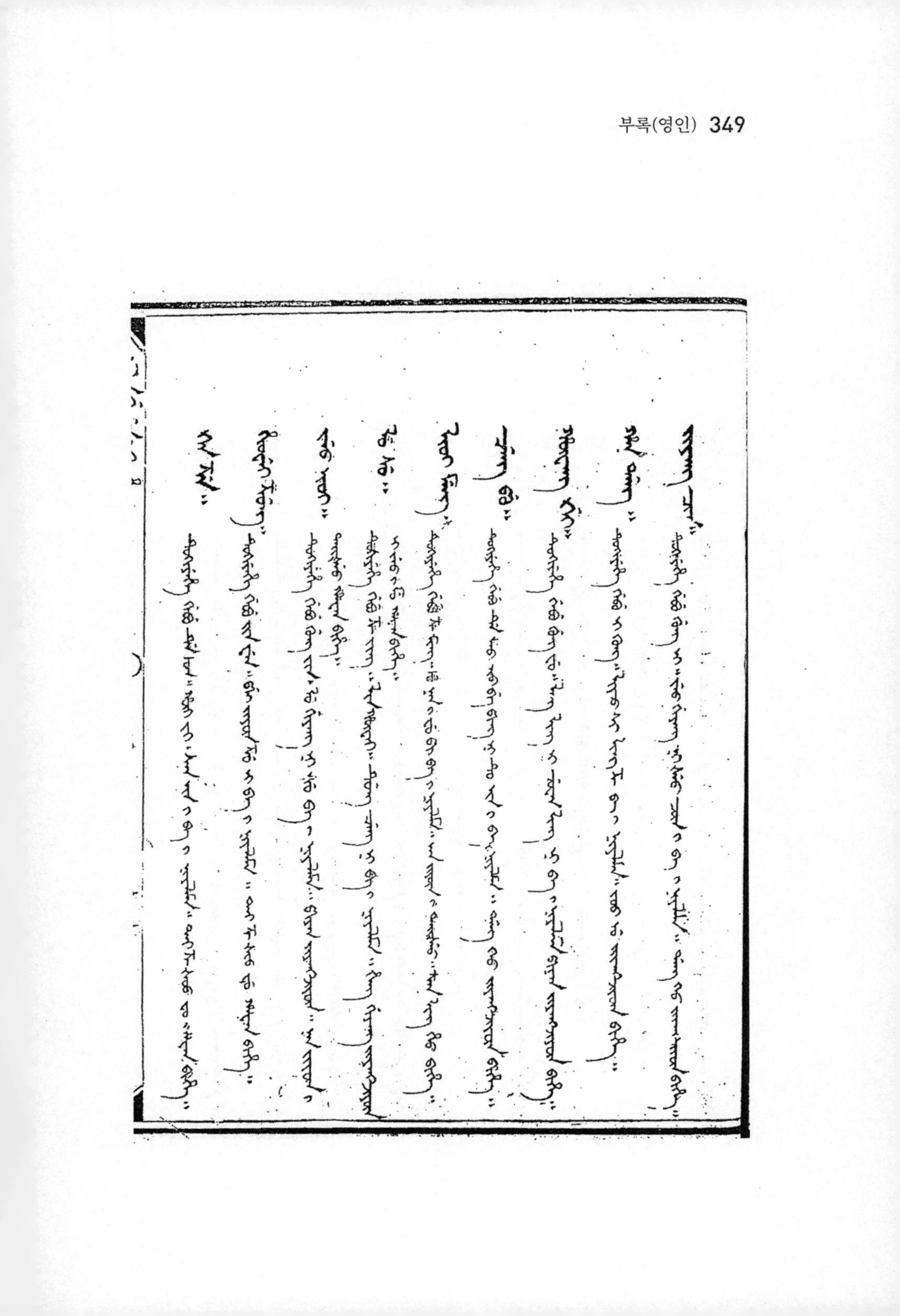

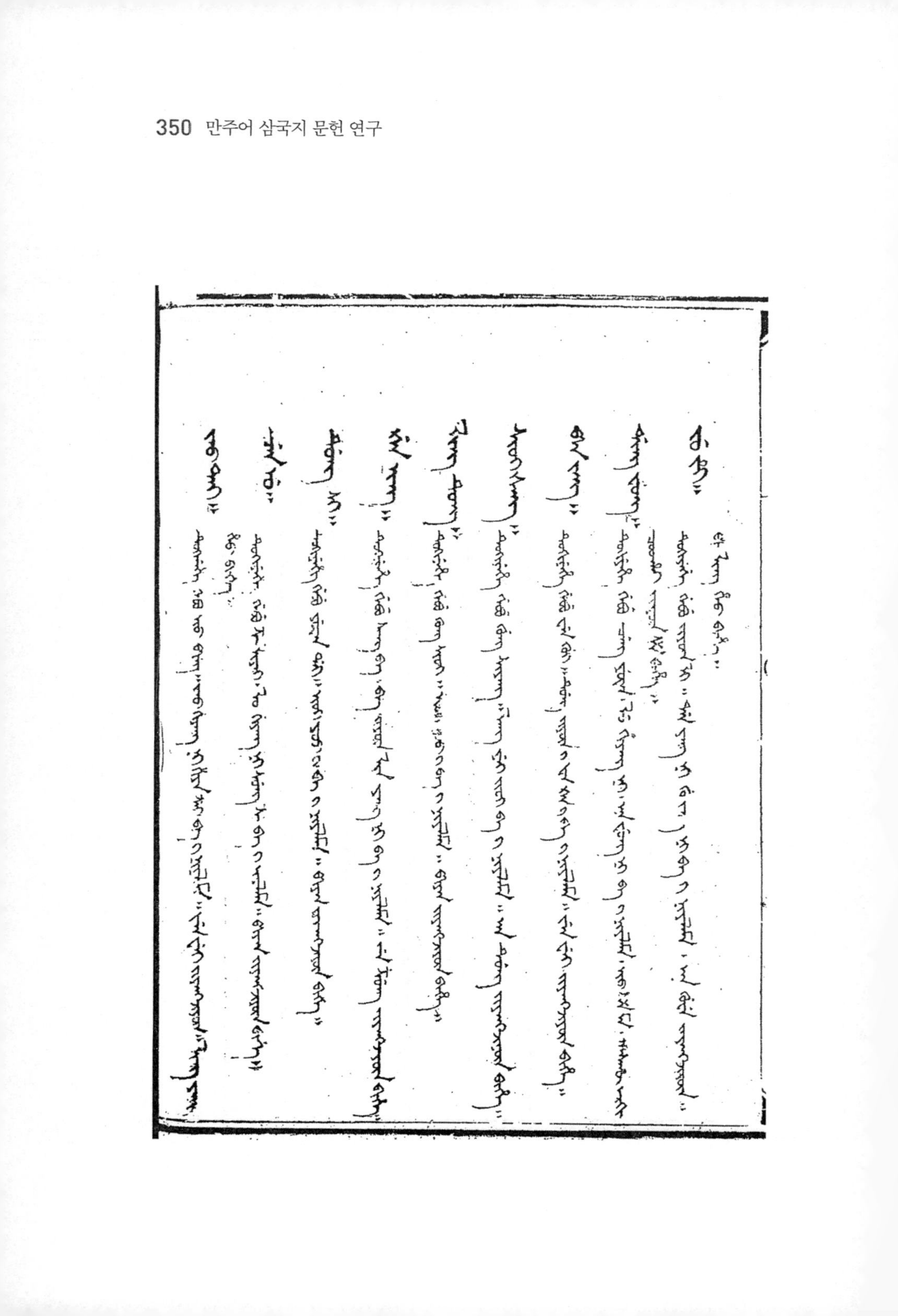

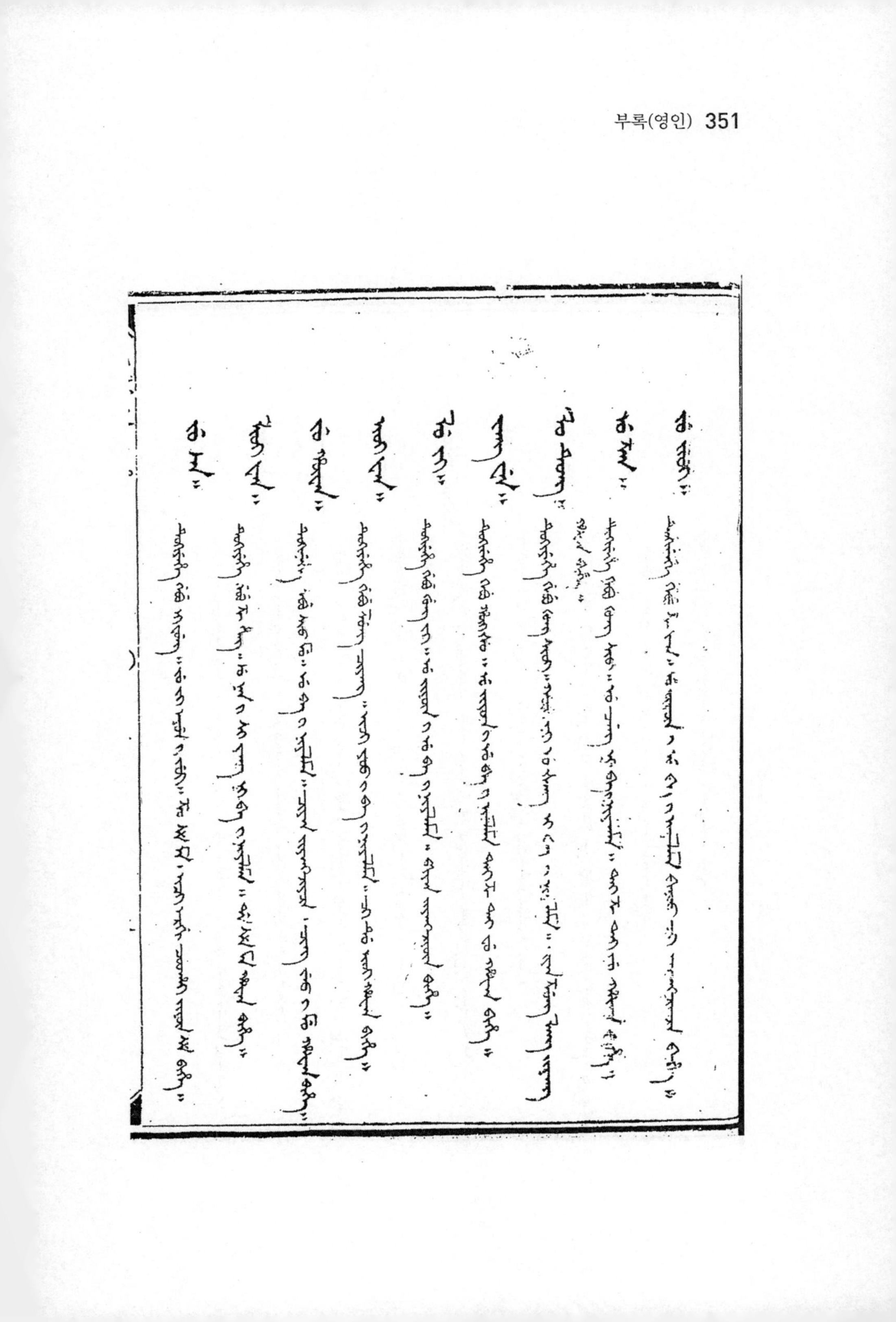

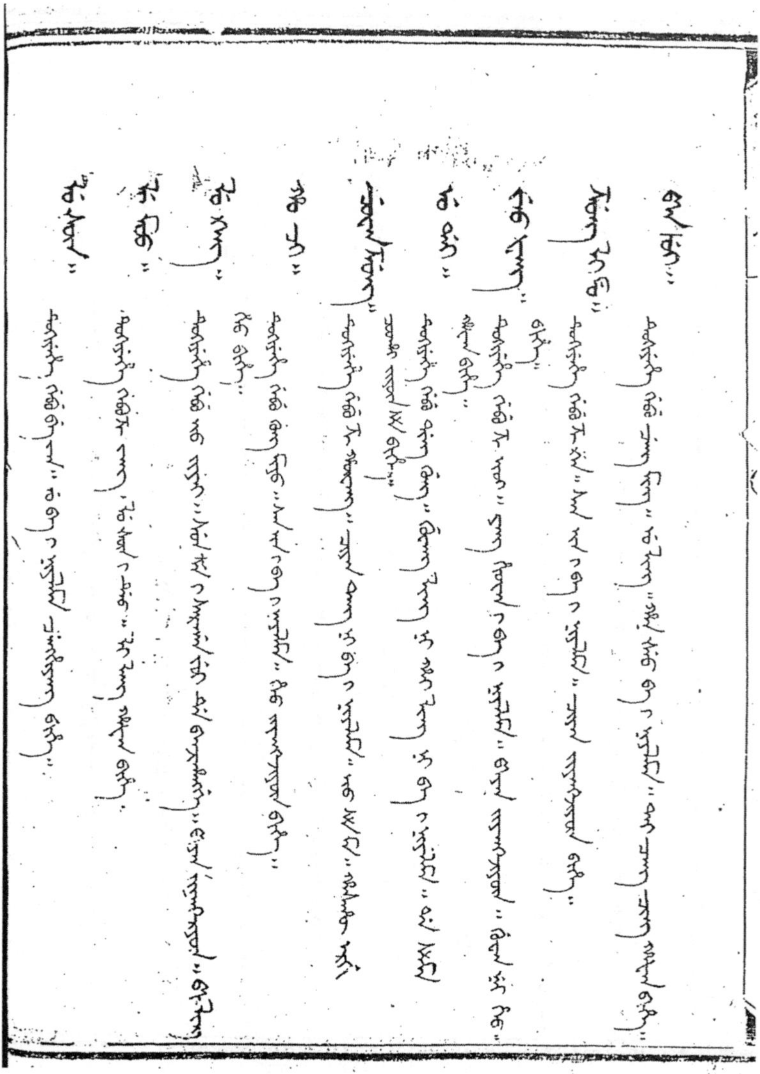

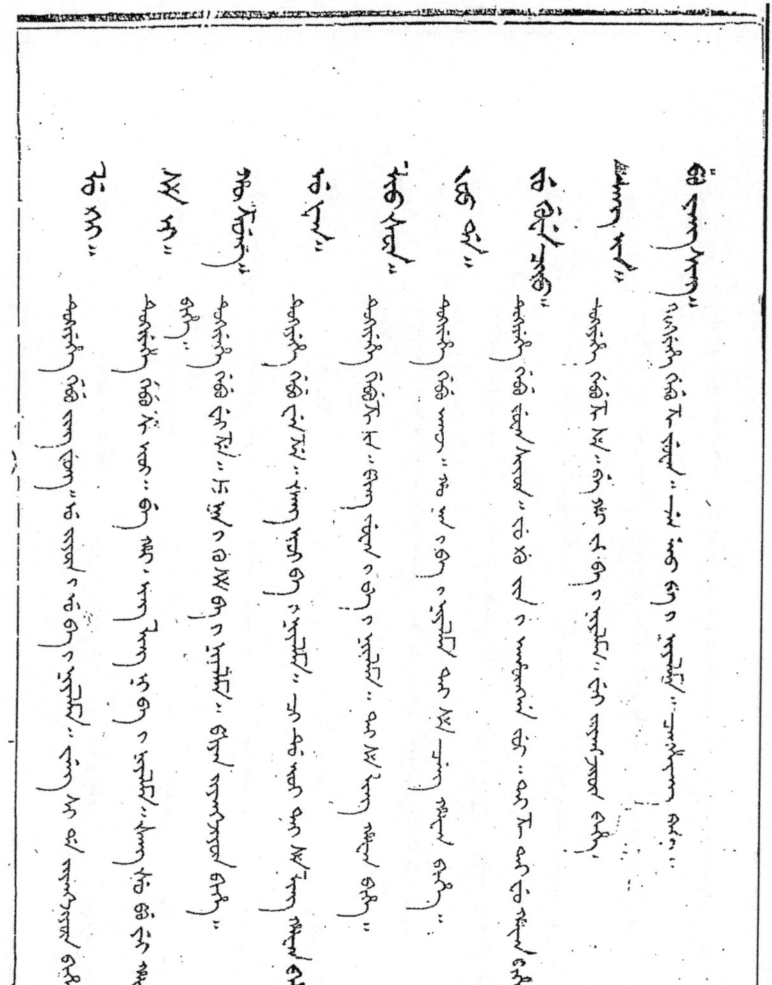

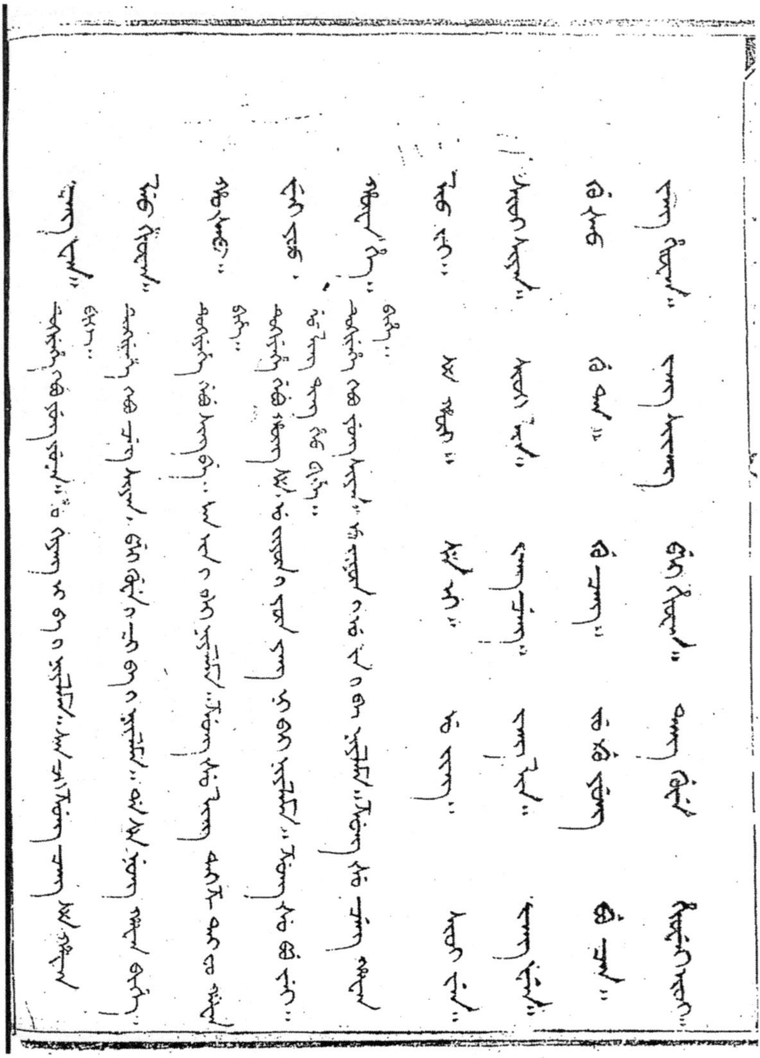

만문『삼국지연의』(권1 목차)

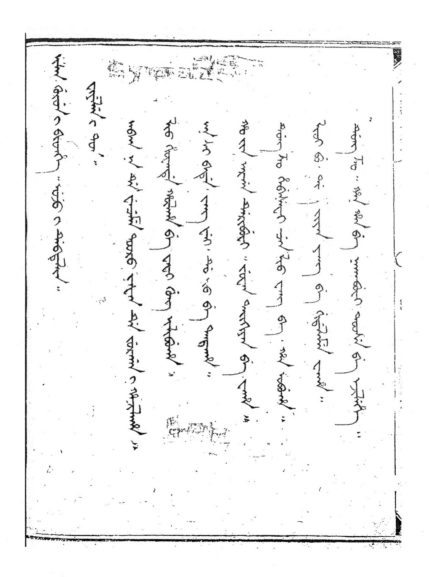

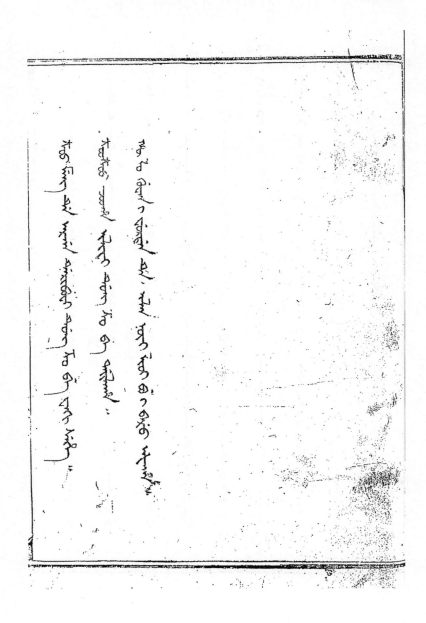

만문 제1회(제천지도원결의)

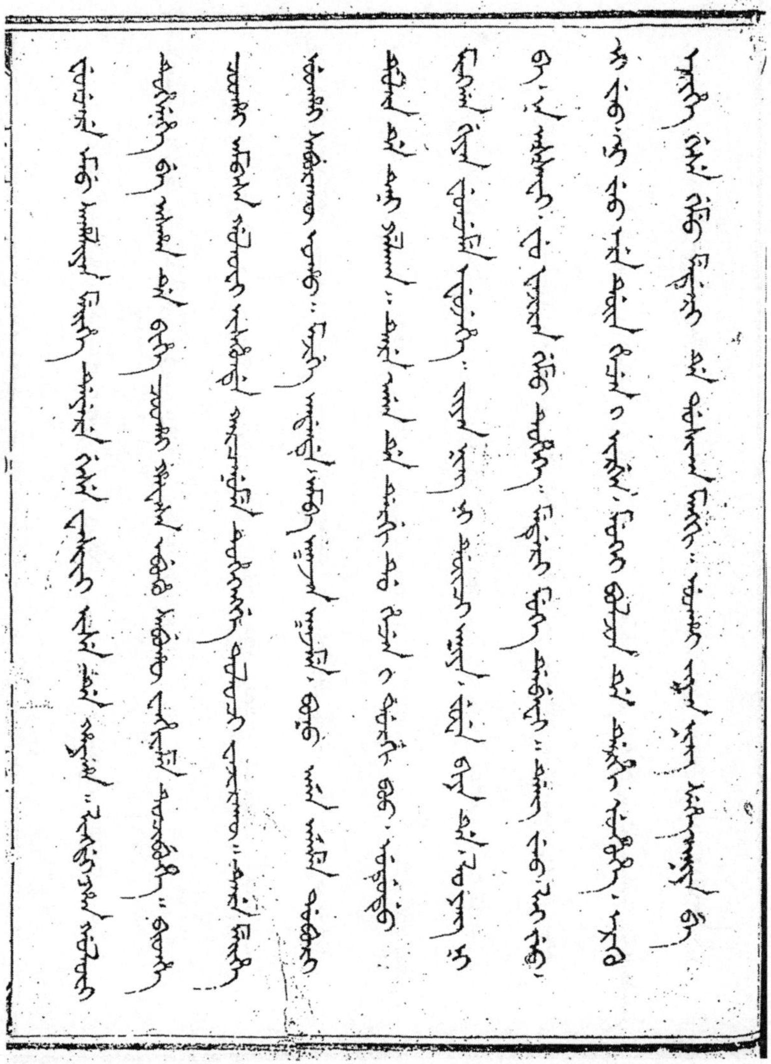

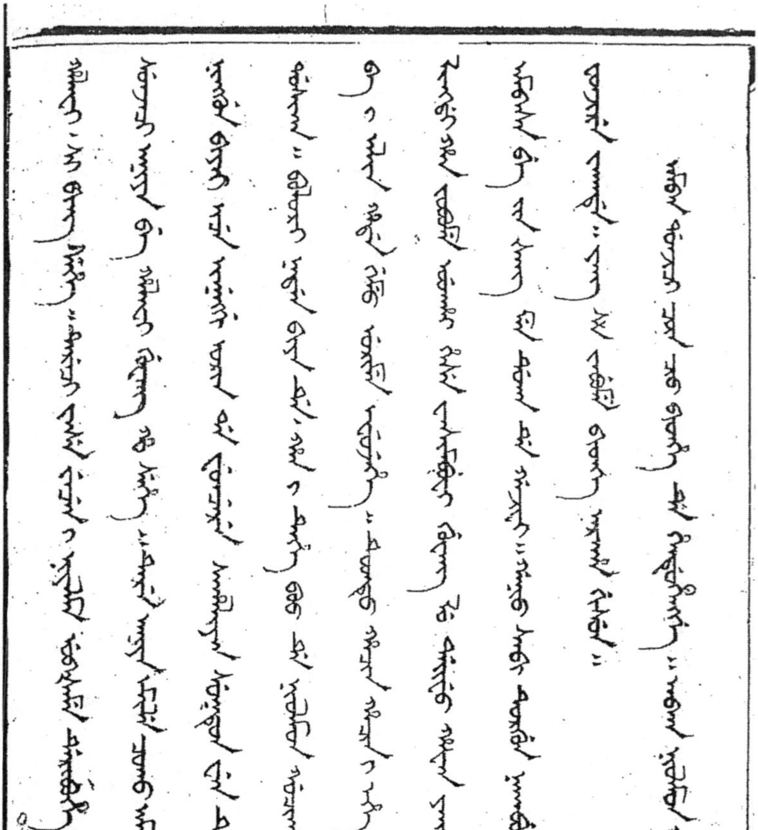

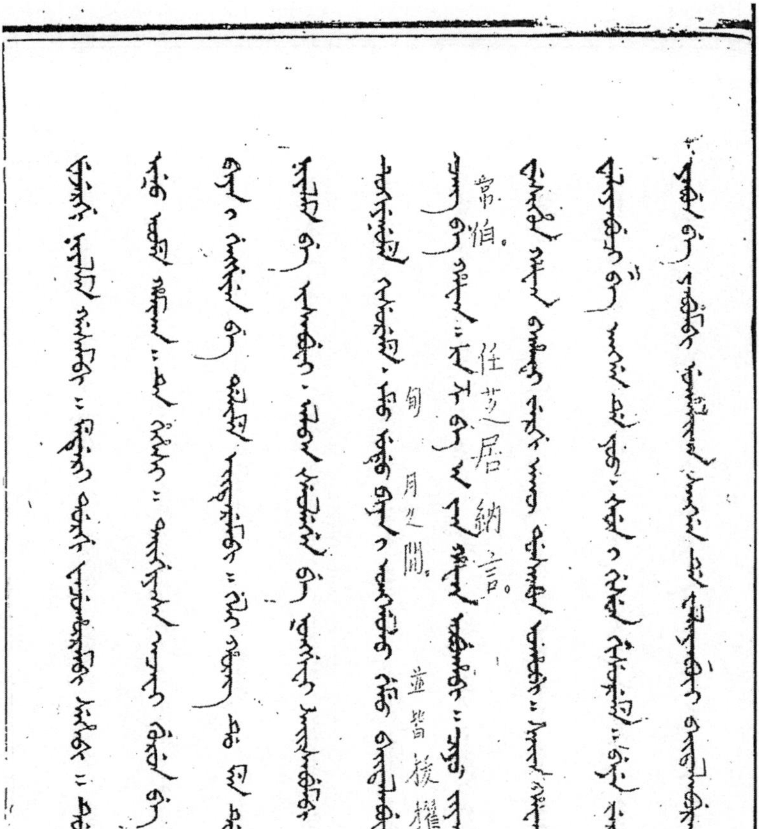
樂松處常伯。任芝居納言。旬月之間。並皆援擢。

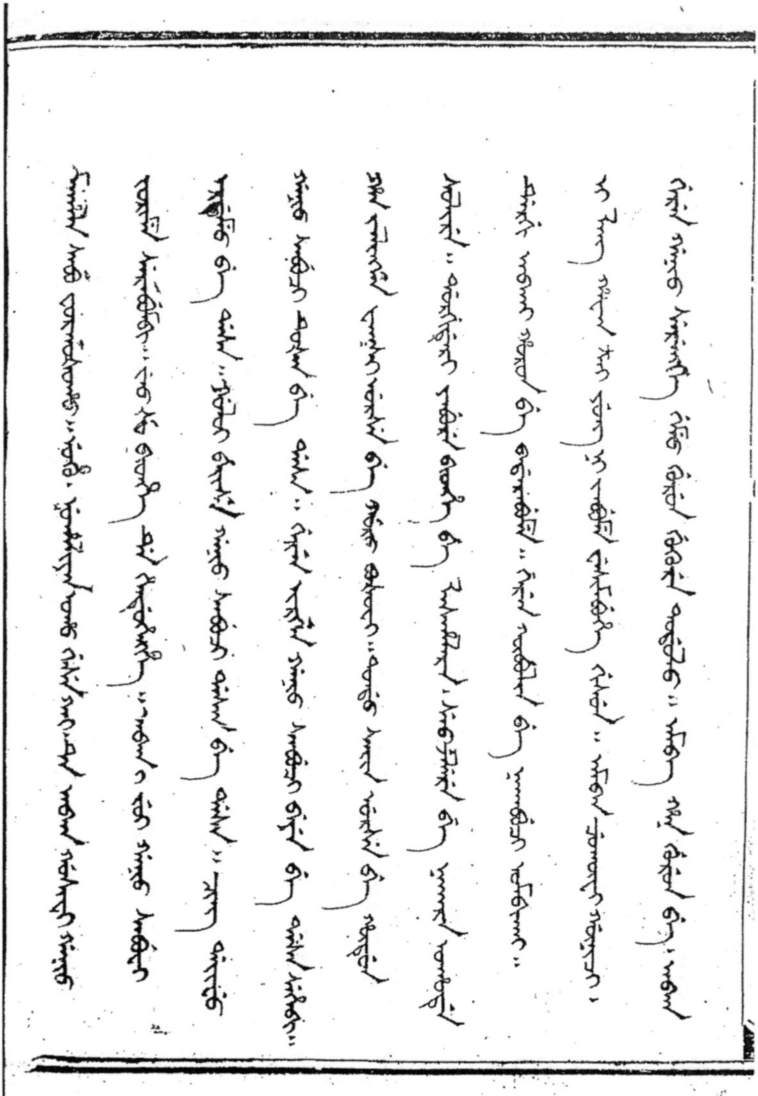

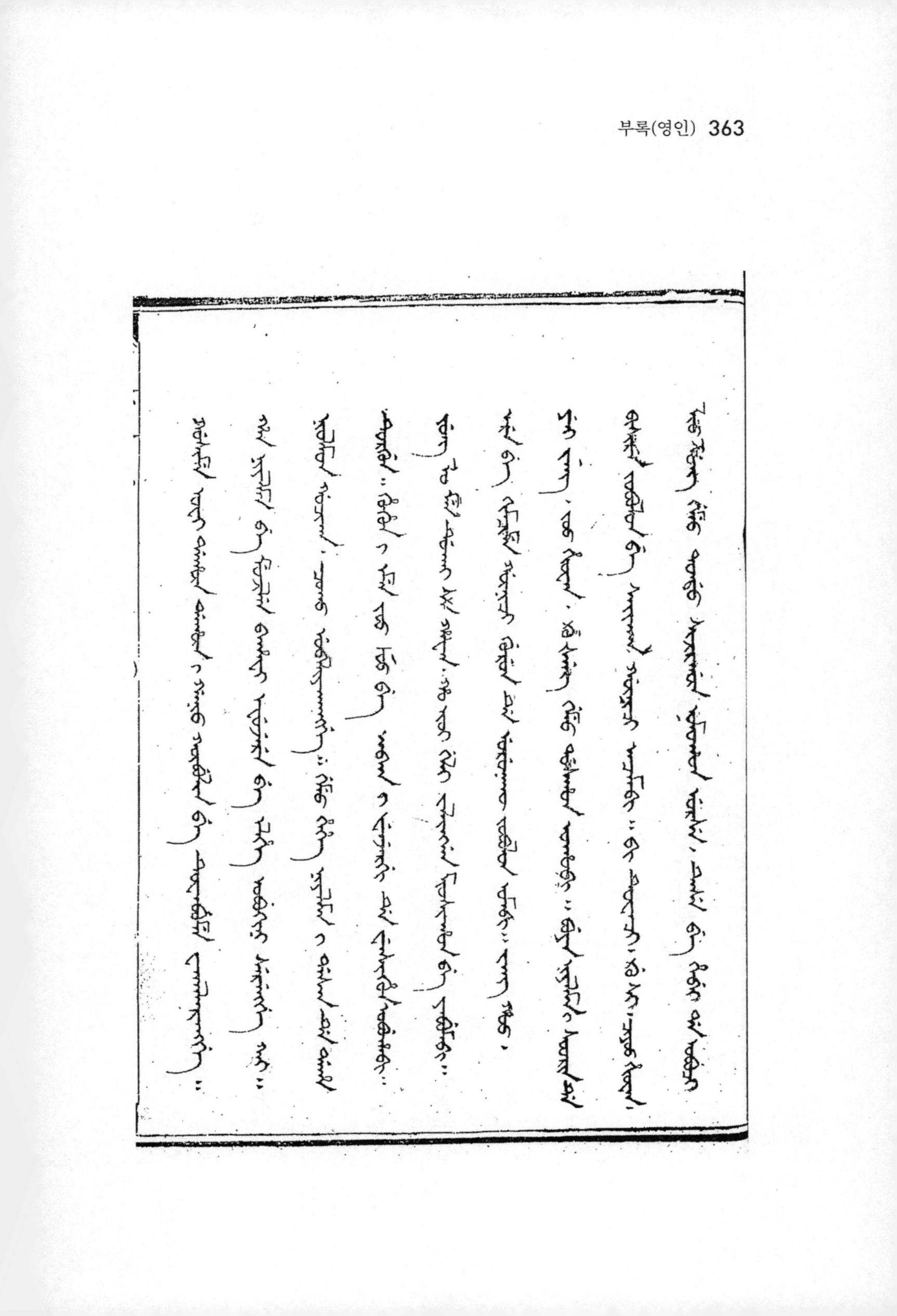

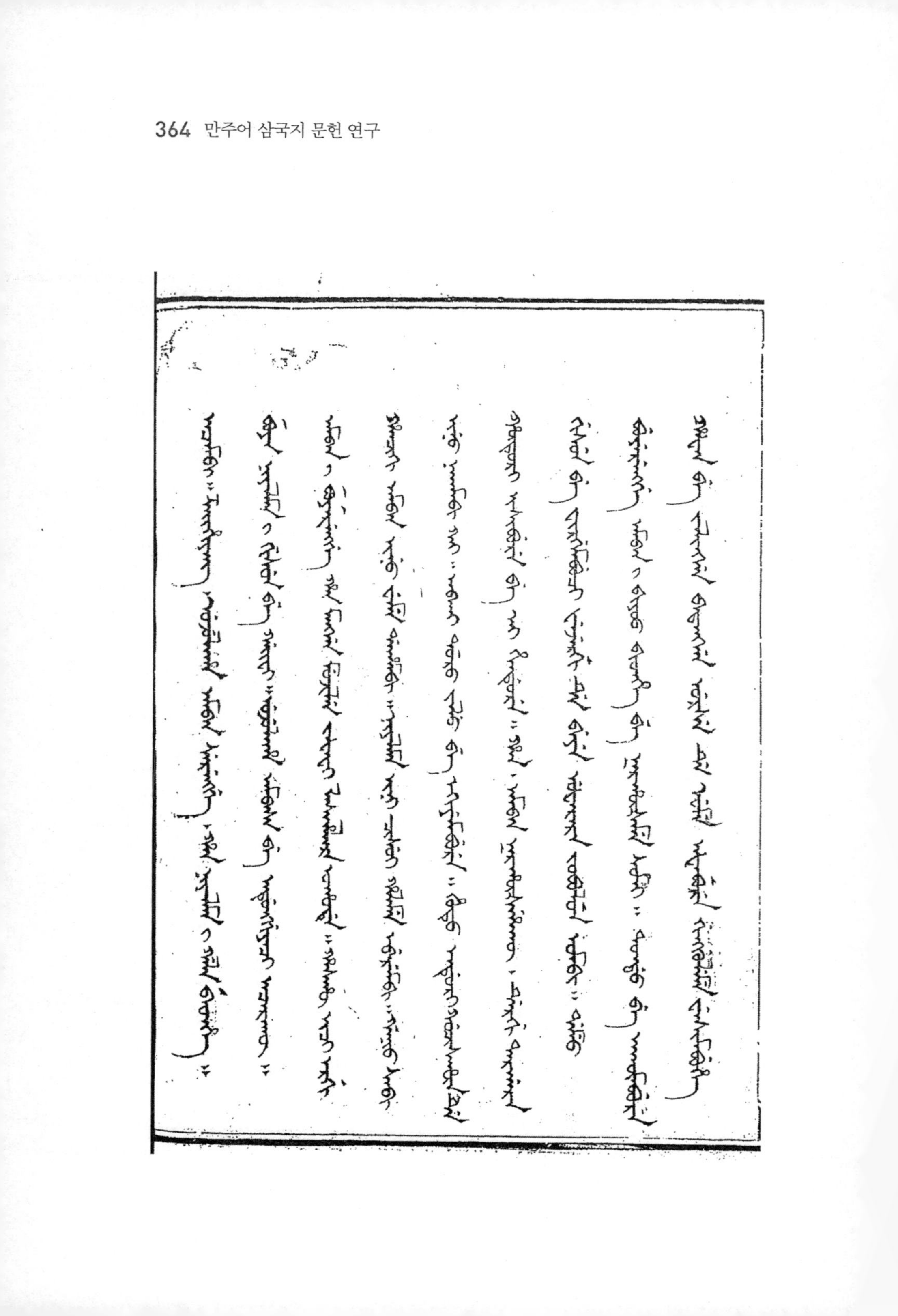

蔡邕

曹節

* 본문 중간에 검게 칠해져서 원문이 보이지 않는 부분은 다른 판본을 대조하여 다음과
같이 재구하였다. jang [jiyo i baru hen]dume

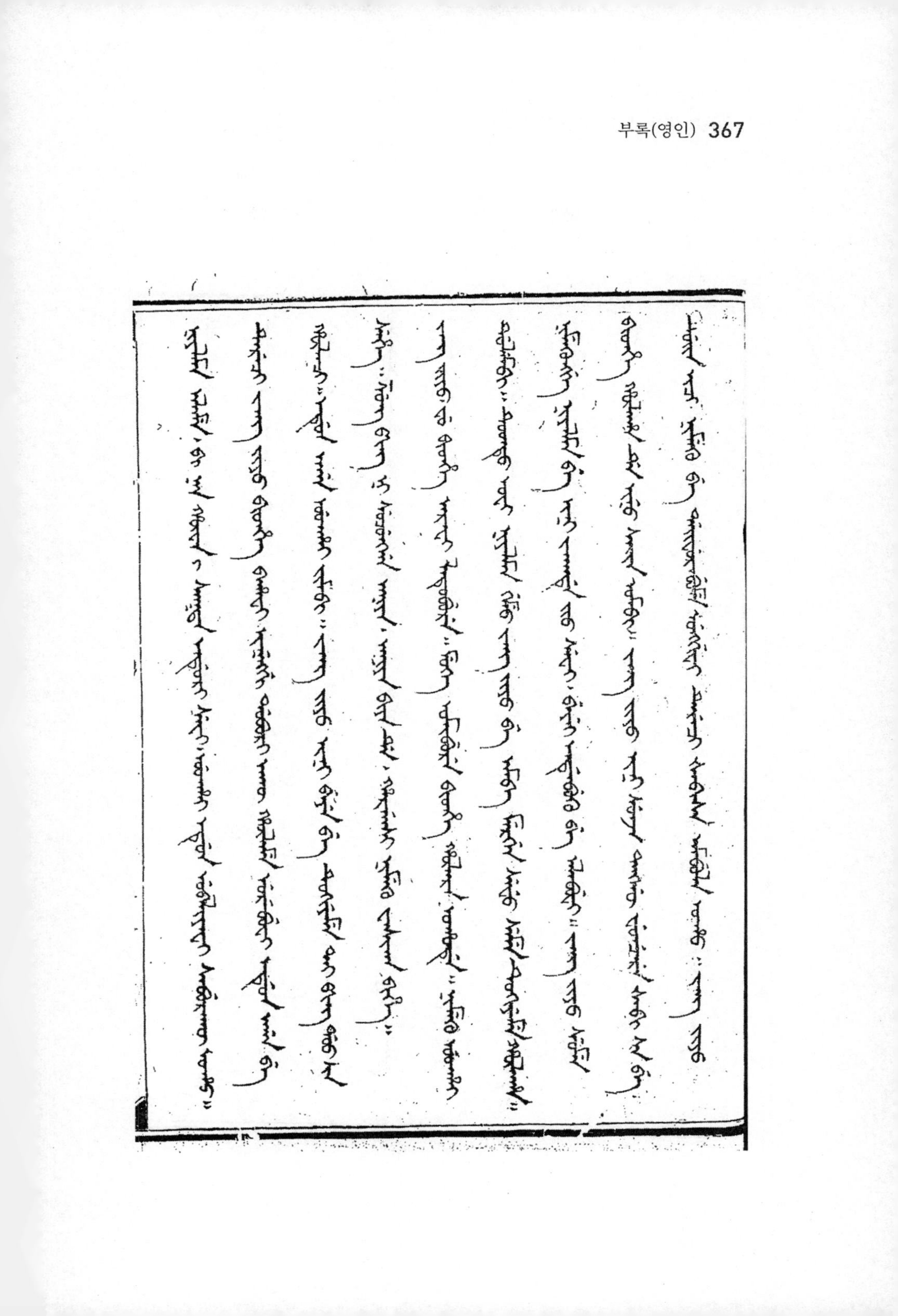

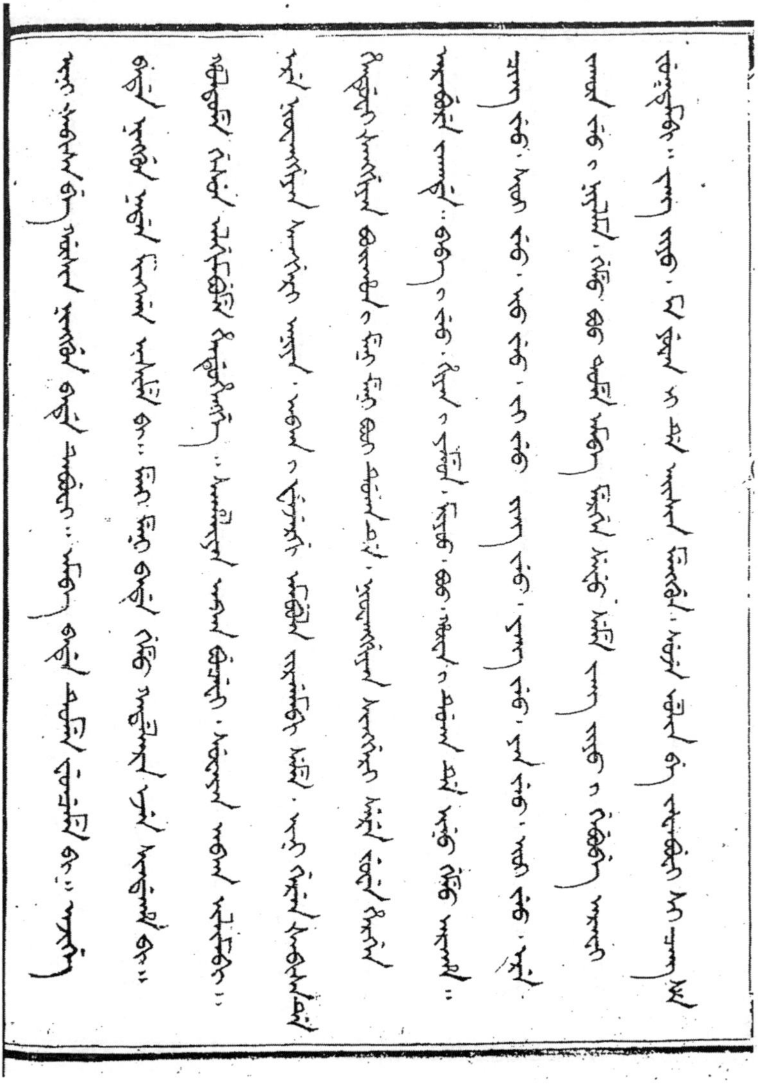

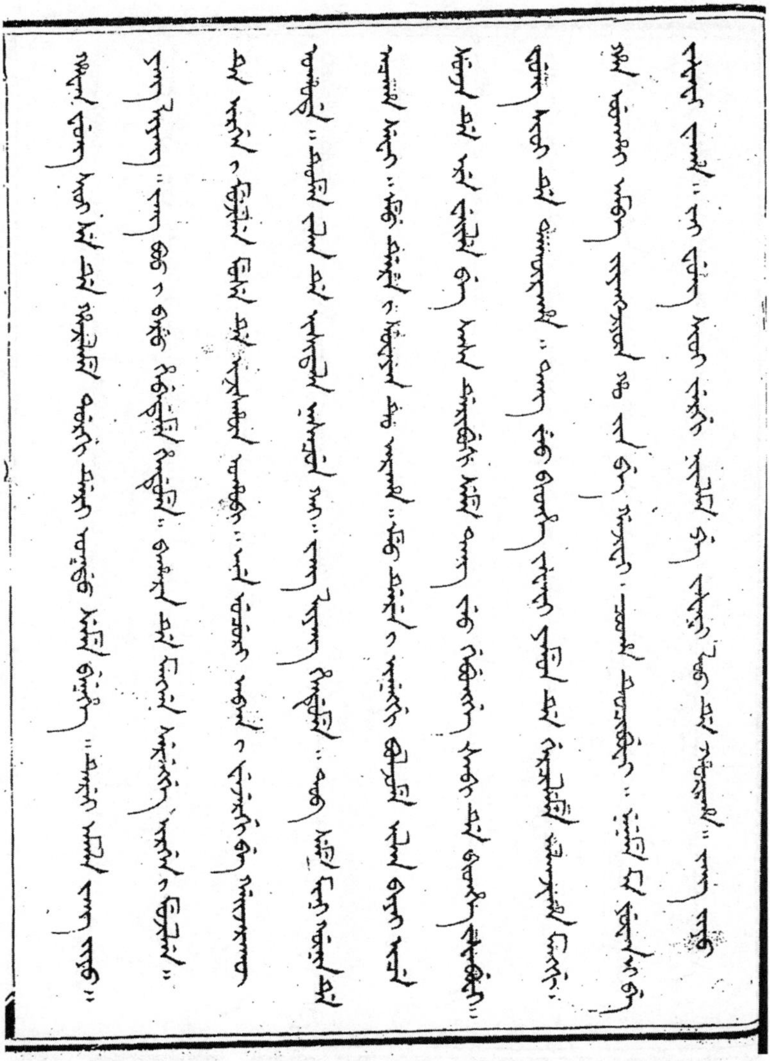

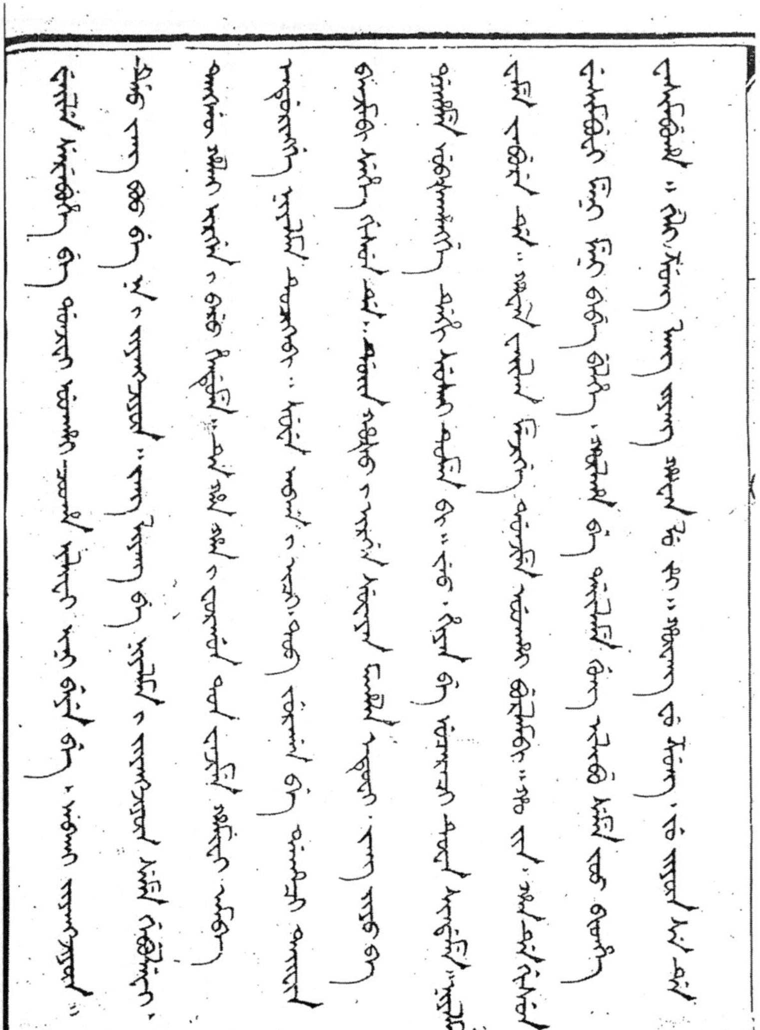

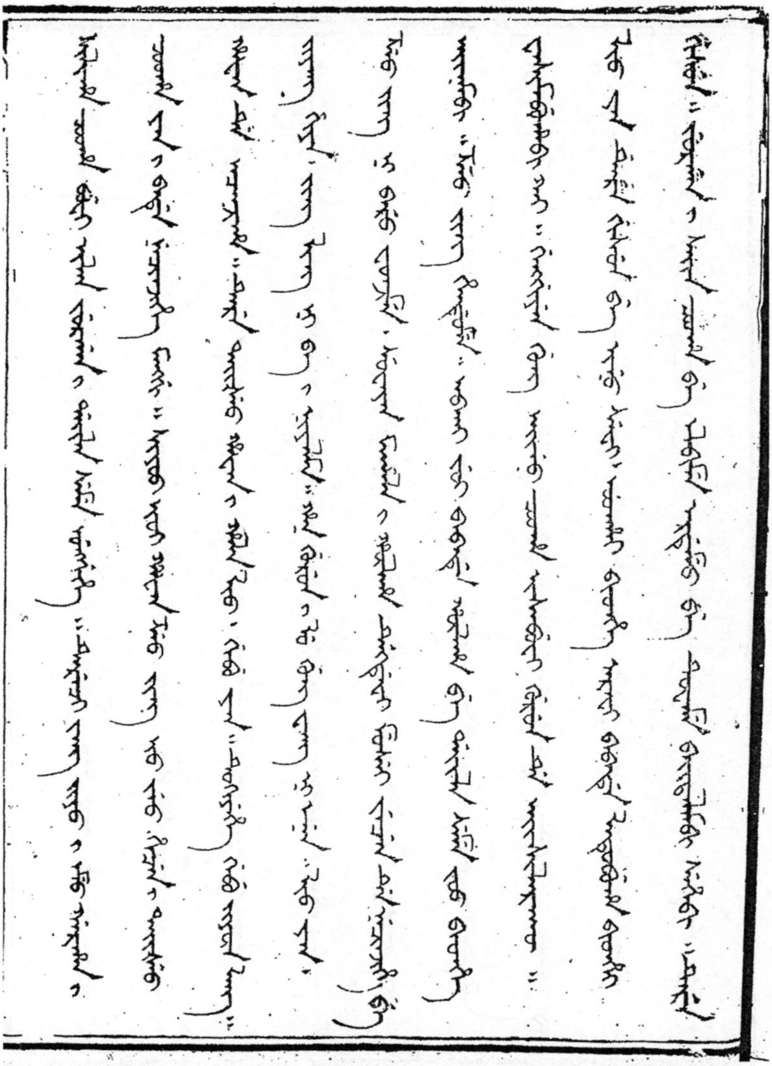

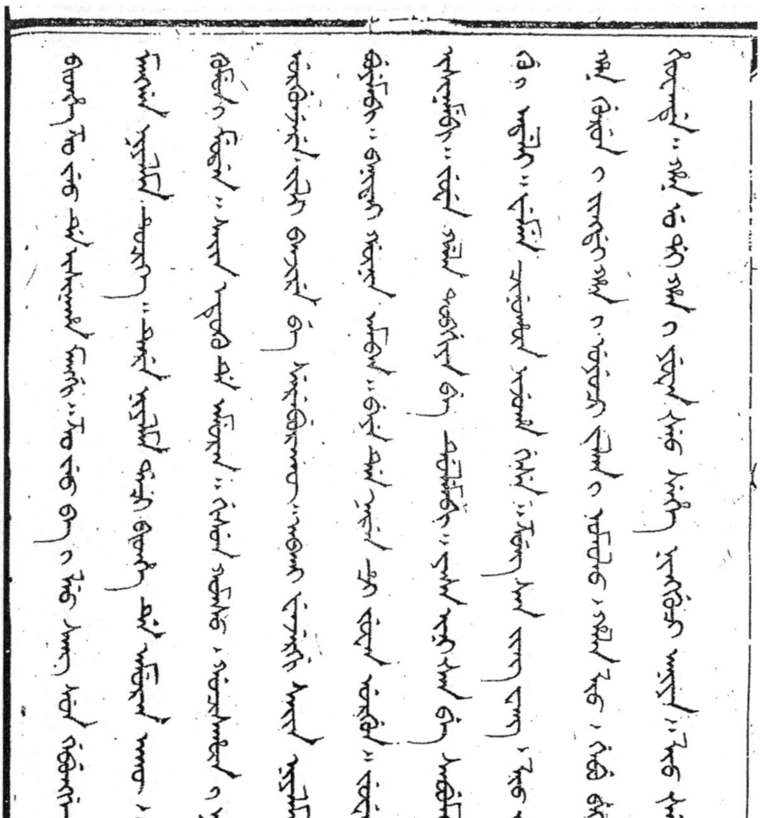

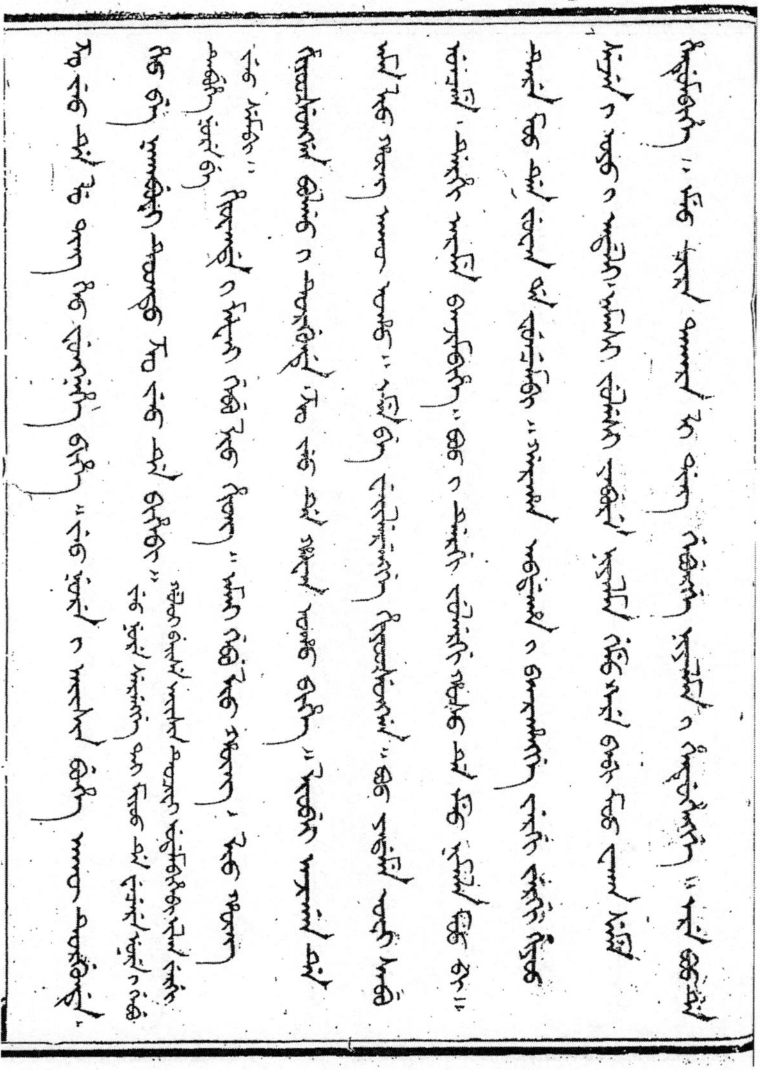

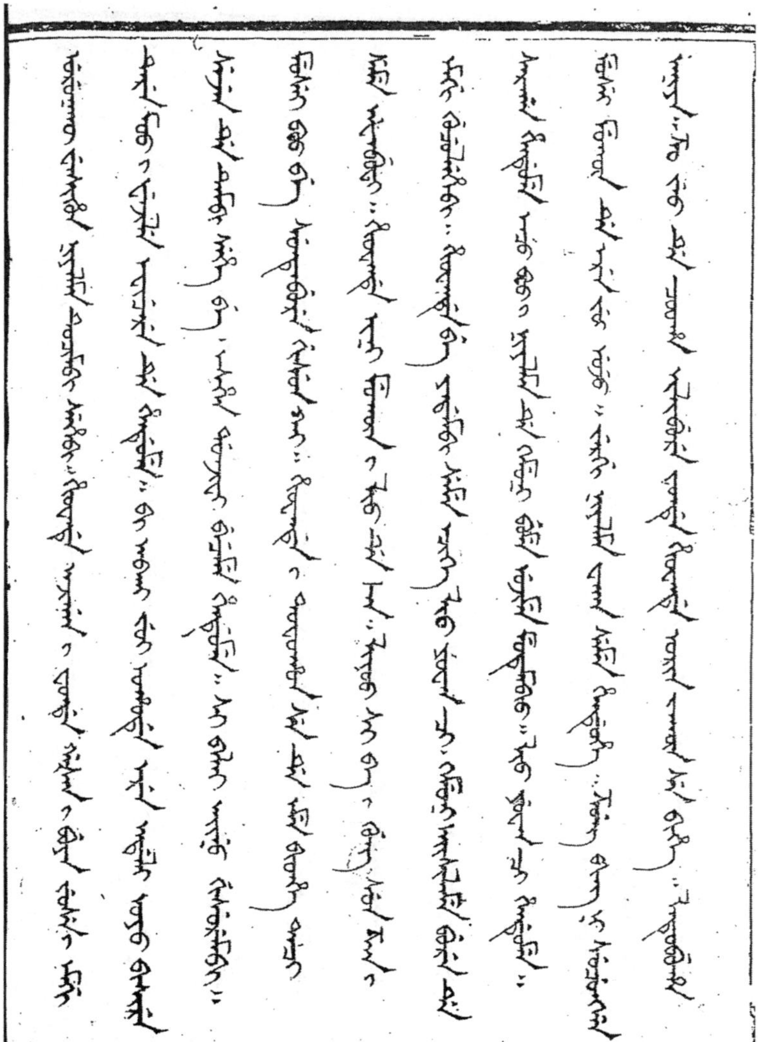

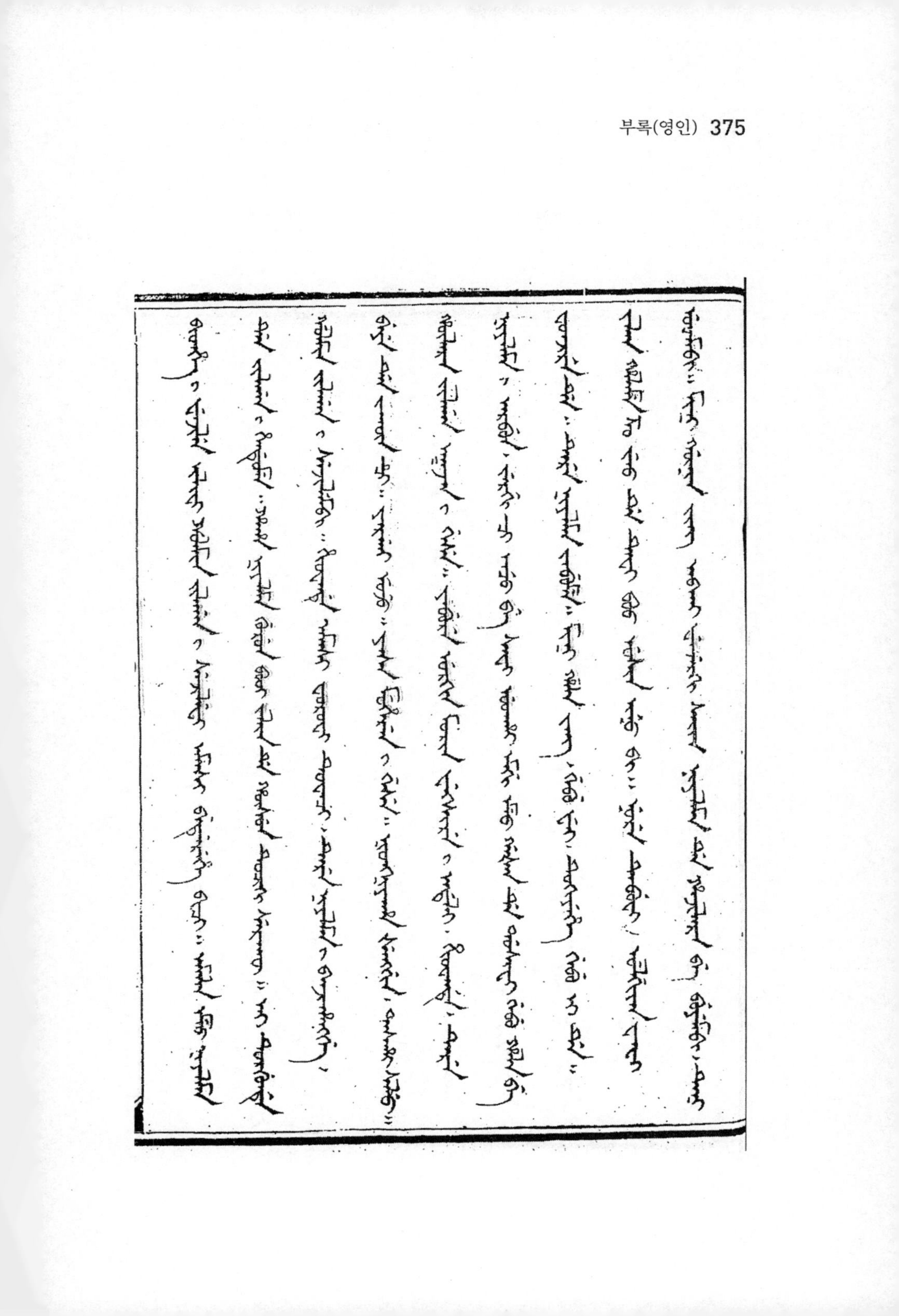

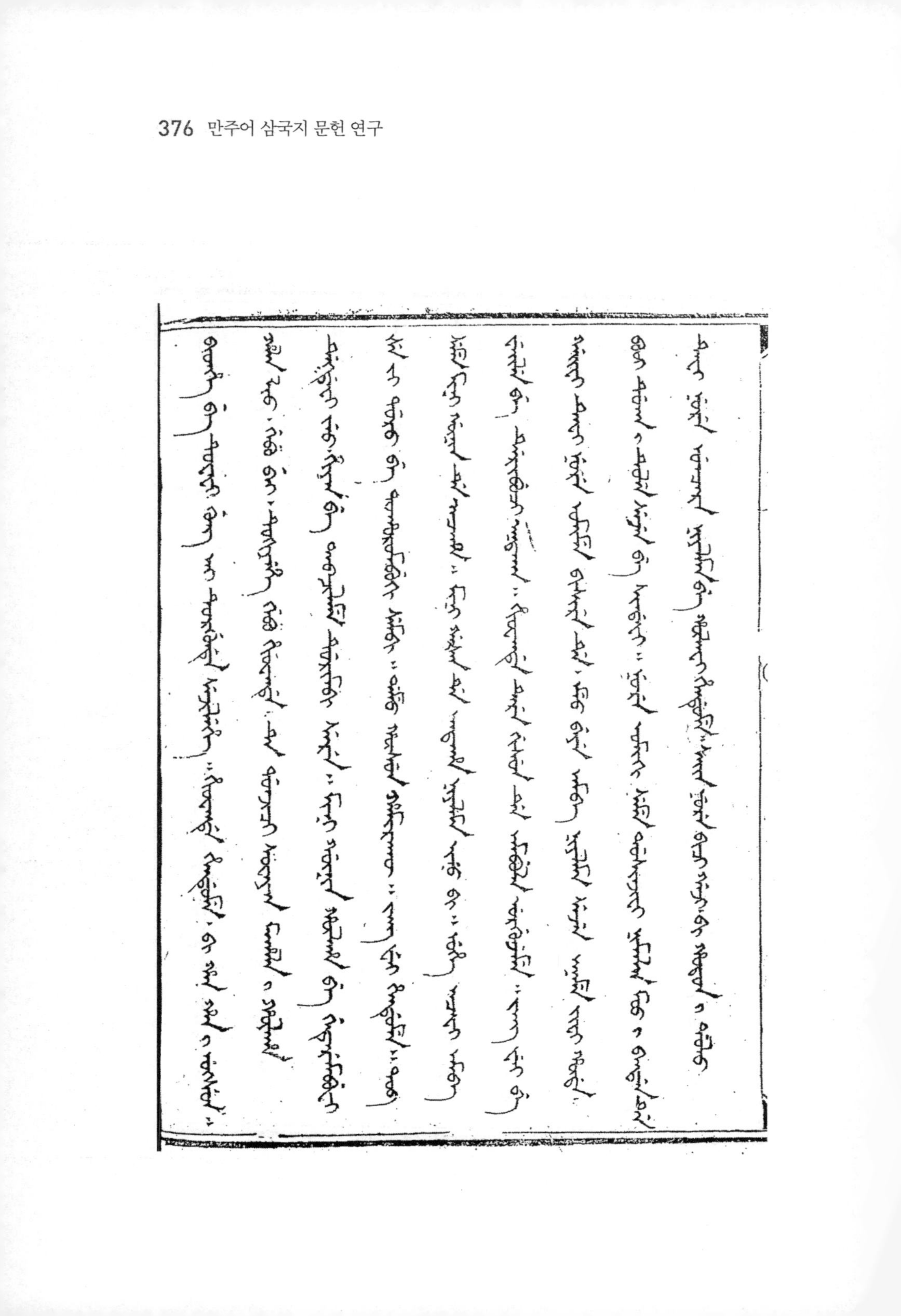

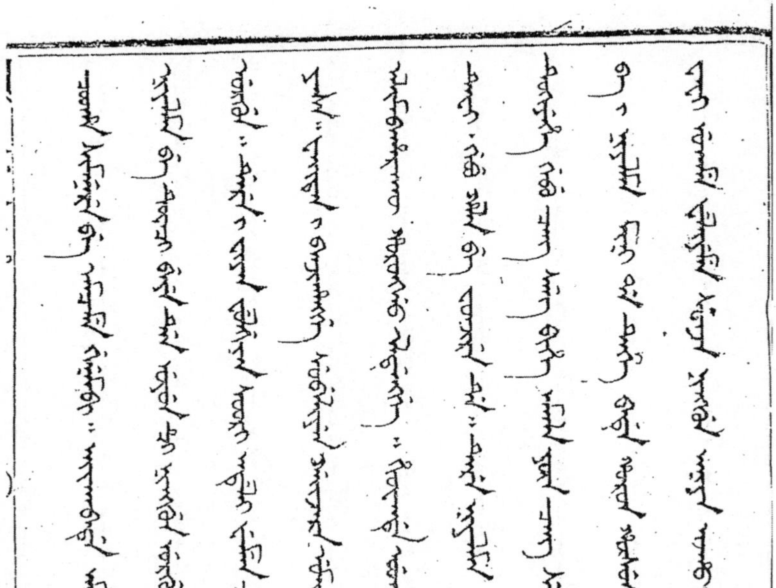

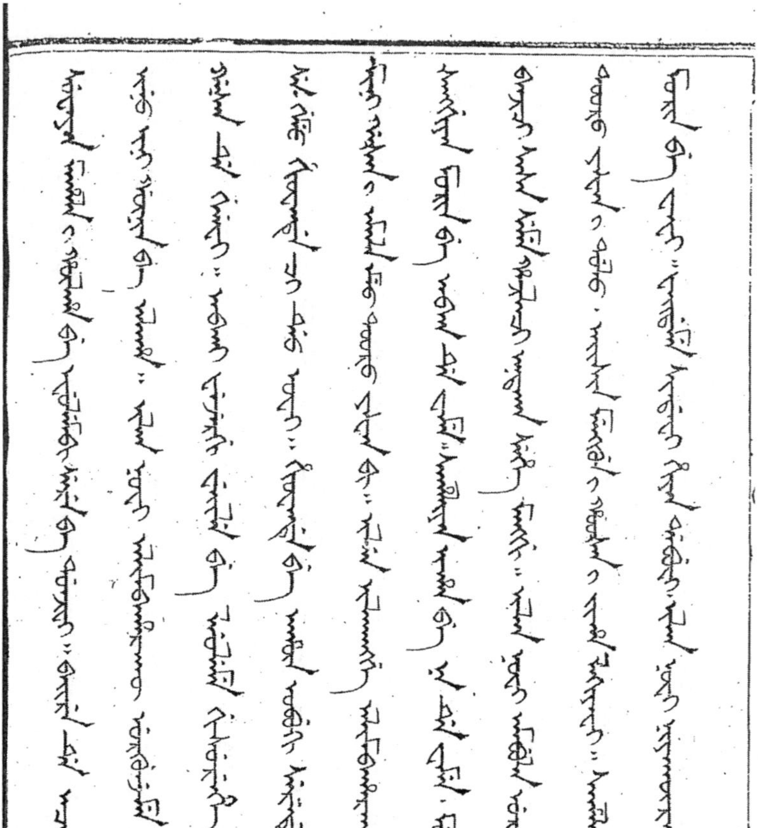

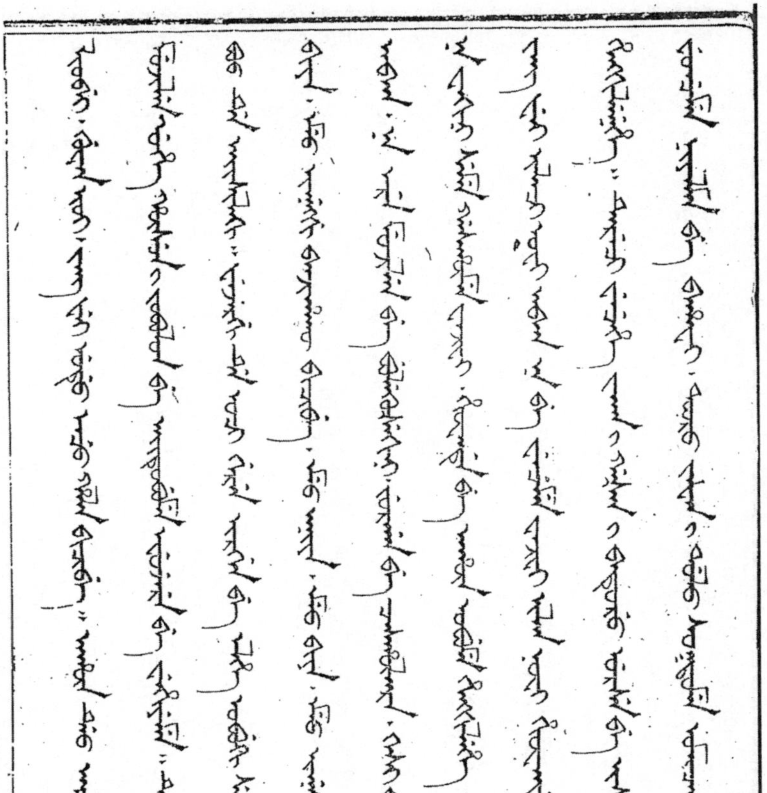

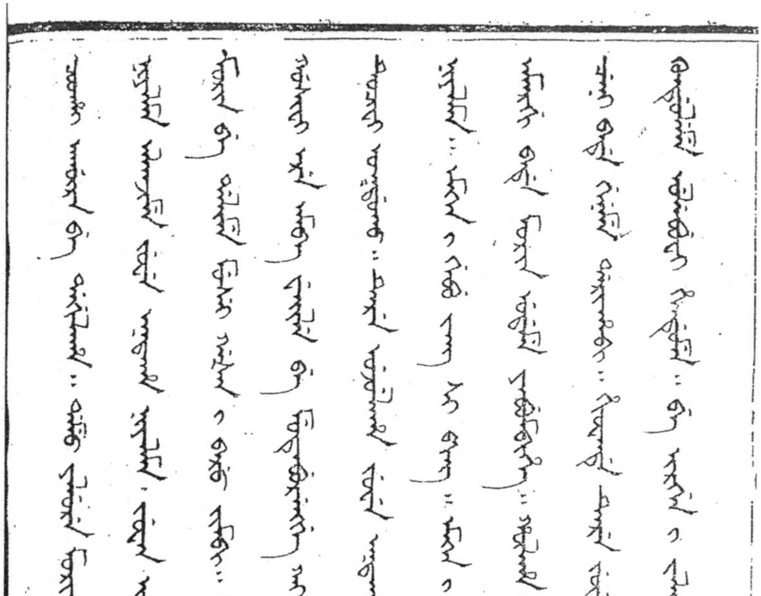

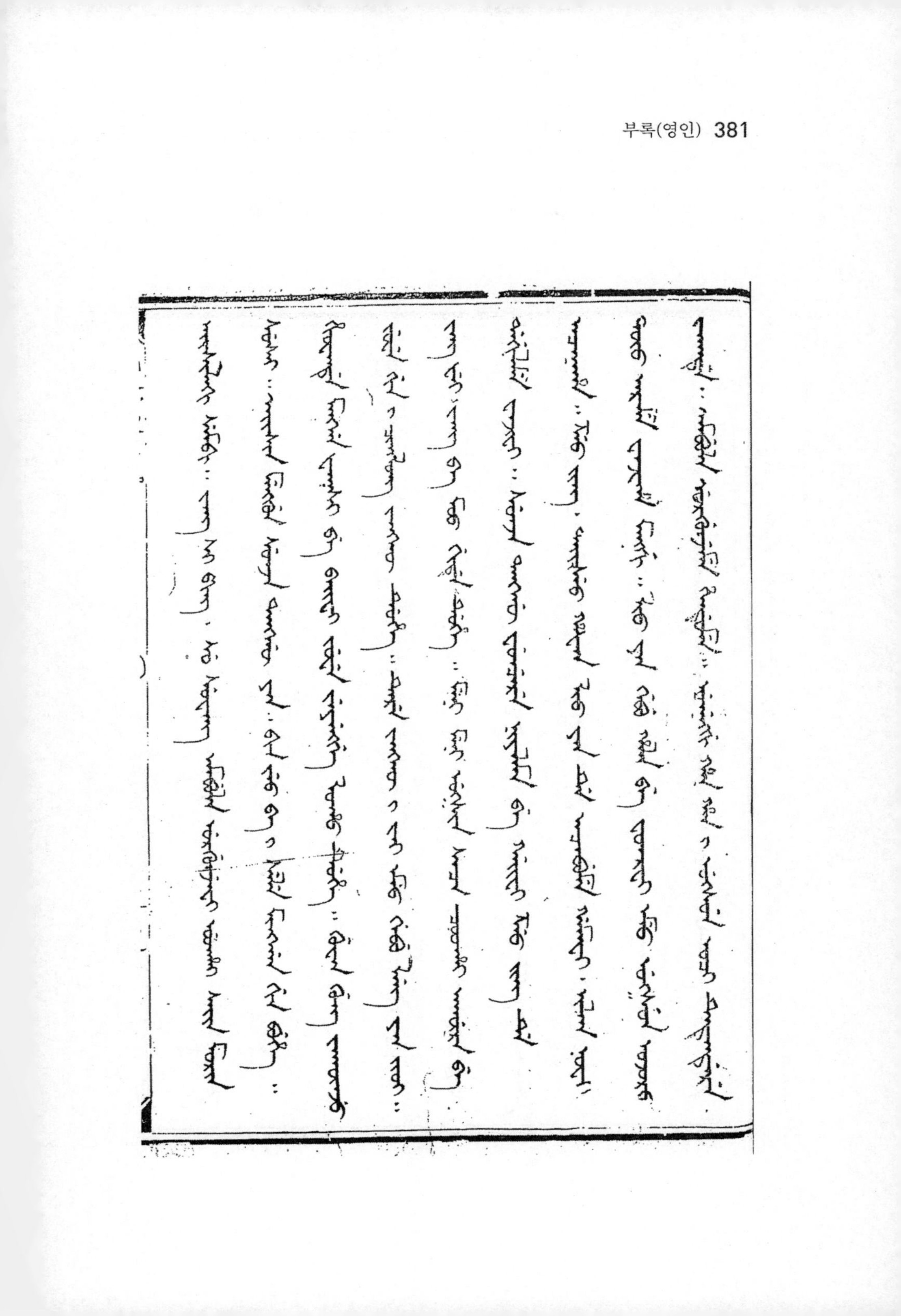

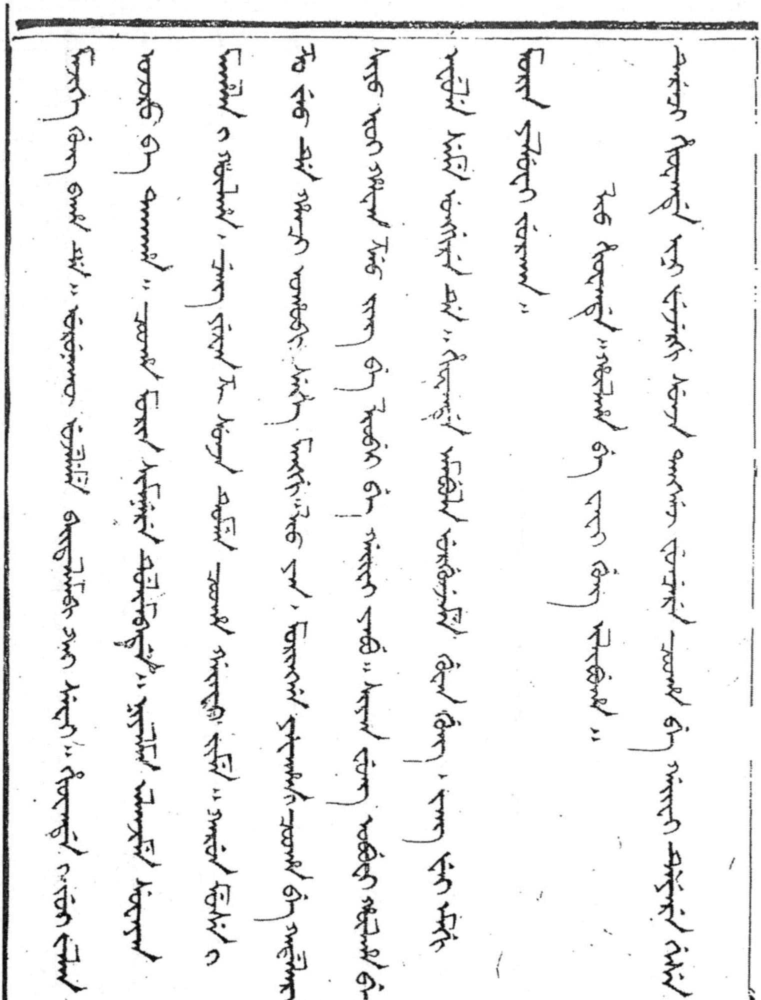

찾/아/보/기

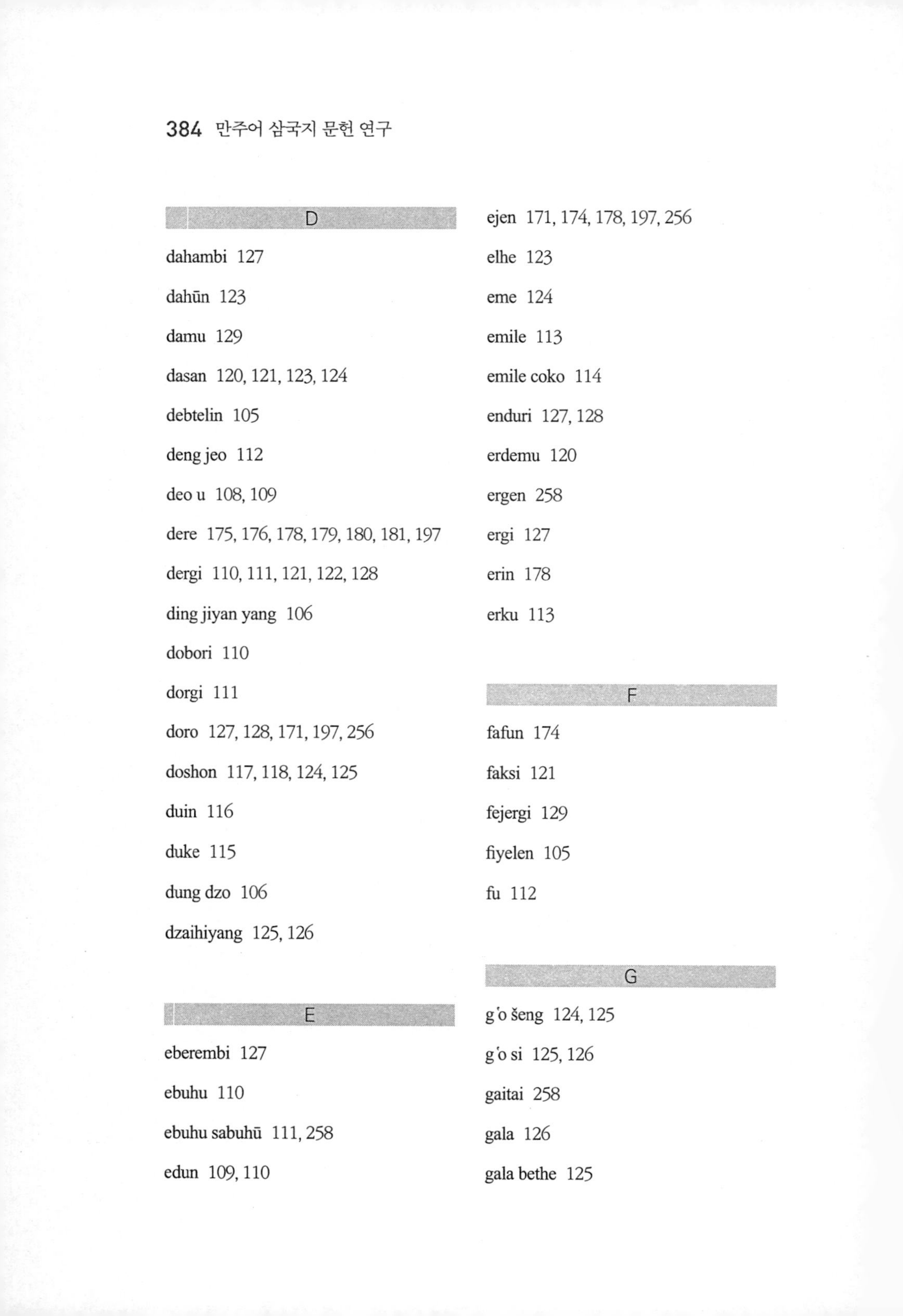

H

I

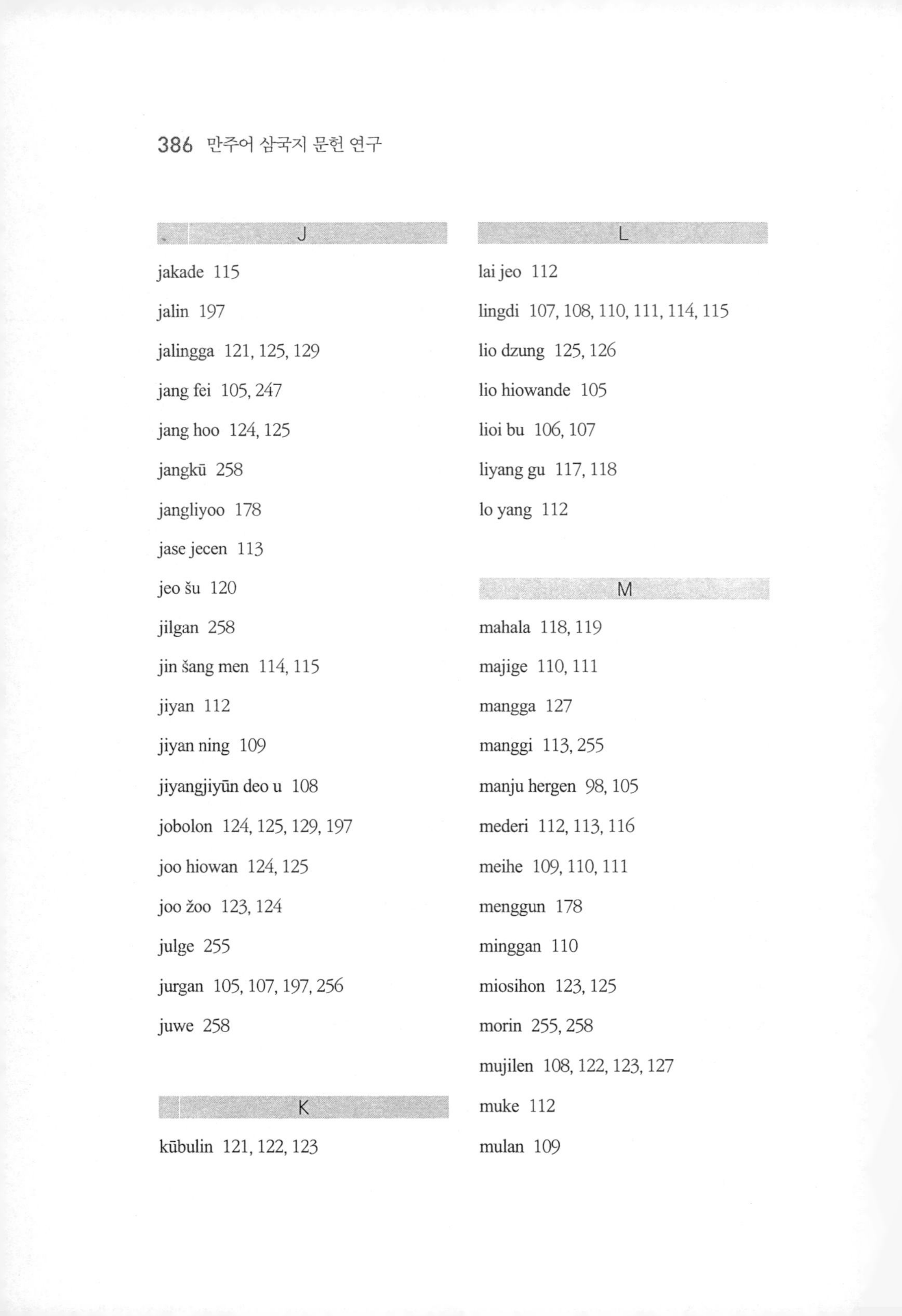

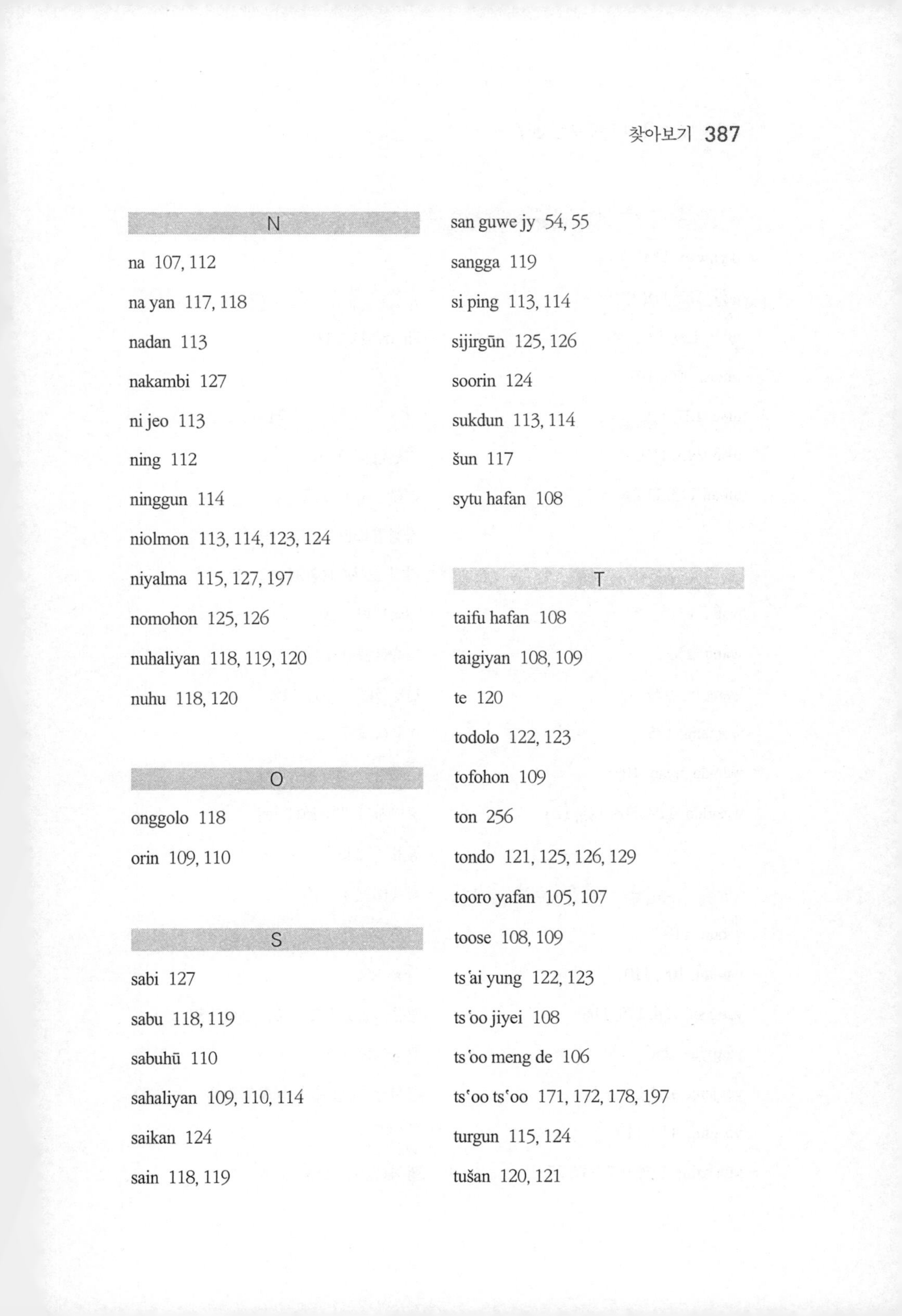

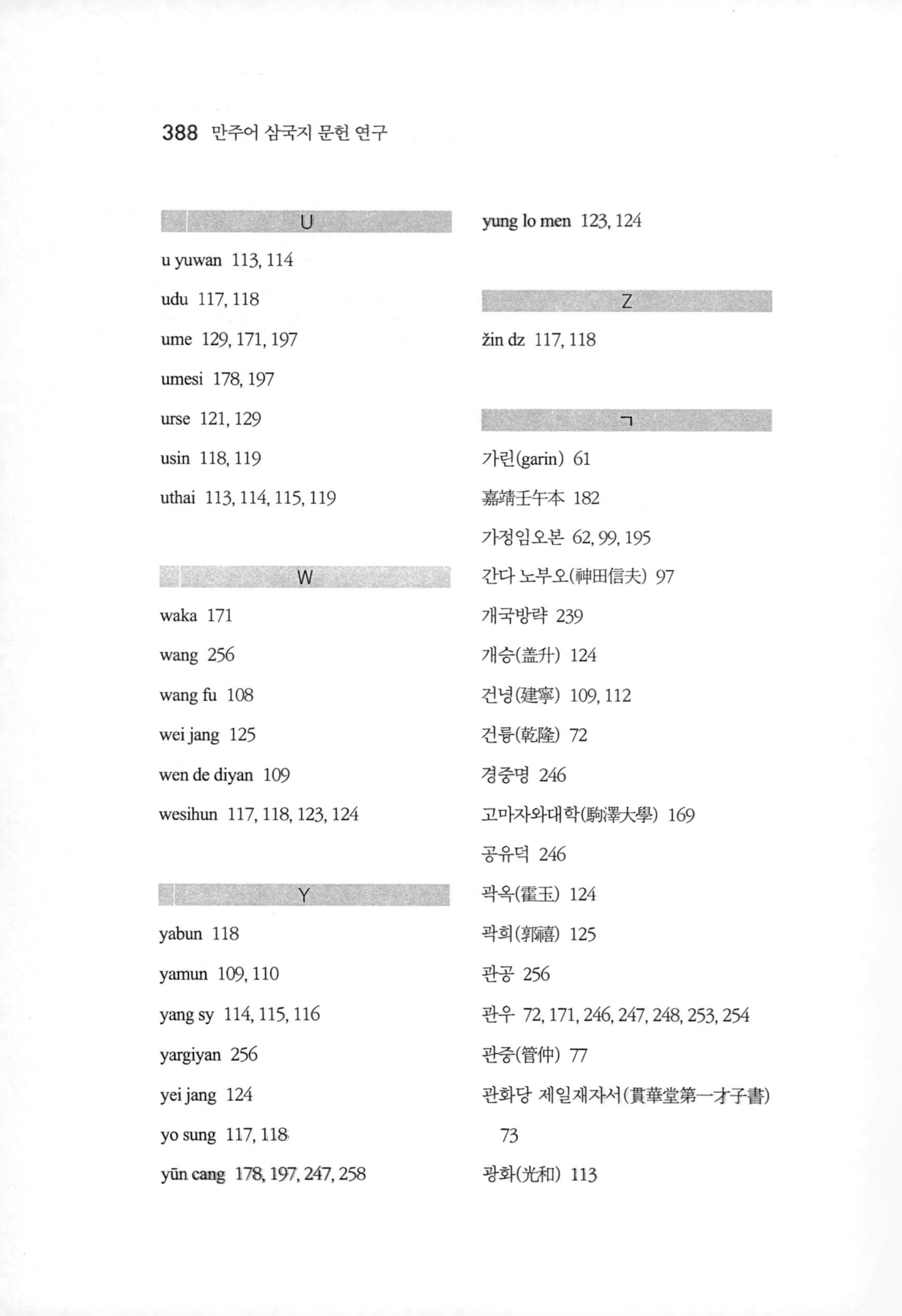

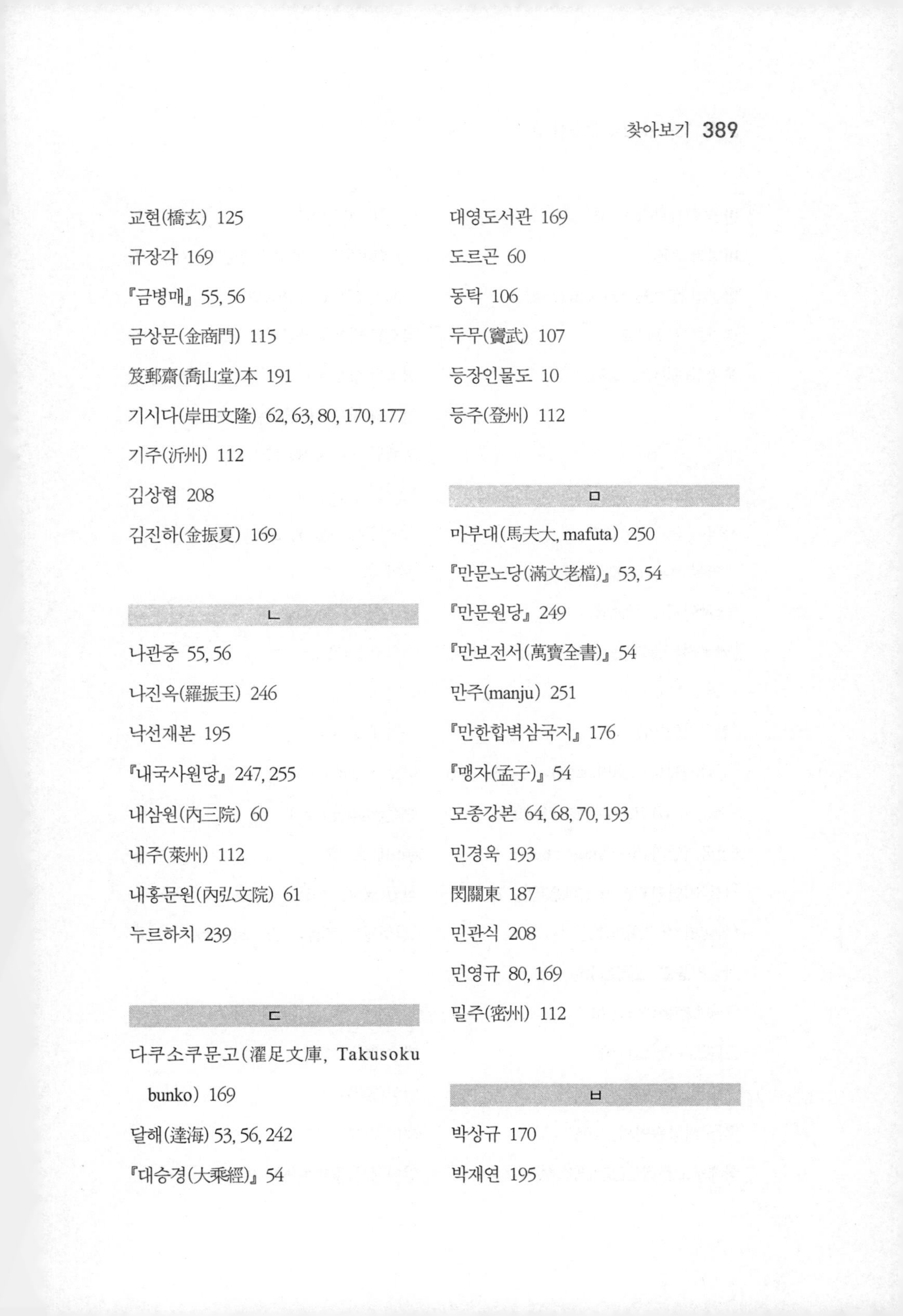

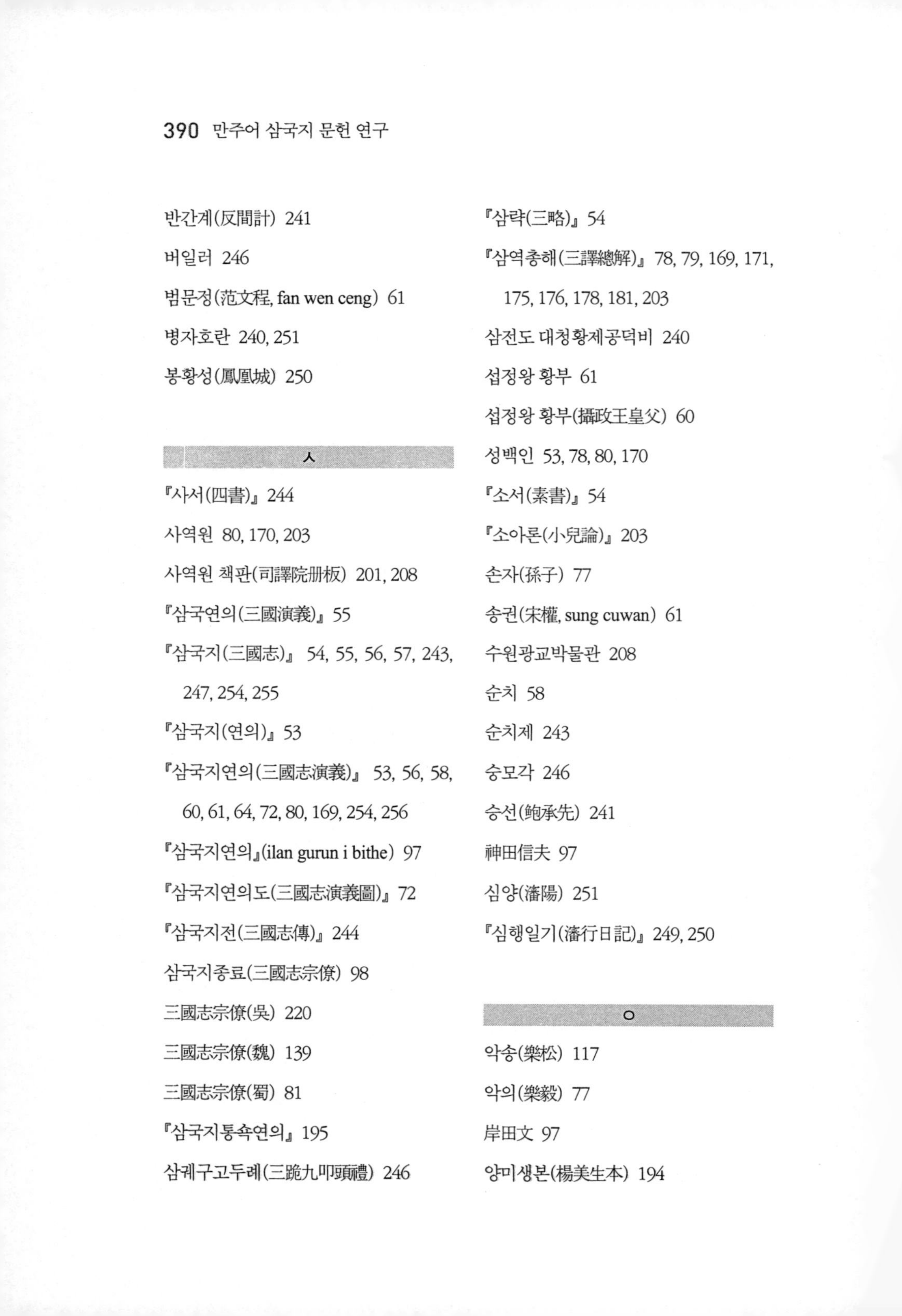

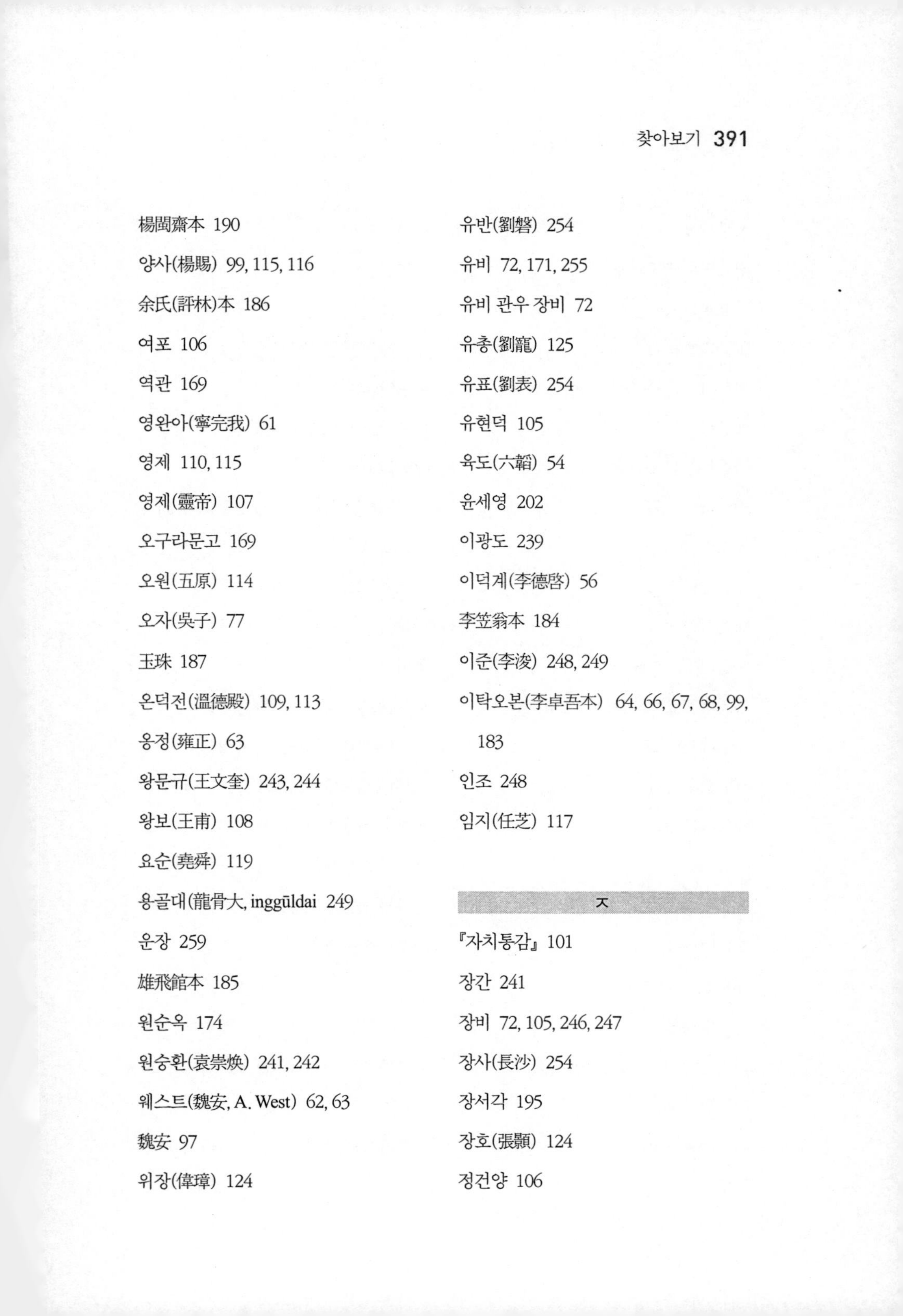

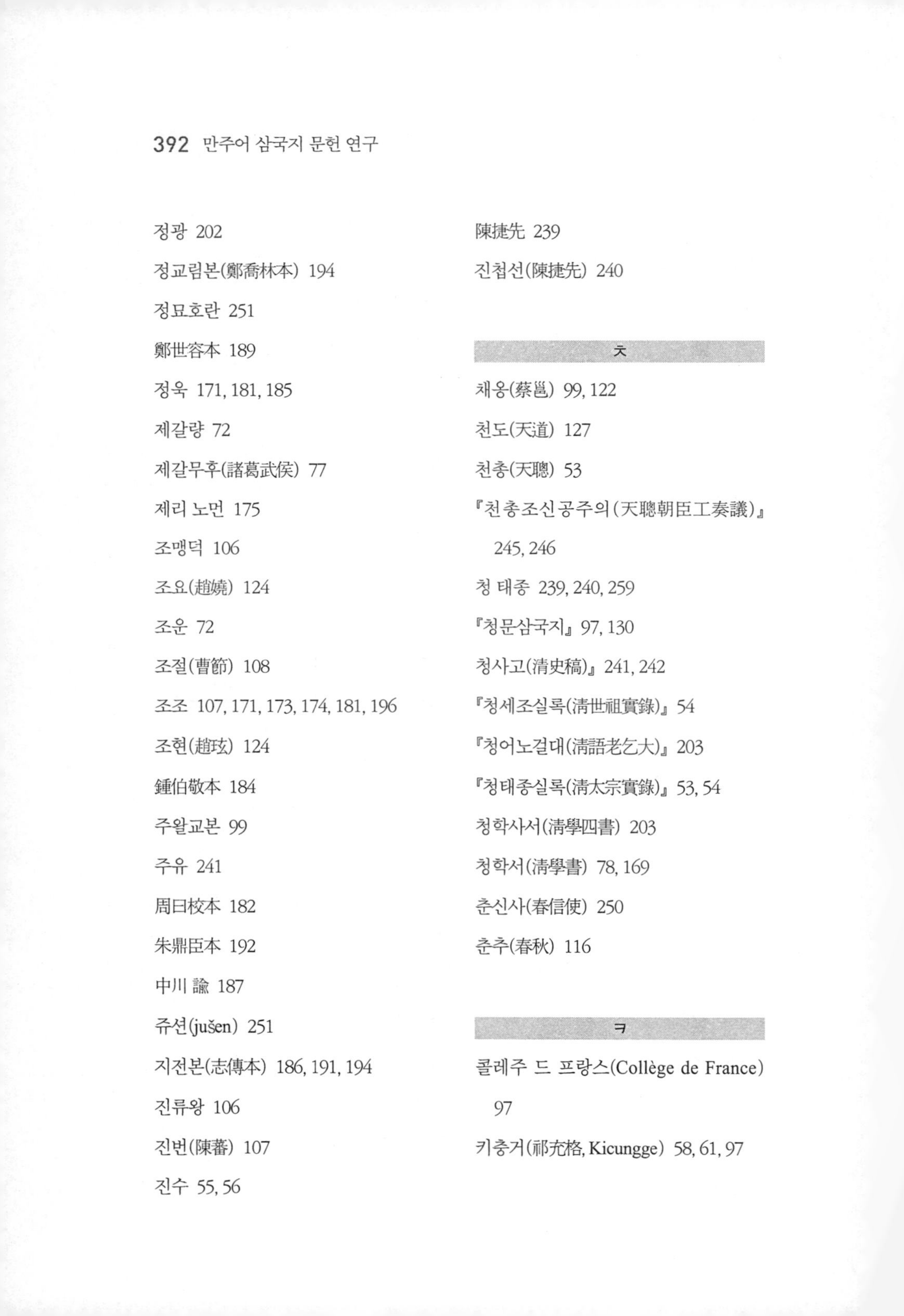

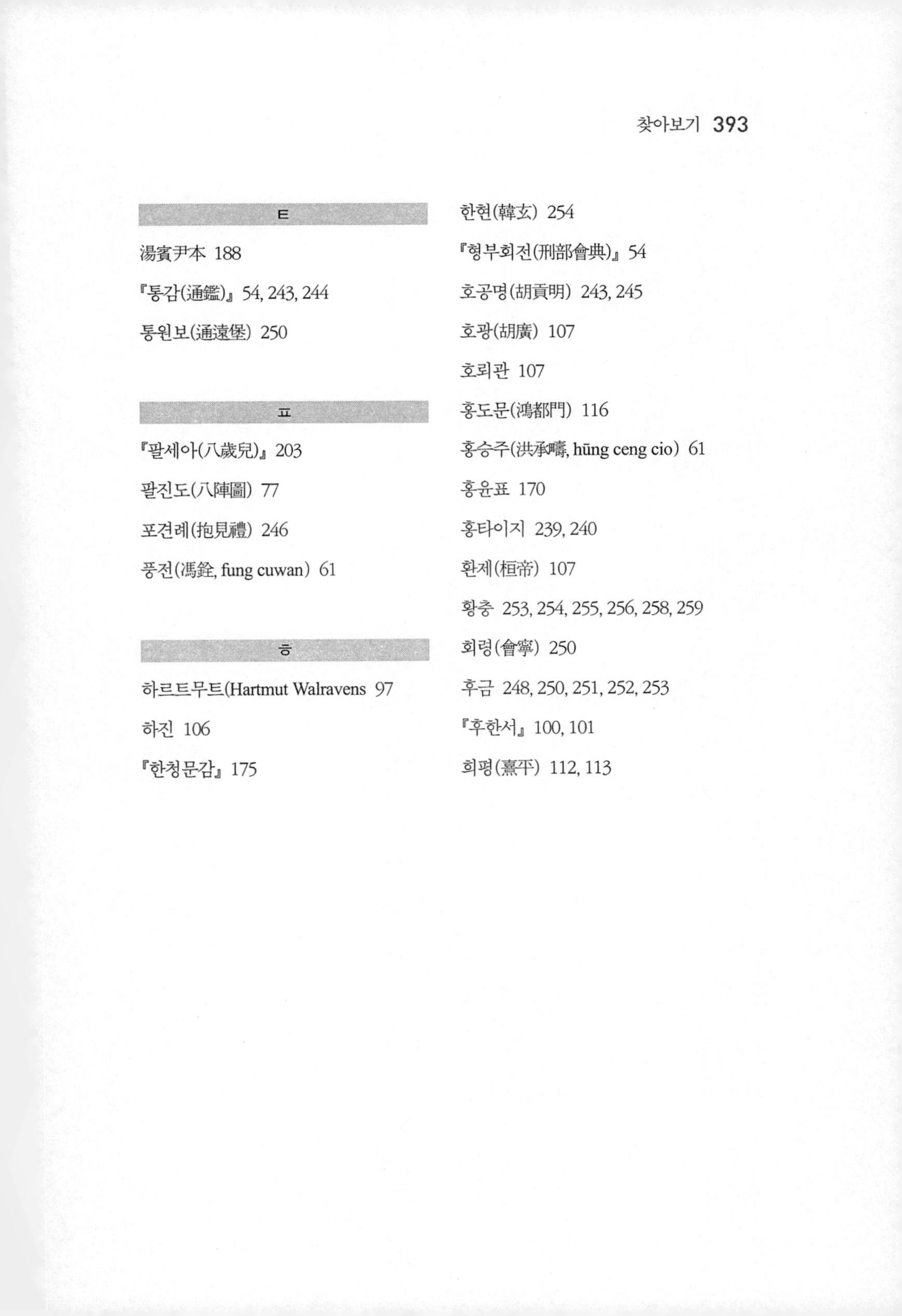

송 강 호

고려대 중문과를 졸업하고 철학, 번역학, 성서학 등 다양한 분야를 공부했으며 만주어 · 북경어 · 삼국지연의를 중심으로 연구를 진행하고 있다. 고려대 민족문화연구원 만주학센터 연구원을 거쳐 현재는 동서문명교류연구소 책임연구원으로 있다.

논저와 번역에『만한합벽삼국지』,『중국어 한자의 어원』,『고조선의 화폐와 명도전의 비밀』,『청대 만주족의 샤먼 제사 - 『祭祀全書巫人誦念全錄』譯註』(공역),『청대 만주어 문헌 연구』,『만주어 그리스도교 문헌 연구』등이 있고,「하버드옌칭도서관 소장 청 태종의 봉천책명」,「서울대학교 도서관 소장 만주어 제문 - 長白山祭文을 中心으로」,「國學大學의 滿蒙語教材」,「한국 만주학 연구의 새로운 지평 - 만주어 문헌으로 보는 한문고전 번역」,「조선시대 한어교재『충의직언』- 삼국지 고사 번역」,「조선시대 청학(淸學)과 만주어 서적의 수입」,「한국어 성경 '보혜사' 용어의 유래와 번역 - 한문성경을 중심으로」,「동서교류 의학문헌 - 청대 만주어 해부학서」등을 발표한 바 있다.

만주어 삼국지 문헌 연구

초 판 인 쇄 ǀ 2024년 8월 20일
초 판 발 행 ǀ 2024년 8월 20일

지 은 이 송강호

책 임 편 집 윤수경

발 행 처 도서출판 지식과교양
등 록 번 호 제2010-19호
주   소 서울시 강북구 삼양로 159나길18 힐파크103호
전   화 (02) 900-4520 (대표) / 편집부 (02) 996-0041
팩   스 (02) 996-0043
전 자 우 편 kncbook@hanmail.net

© 송강호 2024 All rights reserved. Printed in KOREA

ISBN   978-89-6764-211-2   93700   정가 28,000원

저자와 협의하여 인지는 생략합니다. 잘못된 책은 바꾸어 드립니다.
이 책의 무단 전재나 복제 행위는 저작권법 제98조에 따라 처벌받게 됩니다.